# 기독교 가정과 교회에서의 성학대

Sexual Abuse in Christian Homes and Churches

# 기독교 가정과 교회에서의 성학대

| | |
|---|---|
| 지은이 | 캐롤린 홀더리드 헤겐 Carolyn Holderread Heggen |
| 옮긴이 | 문선주 |
| 초판발행 | 2023년 7월 21일 |

| | |
|---|---|
| 펴낸이 | 배용하 |
| 책임편집 | 배용하 |
| 본문디자인 | 윤찬란 |

| | |
|---|---|
| 등록 | 제364-2008-000013호 |
| 펴낸곳 | 도서출판 대장간 |
| | www.daejanggan.org |
| 등록한곳 | 충남 논산시 매죽헌로 1176번길 8-54 |
| 대표전화 | 전화: 041-742-1424 전송 : 0303-0959-1424 |

| | |
|---|---|
| 분류 | 기독교 | 교회 | 성학대 |
| ISBN | 978-89-7071-617-6 (03230) |

이 책의 한국어판 저작권은 Herald Press와 단독 계약한 대장간에 있습니다.
기록된 형태의 허락 없이는 무단 전재와 복제를 금합니다.

 값 17,000원

# 기독교 가정과 교회에서의 성학대

*Sexual Abuse in Christian Homes and Churches*

캐롤린 홀더리드 헤겐

학대로부터 생존한

사람들의 모임에 참여하는

용기 있는 나의 벗들에게

## 차례

■　　■　　■

■ ■ ■

■ ■ ■

# 서문

필리스 트리블은 그의 저서, 『공포 이야기』*Texts of Terror*에서 성서에 나오는 성폭력과 성학대에 관한 가장 고통스러운 이야기 중 몇 개를 끄집어내어 반추한다. 트리블은 이 본문들에서 말하고 있는 희생자의 진실을 기억하라고 한다. 그녀는 다말과 이름이 알려지지 않은 첩과 그 밖의 여인들을 다시 한번 상기시키며 그들의 이야기가 우리들의 이야기라는 것을 인식하길 기대한다.

성서에 나타난 신뢰에 대한 배신, 약자에 대한 착취, 신체적, 정서적 고통은 단순한 고대의 은유만이 아니다. 그것은 우리의 가정과 교회에 있는 많은 사람의 지금도 진행되는 살아있는 경험들이다. 캐롤린 홀더리드 헤겐이 이 책을 통해 너무나 분명하고 감동적으로 증거한 것처럼, 우리 교회의 역사는 성적 학대의 일반적인 경험에 대한 부정과 부인denial으로 가득 차 있다. 그리고 교회가 조금이라도 학대를 인정했을 때, 그들은 학대를 폭로하는 생존자에게 오명을 씌웠다.

어느 한 여인은 자신의 남편이 그들의 두 자녀를 성적으로 학대한다는 것을 알게 되었다. 그녀는 그를 체포시켰고 위험으로부터 아이를 보호하기 위해 최선을 다했다. 그리고 교회에 도움을 요청했으나, 교회의 반응은 다음과 같았다. 더는 교회의 주일학교에서 가르칠 수 없고 희생자인 자녀들도 교회에 출석할 수 없다는 통지였다. 그러나 교회는 가해자인 남편이나 교회 교인들에게는 아무 말도 하지 않았다.

교회는 오히려 자식을 보호하기 위해 최선을 다한 그녀를 벌했다. 교회는 문제를 직면하고 가해자에 대해 책임지는 일을 회피했다. 불행하게도 이런 일들은 특별한 경우가 아니다. 성폭력과 학대는 남자가 지배하고 여자가 복종해야 하는 가부장적인 환경에서 발생한다. 대부분 희생자는 남녀의 어린이들과 여성들이다.

가부장제는 여성과 아이들을 남성의 소유물로 여겨왔기에 이런 사실은 놀랄 일도 아니다. 여성은 모든 중요한 사회적, 경제적, 정치적 범주에서 남자보다 힘이 없다. 우리는 남성의 힘과 통제에 취약한데다 우리와 가장 가까운 남성 앞에서는 가장 연약한 존재가 된다.

성학대는 힘을 과시하고 누군가를 통제하기 위한 가장 구체적인 방법의 하나다. 이런 학대 속에서 다른 사람을 통제하고 지배하려는 힘의 오용은 가해자를 성애적 자극을 강화하도록 옥죄인다. 이것은 해결하기 어려운, 힘과 에로티시즘의 복잡한 망을 만들어 간다. 성학대자의 행동을 바꾸는 일은 어렵고 종종 불가능하다.

가부장제에서 성폭력과 학대는 사회적으로 수용되고 묵인되고 인가된다. 물론 성학대에 관한 법률이 있다. 그러나 유죄판결을 내리기는 어렵다. 이런 일반적인 잔학행위에 대항하는 목소리는 대부분 힘의 중심이 아닌 변두리에서 나오기 때문이다. 우리의 최선의 노력에도 불구하고, 남성에 의한 여성과 아동에 대한 성적 학대는 남성 특권의 연장선 위에 있다는 것이 일반적이다.

남성이 저지른 이런 학대의 경향과 대조적으로 여성 가해자는 심한 처벌을 받게 되기 쉽다. 특히 아동에 대한 여성이 저지른 성학대는 수용될 수 없는 것이다. 그녀는 아이를 학대했을 뿐 아니라, 아마도 더 중요한 것은 그녀가 남성 특권을 행사했다는 것이다. 실제로 그녀는 처벌받아야만 한다. 하지만, 우리가 가부장제에 살고 있으므로 남성에 의해 가해진 학대가 훨씬 더 만연한 데 비해 대처는 미약하다. 이것은 광범위하고 비극적인 사회적 문제를 양산하고 있다.

과거와 현재를 막론하고 교회는 가부장적 의제를 수용하고 촉진해왔다. 교회는 가르침, 실천, 주해, 설교에서 일반적으로 남자, 여자, 어린이에 대한 개념을, 특별하게는 성과 학대에 대한 개념을 영속시켜 왔다. 이는 널리 퍼져 있는 성폭력 문제에 대한 바로 그 토대를 지탱시켜 주었다.

교회는 한 세대 동안 "동성애의 죄"에 대한 포괄적인 비난에 엄청난 시간과 돈, 그리고 사람들의 자원을 투자해 왔다. 그 대신에, 교회가 성학대의 죄악을 규명하고 이를 뒷받침하는 사회규범을 바꾸겠다고 다짐했다면 우리는 성학대와 폭력을 근절하려는 노력에 훨씬 큰 진전을 보였을 것이다. 그러나 동성애 혐오증은 학대의 현실에 관한 깊고 지속적인 부정과 이 남성 특권에 도전하고 싶지 않은 마음과 결합하여 이러한 노력에 찬물을 끼얹었다.

"아무도 이 문제를 가지고 나에게 온 사람은 없습니다!"라고 말하는 목사마다 교회의 돌봄이 절실히 필요한 희생자와 생존자, 가해자들이 수십 명씩 있다. 수동적인 부정을 통해서나, 피해자와 생존자를 침묵시키려는 적극적인 노력을 통해서나 교회는 정의에 대해 위임받은 명령과 모순되게 살았다. 성적 학대에 대한 교회의 반응은 가부장제에 봉사하는 종교의 대표적인 예가 되어왔다.

교회는 그 안에 성적 학대에 대해 명명하고 맞설 수 있는 자원이 있다. 사실 성경은 교회가 해악과 착취의 대상인 사람들과 함께 서고, 약자를 보호하며, 취약계층에 대한 환대를 제공하며, 사회적 인습에 의해 갇힌 사람들을 해방할 것을 요구한다. 여성과 어린이를 위한 예수의 사역은 억압받는 자들이 오랜 시간 경험한 부당함에 대한 적절한 대응으로서 명백한 정의 구현의 모범을 제시한다.

드디어, 잠자는 거인 같았던 교회가 성희롱 문제에 각성하기 시작했다. 교회는 목회 관계 내에서 성직자들의 성학대라는 가장 최근의 학대 폭로에 대응하고 있다. 교회 지도층 일각에서는 이 문제를 교회 전체의 신뢰를 심각하게 훼손하는 문제로 우려하고 있다.

어떤 지도자들은 강압적인 법적 책임 때문에 마지못해 무성의한 대응을 하고 있고 막대한 재정 손실을 피하려고 성직자들에 의해 자행된 오랜 학대 문제를 인정하기도 한다. 심지어 제도적인 사리사욕이 모든 희생자와 생존자들의 목소리를 들을 수 있는 문을 여는 데 도움을 줄 때도 있다.

사사기 19장에 나오는 마을 주민의 집에서 하룻밤을 묵게 된 레위인과 그의 이름 없는 첩의 이야기를 다룬 글에서 트리블이 표현한 도전은 여전히 남아 있다. 한 무리의 사내들이 레위 사람을 관계하겠다고 위협하자, 그는 겁에 질려 자신의 첩을 문지방 너머 패거리에게 내던지고 나서 문을 잠근다. 남자들은 잔인하게 강간과 폭행을 가하고, 죽은 그녀를 두고 떠난다. 다음 날 아침 레위인이 문을 열고 그곳에서 그녀를 발견한다.

교회는 그 문지방의 어느 쪽에 서야 할 것인가? 그것은 트리블과 캐롤린 홀더리드 헤겐이 쓴 이 책이 우리에게 숙고해 보라고 던지는 질문이다. 우리는 남성 특권을 보호하고 변두리의 사람들을 희생시키겠다는 강력한 의지로 잠긴 문 뒤에 안전하게 서 있을 것인가? 아니면 잠긴 문밖에서 희생자들과 함께 서 있을 것인가? 우리는 교회이고 선택은 우리 몫이다.

메리 포춘Marie M. Fortune
『성폭력: 언급할 수 없는 죄』, 『성스러운 것은 없는가?』의 저자
워싱턴주 시애틀 성폭력 및 가정 폭력 예방 센터 대표

## 머리글

1970년대 중반, 심리치료사가 되었을 때, 내 실습이 미래에 성학대 생존자들로 구성될 것이라고는 생각도 하지 못했다. 대학원 교육을 받는 동안, 나는 아동 성학대의 발생이나 결과로 인한 문제에 대해 단 한 번의 강의도 듣지 못했다. 심지어 일반 대학과정에서도 근친상간은 논하기 너무 불쾌한 내용이었다.

그렇기에, 내담자의 이야기를 듣고 놀라지 않을 수 없었다. 내담자들은 부모나 형제자매, 조부모, 이모나 삼촌, 사촌 등 신뢰할 만한 가족 친구들에게 당한 어린 시절의 성적 피해에 관해 이야기했다. 나를 더욱 힘들게 한 것은 그런 피해 이야기를 들은 빈도 만큼이나 많은 생존자가 그들의 가정을 "매우 종교적인" 혹은 "기독교인"이라고 묘사했다는 사실이었다. 그들은 자신을 학대한 사람들을 "신실한", "헌신적인" 혹은 "교회를 다니는" 사람이라고 불렀다.

가족이 교회에 다니는 피해자들은 종종 교인 중 누군가에게 알리려는 어린 시절의 시도가 헛된 짓이었다고 회고했다. 성년이 되어서도 자신의 이야기와 고통을 알리고자 애쓴 피해자들은 교인들이 자신을 어색해하고 오히려 피하려고 하는 반응을 마주해야 했다. 비록 동정심이 많은 일부 교인들이 회복을 위해 애쓰는 생존자들과 진심으로 함께 하고자 노력했지만 효과적이지는 못했다.

많은 기독교인은 이제 기독교 가정의 성적 학대가 실제로 문제라는 것을 알고 있다. 그러나 학대의 역학을 이해하거나 피해자들을 효과적으로 목회하는 방법을 아는 교회나 지도자는 거의 없다. 현재, 가정에서 발생한 학대에 어떻게 개입해야 하는지 아는 사람은 거의 없다. 성학대를 예방하는 방법이나 교회 회중이 건강한 성적인 태도와 행동을 계발하도록 돕는 법을 아는 사람은 거의 없다.

이 책은 치유를 위한 내 인생의 여정으로부터 나온 것이다. 이 책의 목적은 성학대로 상처 입은 피해자, 가해자, 가족, 교회를 위한 치유와 은혜의 효과적인 통로로서, 그 일을 위한 구체적인 지식과 도구를 교회와 성직자들과 평신도들에게 나누기 위함이다.

여성과 남성 모두 학대에 가담한 피해자와 가해자로 존재한다. 그러나 일반적인 연구자들과 정신건강 전문가들에 의하면 가해자들은 주로 남성이고, 피해자들은 주로 여성인 것이 일반적인 이해이다. 언어적인 성차별이 아니라, 이런 성의 분포를 생각해 볼 때, 가해자들은 남성형 대명사로, 학대의 생존자들은 여성형 대명사로 언급되게 될 것이다.

이 책은 남성 가해자와 여성 피해자에 주로 집중하겠지만, 많은 남성 또한 희생되고 있다는 것을 잘 알고 있다. 그들도 여성 피해자들처럼 심각하고 파괴적인 결과를 마주한다. 그러나 여성 피해자들을 주로 치료하고 연구한 여성으로서, 나는 남성 피해자의 경험을 여기서 설명하려고 하지는 않을 것이다. 그것은 남성이 말해야 할 이야기이다.

이 책은 첫머리에서 시작해서 끝까지 순서대로 읽을 필요는 없다. 만약 관심이 없는 장을 읽을 차례가 된다면, 더 흥미롭다고 생각되는 장으로 넘어가도 좋다. 이 책에서 논의된 주제를 참아내면서 읽기 어렵다면 책을 덮기 전에 적어도 7장회개, 배상, 용서, 화해, 10장성학대 예방하기, 11장건강한 성을 계발하기 위한 교회의 역할을 읽어보길 권한다.

이 책을 계속 읽어 나가기 전에 몇 가지 경고를 하고자 한다. 만약 당신이 학대의 가해자인데 죄를 고백하지 않고 치유 받기 시작했다면 이 책은 깊은 정서적 불안과 수치심을 불러일으킬 수도 있다. 대화를 나눌 수 있는 친구나 목사,

전문가를 찾아 회개와 치유를 향한 발걸음을 시작하라.

만약 당신이 성적 학대의 피해자라면, 이 책을 읽으면서 무서운 기억과 감정이 다시 살아날 수 있다. 이러한 반응을 누군가와 공유하라. 이것은 학대로부터 회복하기 위한 자구책을 위한 책이 아니다. 당신은 공감해 줄 친구나 훈련된 전문가의 지원과 안전이 필요할 것이다. 이런 감정을 나눌 상대가 없는 경우 목사에게 도움받을 수 있는 곳을 제안받거나, 강간위기센터, 지역 여성서점, 여성자원센터, 여성보호소 등에 전화를 걸어 이용 가능한 프로그램이나 방법을 알아보도록 하라.

만약 책이 영화처럼 분류된다면, 이 책은 최소한 "R" 등급 청불등급을 받아야 할 것이다. 그 이유는 성적인 문제를 노골적으로 이야기하기 때문이 아니라 하긴 하지만, 학대당한 사람들의 신체와 영혼과 마음에 가해진 깊고 깊은 폭력을 노골적으로 다루기 때문이다.

나는 신체와 영혼에 가해진 이 폭언에서 살아남은 모든 사람을 진심으로 존경한다. 살아남았을 뿐 아니라 상처와 고통을 아름다움과 힘으로 변화시킨 잘 살아가고 있는 사람들에게 특별한 경의를 표하고 싶다. 또한, 그렇게 살아갈 수 없는 희생자, 즉 이겨낼 수 없고, 때에 따라서는 치명적인 고통과 절망과 아무런 희망도 품을 수 없이 살아가는 희생자들에게는 깊은 연민과 이해의 마음을 보낸다.

내가 비록 이 책을 열심히 썼을지라도 이 연구의 결과는 내 것이 아니다. 오히려 이것은 학대받은 과거의 고통에 맞설 용기를 낸 모든 사람의 것이다. 임상에서, 연구 프로젝트에서, 워크숍과 강의 후 복도에서, 개인적으로 차를 마시며 이야기를 나눈 수백 명의 성학대 생존자들에게 깊은 감사를 드린다. 특히 자신의 이야기를 사용할 수 있도록 허락해주신 분들에게 감사드린다. 그들의 설명과 인용문은 이론적 추상성이 결코 담을 수 없는 내용으로서 이 책을 풍부하게 한다. 개인적인 일기로부터 기도와 탄원의 기도, 시 등을 이 책을 위해 아낌없이 나눠주신 분들에게도 감사드린다.

나는 이 책을 출판함으로써 헤럴드 출판사가 보여주는 진실에 대한 용기와 헌신에 경의를 표한다. 마이클 킹은 글쓰기 과정 내내 섬세하고 현명한 가이드였으며 친구였다. 나는 편집자에게 이 모든 것을 감히 바라지 못했다. 아르부투스 사이더, 윌러드 크레이빌, 조안 킹, 캐서린 패스모어, 스콧 워커, 조이스 먼로 등이 나의 처음 원고를 읽어 주었다. 그들의 통찰력 있는 의견들로 인해 이 책은 더 좋은 책이 되었다.

나는 메리 포춘에게 많은 빚을 졌다. 그녀는 이 원고를 읽고 비판하고 서문을 써 주었을 뿐만 아니라 기독교 가정과 교회의 정의를 위해 일하는 우리와 같은 많은 사람에게 조언자이자 격려자가 되었다. 메노나이트 중앙위원회의 여성부의 크리스티나 매스트 버넷은 중요한 인적 재원이었으며 이 프로젝트뿐만 아니라 생존자들의 전반적 문제도 변호해 왔다. 쇼월터 재단은 재정적인 보조금으로 이 프로젝트를 지원해 주었다.

이 책을 쓰는 동안 많은 방법으로 나를 지탱해 준 수많은 친구에게 감사한다. 그들은 도저히 혼자서 할 수 없을 때, 내가 웃고 희망을 품을 수 있도록 도와주었다. 내 남편 리차드는 워드 프로세스라는 위협적인 현대 도구에 중요한 기술적 도움을 주었다. 더 중요한 것은 그가 한 걸음 한 걸음 단계마다 도와주었다는 점이다. 나는 남편과, 이 책을 쓰는 것이 내게 얼마나 중요한 일인지를 이해해 준 세 명의 자녀와 교회에 감사한다. 얘들아, 좋은 소식이 있다! 이제 엄마가 쿠키를 굽고 롤러블레이드를 다시 탈 수 있게 되었단다!

만약 책에도 수호성인들이 있다면, 클라리스 크라츠는 이 책을 만드는 프로젝트의 배후에 있는 성인이다. 교회에서 자신의 학대와 치유의 이야기를 나눌 때, 그녀는 내가 속한 교단의 비밀과 부정과 부인의 벽을 허물기 시작했고 다른 생존자들에게 치유와 은혜의 모범을 보여주었다.

캐롤린 홀더리드 헤겐Carolyn Holderread Heggen

뉴멕시코 주 앨버커키

# 1장

# 성학대: 무엇이 문제이고 왜 잘못된 것인가?

여러분이 나 같은 사람이라면 아마 이 책의 머리글을 건너뛰고 이 장부터 읽기 위해 책을 폈을 것이다. 만약 그렇다면 머리글에 중요한 경고의 말들이 있으므로 다시 돌아가 머리글부터 읽으라고 권하고 싶다.

세 살짜리 소녀가 할아버지, 할머니 집에 방문하고 있다. 할머니가 잠시 시내로 나간 사이, 할아버지가 그 어린 소녀에게 옷을 벗으라고 말한다. 어린 소녀는 당황하긴 했지만, 할아버지 말대로 했다. 그는 그 어린 손녀를 보며 자위를 했다. 이것은 성학대인가?

다섯 살 소년을 15살 된 형이 잠시 돌보았다. 형은 함께 목욕하자고 제안했다. 그들이 함께 욕조에 있는 동안, 형은 어린 동생의 성기를 만졌다. 그리고 동생에게 자신의 것도 만지라고 시켰다. 어린 동생은 당황했고, 어리둥절했다. 그는 성학대를 당한 것인가?

10살짜리 딸을 둔 아빠가 굿나잇 키스를 하러 딸의 방에 들어왔다. 그는 딸에게 깊은 키스를 하면서 손으로 딸의 얼굴을 꽉 잡았다. 그의 혀가 딸의 입안으로 들어오는 바람에 그녀는 너무 당황했고 몸은 너무 불편했다. 그녀는 자는 척하면서 아빠의 키스를 피하려고 했다. 그 아버지는 딸에게 성학대를 가한 것인가?

14살이 된 소녀는 한밤중에 누군가 자신의 가슴을 만지는 것을 느끼고 잠에서 깨어났다. 눈을 뜨자, 거기에는 허리를 굽히고 있는 그녀의 아버지가 있었다. 그는 딸의 잠옷 속으로 손을 넣고 있었다. 그녀는 성학대를 당한 것인가?

35살의 정신적인 손상이 있는 여성은 수용시설에 살고 있었다. 건강을 관리하는 젊은 사회복지사가 그녀에게 그를 위해 알몸의 자세를 취하면 동물 인형과 초콜릿을 주겠다고 했다. 그리고 절대 다른 사람에게 말하지 않기로 약속까지 받았다. 그는 그녀의 몸을 사진으로 찍었고 그 사진을 자신의 아파트에 두었다. 이것은 성학대인가?

중년의 여성이 자신의 교회에서 목사님에게 상담을 받았다. 목사는 그녀가 남편과의 문제를 해결하기까지는 결코 하나님과 친밀한 관계를 경험할 수 없을 것이라고 말했다. 그러면서 상담의 과정으로 그와 친밀한 키스를 나누고 껴안아야 한다고 했다. 이것은 성학대인가?

알츠하이머병이 있는 노년의 여성은 교회가 운영하는 요양원에 몸져누워 있다. 요양원장은 정기적으로 그녀의 방을 방문하고 문을 잠근다. 그리고 그녀의 옷이나 자신의 옷을 벗지 않은 상태로 그녀의 몸 위에 올라 눕고는 오르가슴을 느낄 때까지 자위한다. 그녀는 그가 자신에게 나쁜 짓을 한다고 간호사들에게 말하려고 했다. 그러나 사람들은 그녀가 혼동하고 있다고 생각할 뿐이다. 그녀는 성학대를 당해 온 것인가?

이 이야기들은 모두 사실이다. 각 경우, 가해자는 신앙을 고백하는 기독교인이다. 그리고 각 경우가 모두 성학대가 발생한 것이라 믿는다. 왜?

성학대는 성적인 경험에 있어서 미숙하거나 저항할 힘이 없는 사람들이 속거나, 함정에 빠지거나, 강요되거나, 매수될 때마다 일어난다. 장애나 나이 혹은 상황적으로 무력한 사람들이 가해자가 성적으로 자극될 수 있는 행동을 할 때, 피해자가 충분히 이해하지 못했거나, 정보에 입각한 동의를 할 수 없는 환경에 처했을 때마다 일어난다. 피해자와 가해자의 힘의 불균형은 성학대에 결정적이다. 힘의 불균형은 가해자의 나이나 체구나 지위나 경험이나 권위로부터 나오게 된다. 누군가의 개입을 차단하고 가해자가 계속하여 희생자에게 접근할 수 있도록 만들어주는 은밀한 욕구가 연료가 되어 가열된다.

슬프게도, 성학대의 희생자는 모두 어리거나 나이가 많다. 치료공동체는 어린이의 연약함이 학대를 일으키는 요인임을 오랫동안 알고 있었다. 이제 우리는 노년층도 성적으로 희생되는 빈도를 자각하고 있다. 육체적 한계로 인해 노인들은 원하지 않는 성적인 접촉으로부터 자신을 보호할 수가 없다. 노쇠함과 다른 정신적 손상으로 인해, 정신적으로도 자신을 방어할 수 없다. 사례연구는 노인들이 요양사를 학대로 신고할 때, 그들의 말은 신뢰 되지 않고 오히려 종종 "노망" 혹은 "치매"로 여겨진다.

신체적으로 정신적으로 취약한 모든 나이의 사람들은 성적 학대에도 취약한 대상들이다. 제한된 언어구사력은 그들이 당한 학대를 설명하는 데 어려움을 준다. 노인이나 장애인들은 아프거나, 소외되어 있거나, 두려움으로 인해 다른 곳으로 옮기지도 못한다. 이것이 현실이다. 학대의 가해자들은 종종 이런 노인과 장애인을 목표로 한다. 그들은 희생자들의 취약점을 잘 알고 있기 때문이다.

성학대에서 희생자들의 필요나 바람은 무시된다. 대신 그들은 가해자의 성적 만족과 자극을 위해 이용된다. 이것은 성관계나 가슴이나 성기를 만지거나 가해자에게 성적 자극을 주는 광경이나 소리에 노출되는 것을 포함한다.

어떤 사람들은 성관계나 성기 접촉이 있어야만 성학대라 불린다고 생각한다. 그러나 최근의 이해는 성적인 접촉이 없어도 성학대가 발생할 수 있다는 견해다. 개인의 신체적, 감정적 공간이 성적으로 보이는 언어와 소리와 광경을 통해

자연스럽게 침해당할 수 있다.

어떤 사람들은 성관계와 성기 접촉을 통한 성학대가 다른 학대보다 더 해를 입는 것으로 생각한다. 연구와 임상증거는 이것을 시종일관 확증해 주지는 못한다. 모든 성적 학대의 경험은 상처를 입게 한다. 계속되는 감정적 트라우마가 발생하지 않도록 결국은 직면하고 치유해야 할 장기간의 상처를 남긴다.

학대에는 몇 가지 타입이 있다. 성학대는 신체적 접촉을 포함할 수도 있다. 이 것은 피해자의 가슴이나 성기를 만지는 것, 성적인 키스와 가해자의 성기를 억지로 만지게 하는 것, 성관계, 구강이나 항문 성교를 포함할 수 있다. 이것이 성학대라는 말을 생각할 때, 보통 머릿속에 떠올리는 범주이다.

그러나 학대의 행동에는 다른 중요한 범주가 있다. 성학대에는 언어적verbal 학대가 있다. 한 50대 여성은 아직도 아버지가 자신의 자라나는 가슴을 관심 있게 눈여겨보던 모습을 기억한다. 가슴의 크기가 바뀔 때마다, 아버지는 A컵 peanuts이라고 불렀고, 다음엔 B컵walnuts이라 불렀고 마지막에는 C컵coconuts이라 불렀다. 그녀 가슴에 관한 농담은 가족이 모인 테이블에서 이루어졌다. 아버지는 그녀가 노출이 심한지를 점검하기 위해 매일 아침 그녀의 의상을 면밀하게 살폈다. "그는 마치 내 가슴이 그의 것이고, 그의 즐거움을 위해 내 가슴이 있는 듯 행동했어요. 비록 그가 내 가슴을 만지지는 않았지만, 나를 향한 그의 말들은 마치 그가 내 가슴을 만지는 것처럼 느끼도록 만들었어요."

또 다른 여성은 할아버지가 그의 무릎 위에 자신을 앉히고는 그녀의 귀에 대고 유혹하는 성적인 멘트로 "예쁘고, 달콤한 입술", "귀엽고 작은 가슴"이라며 속삭이던 것을 기억한다. 그 당시에는 이것이 왜 그녀를 겁에 질리게 했는지 알수 없었다. 그러나 성인이 되어서 그녀가 얼마나 무력감과 더럽혀진 느낌을 느꼈는지 깨닫게 되었다.

시각적visual 성학대도 있을 수 있다. 한 여성은 그녀의 가족이 삼촌의 집에 갈 때마다 느꼈던 공포를 기억한다. 삼촌은 그녀를 자신의 침실로 끌고 가서는 문을 잠그곤 했다. 그리고는 외설적인 잡지를 가지고 와서 강제로 그녀가 그 사진들을 보게 했다. 비록 그가 자신의 몸에 손을 대지는 않았지만, 삼촌은 당황하며 사진을 보고 있는 그녀를 쳐다보며 자위를 했다.

한 성인 여성은 자신이 십 대일 때 느꼈던 수치심을 기억했다. 그녀가 샤워를 마치고 자기 방으로 가려고 했을 때, 아버지는 목욕 수건을 잡아당겼다. 그리고 알몸인 채로 서 있도록 하여 심한 모욕감을 주었다.

또 다른 여인은 사춘기 시절, 아버지에게 알몸을 보여줄 때 느꼈던 두려움과 혐오감을 기억한다. 아버지는 노크도 하지 않고 자신의 방이나 목욕실 문을 열고 들어왔다. 그녀가 옷을 입지 않았을 때, 그가 들어오면 소리를 지르며 나가라고 외쳤다. 그는 딸의 은밀한 부위를 쳐다보다가 웃음을 지으며 나갔다. 그녀가 용기를 내서 이런 일이 있었다고 어머니에게 말하자, 어머니의 반응은 "너무 예민하게 굴지 마, 어쨌든 그냥 네 아버지야"였다.

노출증, 혹은 '공개적 음란죄'라고 불리는 것은 광의적으로 범죄 행동으로 여겨진다. 알몸 일부가 모르는 사람에게 노출되는 것이 성적인 의도를 가진 아버지나 가족이나 신뢰할 만한 친구에게 노출되는 것보다 더 가벼운 심리적 트라우마를 일으킨다.

거의 40년간의 결혼생활을 하며 3명의 아들의 키운 한 60대 여성은 항상 공포나 혐오감으로 남편의 알몸을 봐야 했다고 고백했다. 그녀가 어린 소녀였을 때, 설교자였던 아버지는 때때로 그녀의 방에 들어와서 자신의 속옷을 벗고는 발기한 자신의 성기를 보게 하였다. 거의 50년이 지났지만, 그런 일이 생길 때마다 느꼈던 공포감과 역겨움은 여전히 생생하게 기억하고 있다. "나의 사랑하고 온유한 남편의 몸을 볼 때마다 똑같은 감정이 여전히 밀려오는 것을 느껴요."

심리적인psychological 성학대도 있다. 이 범주의 학대는 부모와 자녀 사이의 적절한 감정적 경계를 모호하게 만드는 부모의 행동으로 일어난다. 가끔 자녀는 대리 배우자나 절친한 친구로 설정된다. 이런 경우 자녀들은 부모에게 아주 특별한 존재로 느껴지기도 하지만, 결혼한 사람들 사이에서만 이야기되어야 하는 말이라는 것을 본능적으로 알 때는 혼란스러워지게 된다. 종종 미묘한 성적인 역동이 대리 배우자-부모 관계에서 나타난다. 비록 그 성적인 역동이 실제로 행동으로 이어지지 않았다 할지라도, 이것은 혼동과 더불어 자녀와 부모 사이에 적절하지 않은 성적인 유대감을 발생시킨다.

한 여성은 사춘기 시절에 경험한 트라우마에 관해 이야기해 주었다. 그녀의 아버지는 그녀의 방에 들어와서는 "침대에서 여자들이 무엇을 해줄 때 남자들이 좋은지"에 대해 말해 주었다. 아버지는 딸이 아직 성적인 경험이 없다는 것을 알고 있었다. 하지만 그는 딸에게 몸단장을 시켜 좋은 연인이 되게 함으로써 딸의 미래 남편에게 호의를 베풀고 있다고 말했다. 그는 종종 "성적으로 장애"를 가진 여자와 결혼한 남자가 얼마나 힘든가에 대한 예로써 그녀의 엄마와의 성적인 관계를 들곤 했다.

그런 이야기는 그만하라고 간절히 부탁도 해보았지만, 아버지는 수년에 걸쳐 그런 행동을 지속했다. 딸이 엄마에게 이런 행동을 이르겠다고 위협하자, 아버지는 만약 엄마의 이런 장애 때문에 그가 딸에게 "은밀한 교육"을 시켰다는 것을 엄마가 알게 되면, 아버지와 엄마는 이혼하게 될 것이라고 그녀를 협박했다. 부모의 이혼을 원치 않았던 그녀는 결국 말할 수 없었다. 이제 성인이 된 딸은 "그가 비록 부적절하게 그녀의 몸에 손을 댄 적은 없었지만 저는 심리적 근친상간의 희생자라는 것을 깨닫게 되었어요"라고 말한다.

나는 종종 어린이들끼리 성적 호기심을 표현하는 놀이를 하는 것을 보고 질색한 부모들에게서 성학대와 정상적인 성적 호기심 사이의 차이를 분명히 하고 싶어 하는 질문을 받는다. 이것은 매우 중요한 질문이다. 어린아이들이 그들 자신과 친구들의 몸에 대해 호기심을 갖는 것은 정상이다. 그 아이들이 놀기 위해 자신의 몸이나 다른 아이들의 몸을 만지는 것은 정상이다. 이런 식으로 아이들은 그들의 몸에 대해 배우고 그들이 좋아하는 것과 좋아하지 않는 것을 배워 나간다.

만약 이 아이들이 같은 나이와 같은 체구의 아이들이며 거기에 강압이나 속임수나 협박 같은 게 없었다면 이것은 정상적인 성적 호기심에 의한 놀이이다. 그러나 만약 나이가 더 든 형제자매나 베이비시터나 인지된 권위를 가진 다른 아이가 어린 동생들이 이해할 수 없고 거절할 수 없는 성적인 행동으로 그 약한 어린이를 대했다면 이것은 성학대인 것이다.

가끔은 같은 나이의 어린이라 할지라도 자아에 대한 인식이 강하고 성격이 강압적인, 상당히 다른 모습을 지닌 아이들이 있다. 같은 나이라도 그들은 힘이나 권위에서 동등한 위치에 있다고 여겨지지 않는다. 이런 상황에서는 힘이 약한 아이가 정확하게 학대라고 말할 수 있는 행동에 위압될 수 있다.


## ——————— 왜 성학대가 잘못된 것인가?

우리는 불행하게도 아버지가 자녀에게 가하는 성학대를 금지하는 구체적인 성경 구절을 찾을 수 없다. 히브리 사람들에게 성적인 금기를 말하는 레위기의 본문들은 남자의 재산으로 여겨지는 또 다른 남자와 여자 사이의 성적인 접촉에 대해 언급할 뿐이다. 성적인 관계에서 대다수는 부적절한 것으로 구분하는데, 아들과 엄마, 조카와 숙모, 아버지와 손녀딸, 형제와 자매 등이다. 아버지와 딸, 아버지와 아들 간의 성적인 접촉에 대해서는 노골적으로 빠트리고 있다. 레위기의 금기사항들은 취약계층의 사람들이 경험하는 착취에 관한 관심보다는 남자들의 재산상의 권리에 대해 더 많은 관심을 반영하는 것으로 보인다.

안수받은 목회자이자 성폭력 가정폭력 방지를 위한 시애틀 센터의 대표인 메리 포춘은 학대요소가 있는 행동에 대하여 명확한 기독교적 견해를 밝힌다. 그녀의 통찰력은 왜 성학대가 잘못된 것인지를 이해하는 데 특별한 도움을 준다.

포춘1983은 성학대가 다차원적인 죄라는 것을 관찰했다. 그것은 피해자의 신체적 온전함을 파괴하며, 희생자가 평생 몸과 관련된 문제를 갖게 하는 신체적인 죄bodily sin이다. 이것은 신뢰를 파괴하고 가해자와 희생자 사이의 건강한 관계의 가능성을 무너뜨리는 관계적인 죄relational sin이다. 이것은 또한 희생자가 다른 사람을 신뢰하는 것을 어렵게 만든다. 그렇게 함으로 모든 현재와 미래의 다른 관계마저 건강하게 만드는 일을 방해한다. 이것은 학대의 관계를 지속하고 파괴적인 환경을 만드는 은밀한 상황을 더욱 확장하는 사회적인 죄social sin이다. 비록 직접적인 관계가 없는 사람들도 학대가 발생한 가정과 교회와 공동체에 의해 영향을 받기 때문이다.

그리고 학대는 성적인 죄sexual sin이다. 성을 왜곡하고 오용하게 만들기 때문이다. 학대는 성에 대한 희생자의 감정을 크게 손상하며 학대가 끝난 다음에도 오랫동안 성을 수용하고 표현하는 능력에 해를 끼쳐 후유증을 갖게 만든다.

포춘은 하나님의 형상을 따라 만들어진 인간이라는 창조론에 근거하여 볼 때, 성학대는 신성모독의 행위라고 말한다. 그들은 다른 사람들 속에 있는 신성한 면을 부정하기 때문이다. 일상의 말로 하면 성학대는 잘못된 것이다. 그것은 사람을 아프게 하고 평생 씻을 수 없는 상처를 남기기 때문이다! 다음 장에서는 이런 상처에 대해 살펴보겠다.

# 2장

# 피해자와 그 후의 문제들

일부 사람들은 성학대 문제가 지나치게 부풀려졌다고 의심한다. 그들은 학대가 미디어의 최신 유행 이야깃거리나 대중 심리학이 겨냥한 새로운 비난 대상이 되었다고 한다. 최근에 어느 목사는 "나는 심리치료사들이 그들이 만나는 모든 여성에게서 성적 학대의 이야기를 들춰내는 것에 신물이 난다"라고 말했다.

또 어떤 이들은 어린 시절에 원치 않는 부적절한 성적 경험을 한 여성들에게 "문제를 이렇게 크게 키운다. 결국, 그 사건은 그녀에게 어린 시절의 한 부분일 뿐이었어. 왜 그녀에게 있었던 좋은 일들에는 집중하지 않는 거지?"라며 불만을 표출하기도 한다. 또 다른 사람들은 "그녀는 단지 자신을 불쌍히 여기고 사람들의 동정을 얻고자 이것을 핑계로 삼고 있어"라고 말할지도 모른다. 이 여성들은 목회자들이 롯의 아내뒤돌아보고 소금기둥으로 변한 여인의 성경 이야기를 들면서 과거를 너무 많이 생각하는 '뒤돌아보기'가 합당하지 않다고 경고하는 말을 듣게 된다.

치료 모임에서는 여러 측면에서 성학대에서 살아남는 것이 전쟁터에서도 살아남는 것과 유사하다는 것을 발견한다. 양쪽 전장의 생존자들은 외상 후 스트레스 장애Post-Traumatic Stress Disorder:PTSD로 고통받을 수 있다.

이 장애는 인간 경험의 일반적인 범위를 벗어난, 심리적으로 고통스러운 사건 이후에 나타나는 일련의 특징적인 증상들을 포함한다.

PTSD의 증상들에는 기억상실, 악몽, 그리고 충격적인 장면회상flashbacks 등이 있다. 기억은 선택적이고 약화된다. 그러나 장면회상flashbacks은 원래 사건의 모든 공포를 되살리는 강력한 기억방식이다. 많은 사람은 일단 장면회상flashbacks이 시작되면 그것을 막을 방법이 없다는 것을 발견한다. 아래의 시는 오랫동안 억눌려온 어린 시절의 충격적인 사건들을 기억하는 고통스러운 과정을 묘사하고 있다.


기억하고 있어요

앤 캠벨


기억하고 있어요, 주님.
온몸이 다시 아파오네요.
떨고 있는 아이를
움켜잡고 더듬거리는
괴물 같은 손,
어둠 속에서 애원하는
소리죽인 울음소리,
기억이 떠오르면
벌어진 상처처럼
찌르듯 나를 아프게 해요.
온몸이 다시 아파오네요.

고쳐주세요, 주님.

나의 상처를 말끔히 씻어 주세요.

빗물이 꽃에 묻은

먼지를

부드럽게 씻어 내듯이,

제가 치유되고

주의 영광으로 채워질 수 있도록.


정신건강 분야에서 일하는 많은 사람은 어린 시절, 잘 알고 신뢰하는 누군가에게 성적인 학대를 당한 것만큼 정서적, 영적 건강을 심각하게 훼손할 수 있는 것은 없다고 생각한다. 성학대는 신체, 개인적 경계와 신뢰를 다 무너뜨리는 것이다. 그것은 인격적인 개인의 가치를 파괴한다. 그것은 사람을 대상화하여 물건처럼 취급한다. 성학대를 "영혼의 살인"이라고 부르는 것은 당연한 일이다.

대부분 성인이 된 학대의 생존자들은 치료를 시작하기 전까지는 아동학대로 인한 지속적인 영향력을 몰라, 매일의 단순한 생존에 엄청난 감정 에너지를 쏟으며 산다. 대신, 피해자들은 그들이 하는 모든 일과 모든 관계에서 막연한 불안감, 일반화된 감정적인 고통과 슬픔이 스며들어 있는 것을 느낄 수 있다.

왜 아동기에 당한 성적 학대는 희생자들에게 그렇게 파괴적인 경험일까? 학대받은 사람들의 후유증과 성인이 되어서 겪게 되는 문제는 무엇일까?

이 장은 생존자의 세계를 탐구할 것이다. 희생자들이 학대의 심리적 고통으로부터 자신을 보호하려고 노력하는 다양하고 창의적인 방법을 살펴볼 것이다. 사건 이후의 자책감, 자존감과 관련된 문제나, 신체, 관계, 및 믿음과 영성에 관계된 결과적인 문제들을 탐구할 것이다. 인간의 본성은 복잡하고 다면적이기 때

문에 삶의 경험에 정확히 똑같은 방식으로 반응하는 사람은 없지만, 생존자들의
삶에서 발생하는 공통된 주제와 도전들이 있다.

## ─────── 자기 보호 방어기제

자신의 치유 여정을 거치지 않은 아동기 성학대의 생존자들은 대부분 피해
의 심오한 영향을 모르고 있다. 그들은 그것의 중요성을 믿지 않는 경향이 있다.
"아주 오래전에 일어난 일이예요.", "다른 많은 사람에게 더 나쁜 일이 일어났어
요.", "내 생명에 지장을 주지 않았으니 그렇게 큰일이 될 리가 없죠. 그냥 마음
속으로 전체를 과장한 것 같아요."

학대받은 아이가 자신의 학대와 관련된 공포와 분노를 전적으로 느낀다면,
그녀는 미쳐버릴 것이다. 자신이 경험한 아픈 현실을 부정하지 않는다면, 적대
적이고 위험한 가정에서 무력한 아이가 되어 정서적으로 살아남을 수 없다. 참
을 수 없는 트라우마가 가해질 때, 사람은 그것을 견디고 잘 다루기 위해 무언가
를 해야 한다. 때때로 이런 트라우마는 직면하기에는 너무 고통스러워 현실에
대한 심각한 왜곡으로 이어진다.

방어기제는 불안, 공포, 스트레스를 줄이기 위해 현실을 바꾸거나 왜곡하는
방법이다. 프로이드는 처음으로 사람들이 감정적인 고통으로부터 자신을 보호
하기 위해 현실을 왜곡하는 것을 관찰했다. 각각의 방어기제는 다르게 작동하
지만, 방어에는 두 가지 공통적인 특성이 있다. 첫째, 현실의 부정이나 왜곡이다.
둘째, 그것은 보통 무의식적으로 작동한다.

어린 시절의 성학대는 스트레스와 불안감을 유발하는 경험이기 때문에, 생존

자들은 일반적으로 그것에 대처하기 위해 몇 가지 방어기제를 사용한다. 이 방어막들은 희생자들이 상처의 진정한 깊이를 인식하지 못하도록 막는다.

부인denial은 아마도 모든 방어기제 중에서 가장 간단한 것일 것이다. 피해자는 피해 징후와 기억의 파편에 눈을 감음으로써 학대에 직면하는 고통으로부터 자신을 방어한다. 아빠가 밤에 자기 침대에 들어와 어루만지는 모습을 떠올린다면 기억을 재구성하고 자신은 꿈꾸고 있었다고 믿는다. 부인은 그녀가 자신의 개인사를 다시 쓰고, 고통스러운 사건들을 재구성하여 그래서 더 받아들일 수 있도록 현실을 조작할 수 있게 해준다. 어린아이일 때, 부인이라는 기제는 많은 희생자가 그들이 당한 학대에 대해 누구에게도 말하지 못하게 하고, 어른이 되어 부인하게 되면 그들의 피해와 그에 따른 고통을 직면하는 것을 막는다.

억압repression은 불쾌한 감정과 기억이 의식 속에 들어오지 못하게 하는 방어장치다. 그것은 의식에서 고통스러운 것을 무의식적으로 제거하는 것이다. 억압을 통해 아동학대의 많은 희생자는 그들이 훌륭한 가정에서 왔고 완벽한 어린 시절을 보냈다는 환상을 유지한다. 억압이라는 기제를 사용하는 희생자는 타인이 성적 학대를 당했다는 말을 들으면 "고맙게도, 나한테는 그런 일이 없었어!"라며 그것이 거짓말일지라도 진심으로 말할 수 있다.

합리화rationalization에는 행동을 보다 수용 가능한 것처럼 보이도록 재해석하는 것이 포함된다. 합리화는 불안감을 유발하는 행동에 대해 받아들일 수 있는 변명을 만들어낸다. 생존자들은 종종 왜 누군가가 자신을 학대했는지 설득력 있게 설명한다. "아버지는 어루만지는 것이 나라는 것을 깨닫지 못하고, 어머니라고 생각했어요. 알다시피, 그는 항상 몽유병이 있었지요." 혹은 "그는 술에 취하거나 스트레스를 많이 받을 때만 나를 학대했어요. 그는 정당한 이유 없이 내게 그런 짓을 한 적이 없어요"라고 말했다.

치유는 오랫동안 억눌려온 감정을 느낄 힘과 안전이 필요하다. 방어를 통해 아이는 학대의 고통에 대한 인식을 최소화할 수 있다. 그러나 치유는 그녀가 자신의 감정을 느끼고 잃어버린 기억을 되찾아야 가능하다.

나는 종종 이런 질문을 받는다. "왜 그 모든 아픈 기억을 다시 끄집어내야 하나요? 그렇게 불행했다면 그냥 사람들이 과거를 잊게 하는 게 낫지 않을까요?" 어린 시절의 트라우마를 잊고, 어린 시절의 상처를 직면하지 않고서도 건강하고 행복한 삶을 사는 것이 진정으로 가능하다면, 나는 분명히 동의할 것이다. 하지만 방어력을 높이며 과거의 트라우마를 누르며 사는 데는 엄청난 에너지가 필요하다. 정서적 고통을 억압하는 데 쓰이는 에너지는 행복과 사랑을 느끼는 삶에 대한 필요와 소망을 채울 수 있는 일에는 사용될 수 없다.

비록 기억들이 무의식 속에 깊이 숨겨져 있을지라도, 그것은 엄청난 에너지와 힘을 가지고 있다. 학대의 기억들은 여러 통로를 통해 우리 안에 처리해야 할 감정적인 작업이 있다는 것을 말한다. 이 기억들을 무시하는 것이 영원히 가능하지는 않다. 이런 기억들은 관심이 필요한 미해결의 문제에 대한 반복적이고, 가끔은 두려운 기억의 파편들로 우리의 꿈같은 삶을 공격할지도 모른다. 감춰버린 분노나 고통은 눈물이나 비명, 울화를 터트리며 엉뚱한 시간에 나올 수 있다. 억압된 분노는 놀랄만한 발작처럼 터져 나올 수 있다. 우리는 진심으로 "이런 감정들이 어디에서 왔을까?"라고 묻게 될 것이다.

인정하지 않은 고통과 파묻어 버린 기억은 좀 더 교묘하지만, 우리의 일상생활에 상당히 영향을 미친다. 자신, 타인, 하나님과 건강한 관계를 맺는 능력은 어린 시절의 경험과 일차적으로 자신을 돌본 사람과 떼려야 뗄 수 없이 묶여 있다. 어린 시절의 성적 학대는 직면해야만 하는 것이기에 상당한 감정적, 관계적, 정신적 상처를 건드리지 않은 채, 무한정 무시하며 살 수 없다.

# ——————— 자책과 그 결과로서의 자존감 문제

치유의 여정을 시작하지 않은 성학대 피해자들은 과거의 학대와 현재의 잘못된 기능 사이의 연관성을 보지 못하는 경우가 많다. 많은 사람은 그들이 직면하고 있는 많은 문제가 실제로 그들의 학대와 관련이 있을 수 있다는 사실에 놀라거나 믿지 않는다. 한 생존자는 이렇게 말한다.

> 나는 항상 내가 문제라고 생각했고, 기억할 수 없는 끔찍한 일을 저질렀다고 생각했고, 그 때문에 이 끔찍한 고통을 내 가슴에 짊어져야 하는 벌을 받고 있다고 느꼈어요. 내가 해 온 것들이 무엇이든 그것이 나의 오래된 우울증, 식욕 장애, 자학적인 행동, 깨진 관계의 원인이라고 확신했어요.

아이들의 생존은 어른들의 삶에 달려있다. 보살핌과 양육에 책임이 있는 바로 그들이 폭력과 학대를 휘두르고 있다는 것을 인정하는 것은 두려운 일이다. 자신들의 최선을 바라는 마음이 있어야 하고 자신들을 안전하게 지켜 줘야 할 가족과 친척들을 믿을 수 없다면, 이 세상에서 살아갈 소망이 무엇이겠는가?

어린아이에게는 학대가 자기 잘못이라고 생각하는 것이 부모가 정말로 잔인하고 신뢰할 수 없는 사람이라고 생각하는 것보다 "더 쉽다." 자책은 그녀의 무력감과 연약하다는 느낌vulnerability을 감소시킨다. 그 어린 소녀는 세상이나 어른들을 바꾸는 것이 불가능하다는 것을 안다. 그러나 자신이 달라진다면, 아마도 덜 매력적이거나 더 조심하거나 더 순수하다면, 더 이상의 학대를 면할 수 있을 거라는 어떤 희망을 찾을지도 모른다. 그래서 아이는 책임을 지고 무기력감을 덜 느끼려는 무의식적인 시도로 학대자의 죄를 떠맡는다.

성인 생존자들과 같이 일하면서, 나는 많은 사람이 여전히 그들의 어린 시절의 학대에 대해 자신을 비난하는 성향이 강하다는 사실에 자주 놀란다. 피해자들은 어쨌든 학대를 초래했다고 느끼거나, 혹은 그것을 막지 못한 것에 대해 죄책감을 느낀다. "내가 너무 예뻤나 봐요"라고 말한다. "난 나 자신을 방어할 수 있을 만큼 자라기도 전에, 어린 나이에 신체적으로 너무 발달했나 봐요"라고도 말한다. "더 당찼더라면 도망쳤을 텐데, 나는 늘 줏대가 없었어요.", "너무 당황하고 부끄러워서 아무에게도 무슨 일이 일어나고 있는지 말하지 못했어요. 그러니깐 다 제 잘못인 거죠."

자책감은 아동 피해자들에게는 전적인 무력감에 대한 일반적인 방어기제이지만, 이것이 성인에게로 옮겨지면 파괴적이다. 많은 성인 생존자는 여전히 죄책감을 느끼기 때문에 학대가 자신들의 잘못이라고 믿고 있다. 그리고 스스로 가치 없다고 느끼기 때문에 가치 없는 존재로 살아간다.

피해에 대한 이런 과장된 개인적 책임감은 많은 피해자의 인격 구조를 형성하는데, 희생자들은 평생에 걸쳐 비난과 책임을 자신의 탓으로 돌리는 건강하지 못한 성향과 씨름한다. 많은 피해자는 학대자에게서 이 학대가 자신들의 잘못 때문이라는 말을 들었다. "넌 내가 이런 짓을 너에게 하기를 바라잖아. 그래서 하는 거야.", "그렇게 섹시하게 옷을 입지 않았다면 이런 일은 없었을 거야. 뭘 기대하는 거야? 나도 그저 인간일 뿐이야.", "네가 그렇게 엄마를 화나게 하고 우울하게 하지 않았다면, 이 짓을 네 엄마에게 했겠지."

아동 피해자들은 자기만이 이런 성적 학대를 경험한다고 잘못 생각했기 때문에, 소외감을 느끼며 남과는 다르다는 느낌을 받았다. 그들은 자신의 이마에 지워지지 않는 흔적이 있는 것처럼 느껴서 모든 사람이 그들을 쳐다보고 무슨 일이 일었는지 쉽게 안다고 생각한다. 한 생존자는 "일단은 학대가 시작되면 사람들이 아버지가 나에게 무슨 짓을 했는지 알 것만 같아서 누군가의 눈을 똑바로 마주보기 부끄러웠어요. 수치심에 사로잡혀서 울지 않고서는 거울에 비친 나 자신의 눈조차 바라볼 수 없었어요"라고 말했다.

또 다른 생존자는 그녀가 다른 행성에서 지구로 떨어졌다고 믿었다. "내가 내 또래의 다른 소녀들과 이토록 다르며 외톨이로 산다는 사실을 달리 설명할 방법이 있을까요?" 자살 시도 직전에 쓴 아래의 시는 많은 피해자가 느끼는 외로움과 고립감을 전달한다.


어디를 가는 거니, 소녀야?

　나는 혼자야.

어디를 가는 거야, 소녀야?

　나는 혼자야.

왜 울고 있어, 소녀야?

　나는 갈 데가 없어.

　나는 혼자야.

무엇을 보니, 소녀야?

　나는 아무것도 보이지 않아.

무엇을 아니, 소녀야?

　아무도 나를 만질 수 없어.

　나는 혼자야.

　아무도 나를 볼 수 없어.

　나는 혼자야.

　여긴 아무도 없어.

학대자와의 성적인 깊은 관계를 거부하려 하지 않았거나 성관계를 대가로 선물과 특권을 받아들인 생존자들은 어른이 되어 깊은 수치심을 느끼기 쉽다. 그들에게 계속되는 잊히지 않는 질문은 "내가 왜 그를 막지 않았을까?"일 것이다. 25kg 아이의 체격과 체력을 80kg 남자의 체력과 비교한다고 해도 학대자를 밀어낼 가능성이 적다는 사실을 생존자에게 납득시키지 못할 수도 있다. 학대의 상황이 어떻든 결코 아이의 잘못이 아니라는 사실을 피해자는 믿기 어렵다.

우리는 폭력적인 사회에 살고 있다. 사람들이 이 현실에 대처하는 한 가지 방법은 잔인하게 공격당하고, 강간당하고, 유린당한 사람들이 어쨌든 간에 "자초한 면"이 있다고 확신하는 것이다. 만약 사람들이 불행에 대해 폭력의 피해자들을 비난한다면 자신들은 덜 연약하다고 느끼게 된다. 우리 사회가 피해자를 비난하는 경향은 생존자들에게 학대가 자신들의 잘못이라는 생각을 고취하고 무가치함과 수치심을 깊게 한다.

생존자들에게 수치심을 느끼게 하는 것은 단지 학대자들이 가한 경험뿐 아니라 자신이 망가졌고, 가치 없고, 부정하다고 생각하는, 마음 깊은 곳에 있는 확신이다. 희생자 대부분은 고통스러운 낮은 자존감에 시달린다. 많은 사람은 내면의 어둠을 몸과 영혼을 채우는 공허감으로 묘사한다.

중요한 심리학적 이론과 연구는 행동과 행복의 결정요인으로 자존감의 중요성을 강조해 왔다. 연구원들은 높은 자존감을 다른 사람들과 잘 지내는 사교성, 스트레스에 대처하는 적응력, 그리고 창의성과 연결해왔다. 캘리포니아 정신건강부서1979가 실시한 한 연구는 긍정적인 자존감이 더 건강한 삶을 예측하게 해주는 최고의 요인이라는 것을 발견했다. 자존감은 신체적 환경, 유전, 의료 및 심리 서비스의 이용 가능성보다 건강에 대한 더 중요한 예측 변수였다.

자존감이 낮은 사람들은 사랑받는다고 느끼지 못하고 자신들은 사랑스럽지 않은 외톨이라 느끼며 자신을 방어하지 못하고, 다른 사람을 화나게 하거나 관심받는 것을 두려워하는 경향이 있다. 낮은 자존감은 학대받는 사람들이 자주 겪는 문제인 우울증과 지속적인 관련이 있다. 많은 생존자가 아직 어렸을 때, 그들의 자각과 정체성이 형성 중일 때 그런 희생을 당했기 때문에 그들이 느끼는 깊은 무가치함을 설명할 말이 부족할지도 모른다. 그들은 그저 막연하게 스며든 자기 비하를 경험할 수도 있다.

성인 강간 피해자들의 공통적인 외침은 "예전의 나 자신을 되찾고 싶은데 찾을 수 없다"라는 점이다. 강간 경험의 감정적 육체적 황폐화는 너무나 충격적이기 때문에 피해자는 종종 자신의 내적 외적 세계가 급격하게 바뀐 것을 발견하게 된다. 그렇게 무서운 방법으로 더럽혀지고 제압되어 왔기 때문에 자신과 세상과 관련하여 자신이 누구인가에 대한 전반적인 이해가 달라진다. 심지어 자신이 어떤 사람이었는지, 자신이 어떤 기분이었는지, 강간당하기 전의 세상이 어떤 모습이었는지 기억하기도 어렵다. 한 여성은 자신의 삶을 BR강간 전과 AR강간 후의 두 시대로 나눈다.

근친상간 학대를 당한 많은 생존자는 학대가 시작되기 전의 시간을 기억하지 못한다. 결과적으로, 그녀는 자신을 찾는 데 훨씬 더 힘든 시간을 보내게 된다. 특히, 그녀의 학대가 말을 하기 전의 어린 시절에 시작되었다면, 그녀는 자신의 피해를 떼어놓고 자신이 누구인지를 전혀 알지 못할지도 모른다. 그녀의 자아 경험은 "나는 나쁜 짓을 당해도 되는 나쁜 소녀"라고 믿는 수치심에 기반한 정체성에 국한될 수 있다. 그녀의 비폭력적이고 일그러지지 않은 자신I AM에 대한 감각은 너무나 오랜 세월 동안 깊이 숨겨져 있었기 때문에 그려내야 할 자기에 대한 강간 이전의 기억이 없는 것일지도 모른다.

근친상간을 당한 한 성인 생존자는 이렇게 회상한다.

"나는 그것이 언제 시작되었는지, 언제 멈추었는지조차 기억나지 않는다. 여러 해 동안 나는 '그것'이 무엇인지조차 몰랐다. 그러나 내가 많이 울었다는 것을 알고 있었고, 아버지와 항상 긴장되고 어려운 관계를 맺어 왔다. 나는 오랫동안 우울증에 시달렸고 고통을 멈추려고 수없이 자살을 시도했었다. 근친상간이나 성학대라는 단어도 알지 못했지만, 내 마음과 영혼은 더는 울 수 없을 때까지 깊은 고통 속에 울었다. 지난 2년 동안 전문가 14여 명과 오랜 시간 동안 집단치료와 개별치료를 하고 학대 관련 서적을 읽고 그 주제에 대한 세미나에 여러 번 참석한 후에야 나는 이야기와 대화와 꿈과 함께 나의 흐트러진 증상들을 복잡한 퍼즐 조각처럼 천천히 연결할 수 있었다. 내면에 있는 그 고통을 성학대라고 명명했다!"

성학대의 성인 피해자는 예전 어린 자신을 알고 사랑하고 치유하는 법을 배우는 것이 중요하다. 그래야만 그녀는 진정으로 자신에 대한 연민을 느끼고 타인과의 건강한 친밀감에 자신을 열 수 있다. 이 과정에서 학대를 당한 한 여성이 학대를 가한 아버지에게 시를 썼다.

잃어버린 사람을 찾습니다.

어린 소녀를 잃어버렸어요.
누가 그 비용을 계산할 수 있을까요?
금발 고수머리에 파란 눈을 가졌고요,
당신처럼 사악한 사람은 전혀 아니었어요.
당신이 아이의 순수성을 앗아갔지요.

그러나 당신이 더럽혀진 사람이죠!

나는 내 아이를 다시 찾아올 거고 사랑으로 돌봐 줄 거예요.

그 아이는 하늘에 계신 진정한 아버지가 하듯이

나에게 보살핌을 받을 거예요.

그녀의 영혼은 살아남았고 점점 활기가 넘칠 거예요.

예수님과 손에 손을 맞잡고 그녀는 더 잘 될 거예요.

승리는 저의 것이죠.

당신처럼 되지 않을 것이라는 내 목표는 이루어졌어요.

나의 삶은 풍성하고 행복해요. 그러나 잊겠다는 의미는 아니에요.

영원히 상처로 남겠죠. 내 상처는 아주 깊거든요.

그러나 나는 평화 속에 살고 있고 마침내 잠들 수 있어요.


다시 찾은 소녀로부터


## ──────── 신체적인 문제

성적 학대는 몸의 온전성을 파괴하는 폭력이다. 그녀는 자신에게 가해지는 일을 통제할 수 없다. 몸으로 무엇인가를 할 수 있는 선택의 자유가 빼앗긴 채, 몸은 굴욕감을 느끼며 상하고 품위를 잃는다. 그녀는 자신이 이해하지도 못하는 움직임에 강제적으로 관여하게 된다. 그녀의 몸은 그녀의 감정이나 자신의 몸에 대한 자기 결정권에의 배려 없이 학대자의 쾌락을 위해 이용당한다. 나중엔 머리가 기억하지 못하는 것을 몸이 기억할 수도 있다. 그녀의 몸에 오랫동안 쌓인 폭행과 고통에 대한 감정을 발산하면서 예기치 못한 시기에 몸의 기억이 생존자에게 몰려올 수 있다.

그녀의 몸은 피해자가 학대를 경험하는 수단이었기 때문에, 많은 생존자가 몸과 관련된 큰 갈등을 느끼는 것은 이해할 수 있다. 한 피해자는 "물론 나는 내 몸이 싫어요. 애당초 이 몸이 나를 곤경에 빠뜨린 것이죠"라고 말한다. 많은 성 학대 피해자들이 자살을 통해 자신의 몸, 즉 고통의 매개체를 파괴하려고 하는 것은 당연하다.

원래의 학대가 끝난 후에도 피해자들은 다양한 자해 행동을 통해 자신의 몸을 다시 망가뜨릴 수 있다. 이것은 종종 무의식적인 분노와 증오로부터 자라난다. 남성은 분노와 증오를 타인에게 풀어버릴 가능성이 크지만, 여성은 속으로 삭이며 자해행위를 할 가능성이 크다.

이러한 자해 행동에는 건강과 위생에 대한 방치, 비만, 불필요한 위험 감수, 다른 사람들의 폭력성을 자극하는 논쟁과 중독적이고 강박적인 행동들이 다 포함된다. 자기 학대적인 관계와 성행위, 칼로 긋거나 화상을 입히거나 몸을 후벼 파는 행동을 통해 신체를 훼손시킨다. 또한, 자살에 관한 생각과 행동도 포함할 수 있다.Courtois, 1988

이미 이렇게 깊은 상처를 입은 사람이 왜 계속 자해하려고 하는가? 왜 자신의 몸을 칼로 베거나 화상을 입히는 것과 같은 자해 행동을 하는가? 성적 학대로 인한 치유되지 않은 내면의 고통은 심각하고 완화되지 않는다는 것을 기억해야 한다. 심리적인 고통은 보통 일반화되고 모호하며 정의하기 어렵다. 그것은 희생자의 마음과 정신에서 유영하는 공포의 일종이다. 화상이나 상처에 의한 특정하고 외부에 난, 국소적인 고통에 집중함으로써 희생자는 내면의 고통에서 일시적 안도감을 찾을 수 있다. 피와 상처는 내면의 고통의 가시적인 외형이 된다.

게다가 뇌는 베거나 화상을 입어 생긴 통증을 인지한 직후에는 엔돌핀을 분비한다. 이것은 천연마약으로서, 인지되는 고통의 수준을 낮추는 역할을 하는 화학물질이다.

한 생존자는 자신의 자해 행동을 이렇게 설명했다. "내 몸이 어둡고 썩은 것으로 가득 찬 것 같았어요. 만약 나 자신을 찌르면, 그 비열한 악이 쏟아져 나와 내가 덜 악하다고 느낄 것만 같았지요. 팔이나 다리에 난 들쭉날쭉한 상처를 보았을 때, 적어도 왜 상처를 입었는지 알았기에 짧은 시간이나마 고통이 줄어들어요."

피해자들과 같이 일하면서 나는 많은 사람이 그들의 온몸에 대해 느끼는 증오와 혐오감을 견디기 위해 몸의 일부를 구별하여 취급하는 것을 발견했다. 어릴 때 아버지에게 구강성교를 강요당했던 한 여성은 입이 싫었다. 그녀는 그것의 크기와 모양에 대해 불평했다. 자기 입술의 "혐오스러운" 원래의 색과 모양을 위장하기 위해 수십 개의 립스틱을 가지고 있었다. 그녀는 보통 손으로 입을 가리고 있었기 때문에 그녀가 말을 할 때 사람들이 잘 알아듣기 어려웠다.

또 다른 여성은 사춘기 초반에 발달한 자신의 커진 가슴을 아버지가 자신을 학대하는 원인이라 탓했다. 몇 년 동안 그녀는 가슴을 위장하기 위해 지나치게 크고 헐렁한 옷을 입었다. "내가 유방암에 걸려 이중 유방절제술이 필요하다는 것을 알게 되면 정말 좋을 것 같아요."

또 어떤 이들은 신체에 대한 두려움, 몸의 감각과 약함에 대한 두려움을 표현한다. 이러한 불안감에 대처하기 위해 일부 피해자들이 취하는 한 가지 전략은 신체적인 감각을 둔화하는 방법을 배우는 것이고, 신체에 일반적인 무감각증을 유발하는 것이다. 한 생존자는 "그가 나를 학대했을 때 내 작은 몸에 가해진 고통은 몹시 견디기 힘든 것이었어요. 내가 살아남는 유일한 방법은 감정을 느끼지 않는 법을 배우는 것이었죠"라고 말한다. 이어 "지금이라도 몸으로 좋다는 느낌을 경험해 보고 싶어요. 하지만, 학대로 포기해야 했던 것 중의 하나가 아닌가 싶어요"라고 덧붙였다.

학대 중 있었던 자극에 신체적 쾌감을 느낀 사람들은 깊은 수치심과 배신감을 경험하는 경우가 많다. 한 생존자는 "학대에 성적으로 반응한 나 자신과 내 몸에 가장 많이 화가 난 것 같아요. 내가 자고 있을 때 오빠가 내 침대에 들어오면 나는 잠에서 깨어 젖꼭지가 꼿꼿이 세워지고 그의 자극에 반응하는 것을 발견하곤 했어요. 그것은 엄청난 배신감이었지요. 오늘날까지 내 몸을 믿을 수 없다고 느끼며 싫어하고 있어요."

학대받은 여성은 하나님께서 특정 부위를 특정한 방법으로 만졌을 때 인간의 몸이 흥분하도록 설계했다는 것을 지적으로는 이해할 수 있지만, 그녀가 자신의 몸을 용서하는 데는 어려움을 겪을 수 있다. 무심한 치료사들과 성직자들은 "당시에 당신도 조금 즐기지 않았느냐?" 혹은, "그 경험에 어느 정도 흥분하지 않았느냐?"고 질문함으로써 이 딜레마를 더욱 복잡하게 만들었다.

비극적이게도 그러한 질문의 함축적 의미는 생존자에게 명백하다. 만약 그녀의 몸이 학대에 생리적으로 반응했다면, 그녀는 그것을 즐겼음에 틀림이 없다는 것이다. 그러므로 어느 정도 그녀의 잘못이 있을 수도 있다는 것이다. 생존자와 그들을 지지하는 사람들은 어린아이의 몸을 성적으로 자극한 어른에게 책임이 있다는 것을 분명하게 해야 한다. 그녀의 몸은 건강한 몸이라면 만질 때 자극에 반응하도록 하나님이 설계한 방식을 따라 단순히 반응한 것이다. 그것은 그녀나 그녀의 몸의 잘못이 아니었다. 그녀의 몸을 짓밟기로 결정한 학대자의 잘못이었다.

혼란을 주는 몸에 대한 주제는 피해 여성들만의 문제가 아니다. 호리호리함과 아름다움에 대한 현재의 문화적 기대에 부응하지 못한다고 느끼는, 성학대와 무관한 많은 여성도 자신의 몸에 대한 혐오감을 느끼게 된다. 그러나 생존자가 그녀의 몸을 통해 학대를 당했고 종종 그것을 고통의 원인으로 보고 있어서 그녀의 몸과의 관계는 성학대와 무관한 보통의 여성에 비해 훨씬 더 복잡해진다. 그녀는 이중의 곤경에 처하게 된다. 우리 문화는 그녀가 예쁘고 성적 매력이 있어야 가치가 있다고 말한다. 하지만 그녀는 예쁘고 성적 매력이 있으므로 더 많은 성학대에 취약하다고 믿는다.

일부 피해자들이 고통과 굴욕을 견디기 위해 고안한 가장 극적이고 창의적인 방법의 하나는 몸에서 탈출하는 것이다. 그들은 대개 육체적으로 학대를 면할 수 없었기 때문에 정신적으로 탈출하는 법을 배웠다. 이것에 대한 심리적 용어는 "분열"이다. 한 피해자는 이렇게 말한다. "그때, 나는 너무 어려서 학대를 멈추고 내 몸을 보호할 수 없었어요. 하지만 그가 진짜 나를 해치지 않게 하리라 결심했죠. 그래서 나는 그가 나에게 닿을 수 없는 곳으로 몸 밖으로 뜨는 법을 배웠어요."

피해자들은 학대가 일어나는 동안 영화를 보거나 경기를 관람한 적이 있다고 말한다. 천장까지 떠서 벽지의 꽃무늬 속이나 방 한구석의 안전한 자리로 탈출했다고 말했다.

일부 생존자들은 그들이 종종 자발적으로, 스트레스나 공포의 시기나 성행위 중에 여전히 "몸을 떠나는" 경향이 있다는 것을 발견한다. 학대받는 아이에게는 기발한 생존 전략이었던 것이 성인 생존자에게 자멸의 패턴이 될 수도 있다. 탈출 전략은 이제 그녀가 즐거운 육체적 친밀감과 자신의 신체 자체에 대한 긍정적인 시선을 경험하는 것을 어렵게 만든다.

육체가 적으로 보이기 때문에 생존자들은 종종 자신의 몸에 대해 소외감, 혐오감, 수치심 등의 감정을 표현한다. 결과적으로 많은 사람이 심각한 문제를 일으킨다는 것은 놀라운 일이 아니다. 학대받는 사람들은 높은 비율의 섭식 장애를 경험한다. 어릴 때 학대를 받은 많은 소녀는 사춘기에 접어들면 거식증이 생기는데, 그들이 '성적인' 신체를 발달시키지 않으면 더 이상의 학대로부터 안전할 것이라고 잘못 생각하는 것이다.

한 생존자의 말처럼 "내 학대는 6살 때부터 시작됐어요. 아빠는 관능적인 여성들의 잡지 사진을 보면서 나를 어루만지곤 하셨어요. 젖가슴이 커지면 어떻게 될지 두려웠어요. 몸이 발달하고 있다는 것을 깨달았을 때, 젖가슴을 말라 버리게 할 수 있다는 생각에 식사를 중단했지요."

거식증, 폭식증, 충동적인 식사와 같은 섭식 장애는 학대의 피해자들이 그들의 신체에 대한 통제력을 회복하려고 시도하면서 발병한다. 충동적인 과식과 그에 따른 폭식증을 누르기 위한 '통제'나, 스스로 음식을 거부하는 거식증이라는 '통제'는 위험하고 파괴적이다. 피해자들은 종종 그러한 행동을 그들의 힘을 상실한 몸에 권위를 행사하는 하나의 수단으로 본다.

그녀의 몸에 대한 부정적인 감정 때문에, 피해자들은 과도하게 몸무게를 늘리거나, 헐렁한 옷이나 자신들을 보호할 수 있다고 믿는 많은 옷을 겹겹이 입음으로써 그들의 성 감각이나 여성성을 숨기려고도 한다.

"나의 충동적인 식사습관은 내 안의 공허한 감정을 채우기 위한 시도일 뿐만 아니라, 나를 뚱뚱하게 만들어 다시는 어떤 사람도 내 몸을 쳐다보지 않고 욕정을 내지 않기를 바랐던 마음에서 나왔어요. 내 비만은 다시 학대를 당할까 봐 겁에 질린 내면의 겁먹은 어린 소녀를 보호할 수 있는 방편이었어요."

친구들과 배우자들은 종종 생존자가 수영복을 입거나 다른 사람들이 아주 편안하게 느끼는 상황에서도 옷 벗는 것을 어려워하는 모습에 당혹스러워한다.

한 50대 여성은 아직도 내복을 입지 않고는 샤워나 목욕을 할 수 없다. "욕실에 있을 때마다 오빠가 들어와 나를 붙잡아 다시 만지기 시작할 거라는 공포를 느껴요. 이게 미친 생각이라는 걸 알고 있어요. 그는 더는 살아있지 않거든요!"

치유를 위해 함께 했던 아동기 성적 학대의 모든 피해자는 이런저런 성과 관련된 문제를 호소해 왔다. 이것은 놀라운 일이 아니다. 희생자에게 성적 접촉은 무력함, 고통, 두려움, 분노, 혐오, 슬픔, 수치심과 굴욕과 연관되어 있기 때문이다.

생존자들의 성 문제는 두 집단으로 나뉘는 경향이 있다. 일부 학대 피해자들은 어린 시절의 피해에 대해 자신의 성 정체성을 거부하고 두려워하는 식으로 대응하는 경향이 있고 다른 피해자들은 과잉 성적 반응을 보이며 노골적으로 성적 행동을 한다.

자신의 성생활을 거부하고 두려워하는 피해자들은 학대받는 아동일 때, 성적으로 접촉하는 동안 자신의 몸을 떠나거나 무감각해지는 법을 배웠다고 자주 말해 왔다. 그들이 성인이 되었을 때, 이러한 패턴은 즐거운 성관계를 방해한다. 그 밖에 성인이 되어 느끼는 애로사항에는 성욕 억제, 오르가슴을 경험할 수 없거나 성교 중 통증이 있다. 종종 그 생존자와 그녀의 파트너는 그들의 성적인 문제와 그녀의 성적 학대 이력을 연관시키지 않는다. 두 파트너 모두 아동기 성적 학대의 생존자일 경우, 친밀감의 문제는 훨씬 더 복잡해진다.

어떤 생존자들은 과잉 성욕자로 변하면서 공포에 대응한다. 그들은 자신의 몸을 무차별적으로 드러내고, 자신의 성에 관한 관심을 충동적으로 과시하며, 성적으로 문란하게 변할 수도 있다. 그들은 학대받은 어린이로서 섹스가 그들이 잘하는 전부였고 섹스가 사랑이라는 결론을 내렸을지도 모른다. 그들의 자존감과 자긍심은 손상되고 더럽혀진 채, 학대로 도난당한 것이다.

한 생존자는 "17살 때 집을 떠날 때, 이미 나 자신이 누구도 존중하거나 사랑하지 않는 중고품처럼 느껴졌어요. 엄마는 나와 아빠에게 무슨 일이 있었는지를 알고는 나를 '쓰레기 창녀'라고 부르기 시작했는데, 나는 그녀의 말을 믿었던 모양이에요"라고 말했다.

일부 피해자는 어렸을 때 자신이 다른 사람에게 줄 수 있는 성적 쾌락으로만 가치 있고 사랑받는 존재라는 결론을 내린 결과로 자신의 성적 정체성이 형성된 경우가 있다. 이 믿음은 성인기까지 계속되어 성적 관용과 난잡한 행위로 이어질 수 있다. 어릴 때 받은 일차적인 관심과 손길이 학대였기 때문에 성인 생존자들도 사랑과 애무를 받고자 하는 갈망 속에서 문란한 섹스로 눈을 돌릴 수도 있다.

매춘부로 이 나라에서 일하는 백만 명의 여성 중 많은 수가 아동기 성적 학대의 피해자들이다.Herman, 1981 그들은 이 직업이 자신이 잘하는 일을 하는 것이며 적어도 그에 대한 대가를 받을 수 있다고 느끼는 것인지도 모른다. 또한, 그런 일을 하는 것은 그들이 손상된 이미 몸이라 "쓰레기 창녀"가 되는 것 외에 더 좋은 것이 없다는 믿음을 강화한다.

치료되지 않은 근친상간 생존자들은 종종 자신을 개자식, 마녀, 창녀라고 부른다. 폭력, 굴욕, 고통, 수치심은 성적 학대 경험의 빈번한 구성요소를 이룬다. 피해자는 초기 경험을 통해 이것들이 성적 흥분을 일으키는 것으로 프로그램화 되었기 때문에, 매춘은 일부 생존자들에게는 잘 맞는 것으로 느껴질 수 있다.

생존자는 자신의 몸이 진정 '성령의 전'이라고 믿기 어렵고 창조를 통해 하나님의 형상을 지녔다고 믿기 어렵다. 제임스 넬슨1978은 우리 몸에 대해 생각하고 느끼는 방식이 우리 자신과 타인, 세상과 하나님에 대해 생각하고 느끼는 방식을 결정할 것이라고 설명한다. 성학대의 희생자가 자신의 몸을 정말로 함부로 사용하는 일은 실제로 그녀의 삶의 많은 영역에서 깊은 문제들로 들어가는 관문이 된다.

## ──────── 관계적인 문제

피해자에게 또 다른 영역의 문제는 대인관계 부분이다. 성학대가 피해자의 신체의 순결과 신성함을 위협하는 폭력적인 죄악인 것처럼, 신뢰하며 건전한 관계를 발전시켜 나갈 그녀의 능력을 저해하는 심각한 죄악이기도 하다. 어렸을 때 학대를 당한 누군가와 친밀한 관계를 맺으려고 하는 사람도 간접적으로 그 학대의 희생자가 된다.

건강하고 친밀한 관계에서 필수적인 것은 신뢰하는 능력이다. 성적 학대는 신뢰를 파괴한다. 일부 사람들은 피해자가 사랑하고 신뢰했던 사람보다 낯선 사람에게 성학대를 받는 것이 더 큰 정신적 충격을 줄 수 있다고 추정해왔다. 그러나 실은 그 반대다.

성학대로부터 회복하는 것은 고통스럽고 힘들다. 가해자를 알고 신뢰했던 사람이라면 추가적인 문제가 발생한다. 이러한 문제들은 자신을 가장 아껴주고 안전하게 지켜 주는 신뢰할 만한 사람들이 있다는 확신을 잃게 한다. 어린아이가 가족을 존중과 성실함으로 자신을 대할 사람이라고 믿지 못한다면, 누구를 믿을 수 있겠는가? 아무도 없다. 이것이 많은 희생자가 도달한 슬픈 결론이다. 생존자들은 종종 학대자와 더불어 자신을 안전하게 지켜 주지 못한 가족 모두에게 배신감을 느낀다. 이러한 배신감은 피해자들이 건강하고 신뢰하는 관계를 형성하는 능력에 영향을 미친다.

믿고 사랑했던 사람들에게 상처를 받았기 때문에, 피해자들은 다른 사람들의 의도와 행동에 대해 깊은 의심과 냉소적 반응을 보인다. 그들은 사람들의 동기를 현실적이고 객관적으로 평가하는 데 어려움을 겪을 수 있다. 이러한 문제들을 볼 때, 치유되지 않은 피해자들이 건강한 관계를 발전시키는 것은 당연히 어려운 일일 수밖에 없다.

극도의 정서적 혼란은 피해자가 학대성적, 감정적, 육체적 학대를 당하고 동시에 학대자로부터 사랑한다는 말을 들을 때 발생한다. 결과적으로 "사랑"에 대한 왜곡된 이해를 낳는다. 한 생존자는 "내가 열 살쯤 됐을 때 사랑하는 사람들이 아버지가 한 것처럼 대하면 나를 다시 사랑해 줄 어떤 누구도 필요하지 않고 원하지도 않을 거라고 다짐했어요"라고 말했다.

사랑과 학대, 신뢰와 폭력의 충격적인 결합은 일부 피해자들에게 건강한 관계를 형성할 수 있는 능력을 심각하게 교란한다. 어떤 피해자들은 다시는 그들을 학대하고 혹사하는 사람과 감정적으로 가까워지지 않을 것이라고 맹세한다. 이들의 인상은 딱딱하고 감정적으로 차갑고 냉담하다. 이러한 행동들은 종종 깊은 내면의 외로움과 고통과 연약함을 감추는 수단이 된다.

믿는 누군가에게 학대당했을 때 생기는 혼란은 일부 생존자들을 반복적인 피해의 패턴으로 이끈다. 그들은 사랑을 얻기 위해서는 학대의 행동을 기꺼이 참아야 한다고 믿을지도 모른다. 치료사로서 나는 성인이 되어서도 역기능적이고 학대하는 관계를 참아내는 피해자들의 인내력에 놀란다. 마찬가지로 많은 희생자가 "나는 그 당시 학대받아서는 안 되었고, 지금도 학대를 받아서는 안 된다!"라고 말하고 믿는 데 어려움을 겪는다는 사실에 슬픔을 느낀다.

많은 피해자가 잇따라 학대 관계에 연루되는 사실로 혼란과 슬픔을 느낀다. 한 피해자는 "아버지와 정반대였던 남편을 의식적으로 찾기 시작했어요. 그들의 외모와 성격, 관심사는 매우 달랐지만, 남편은 아버지가 나를 대하는 방식과 매우 비슷한 방식으로 나를 대했어요"라고 말한다.

또 다른 여성은 "결혼을 네 번 했어요. 그때마다 나는 이 사람이 내가 이전에 사랑했던 남자와 다르다고 확신했죠. 하지만 모르시겠어요? 그들 모두는 결국 아버지가 했던 방식대로 나를 학대하고 통제하려고 했어요. 아무리 그들이 다르게 생겼고 마음속 깊은 곳에서는 다르게 행동했어도, 내가 사랑한 모든 남자는 결국 아버지 같은 사람으로 드러나게 되더군요"라고 말했다.

## ───── 신앙과 영적인 문제

신앙적인 배경예를 들어 교회학교, 종교적인 가정 혹은 교회에서 영적인 권위와 종교적 믿음을 대표하는 사람에게 학대를 당한 피해자들의 치유과정은 훨씬 더 복잡하고 어려운 길이다.

어떤 생존자는 말하기를 "학대와 종교적인 가르침이 동일한 사람에게서 흘러나온다면 혼란스럽고 파괴적이지요"라고 했다. 또 다른 생존자는 "같은 사람에게서 성폭력과 하나님에 대한 가르침을 함께 경험할 때 건강한 영적인 기초를 갖는 일은 매우 어려워져요"라고 말했다.

한 여성이 "주일마다 가족들과 교회에 가서 하나님이 나를 사랑하시고 나를 지키신다는 말씀을 들었죠. 그리곤 집에 돌아와서는 다시 성학대를 당했죠. 저는 왜 하나님께서 교회에 다니는 사람으로부터 나를 보호하지 않는지 의문이었어요. 우리 가족은 주일예배를 빠지는 것은 용납할 수 없는 일이었지만 어린이를 학대하는 것은 용납했죠. 말도 안 되는 짓이지요!"라고 말한다.

종교적인 사람에게 희생당한 생존자들에 관한 나의 연구에서 많은 성인은 교회에 앉아 있을 때 심한 불안감과 고통을 호소했다. 어떤 사람에게 교회는 자신에게 일어난 일을 알게 해서 누군가 그 문제에 개입하고 저지하기를 바랐지만, 그 어린아이의 노력을 수포가 되게 했다. 또 다른 이에게는 그토록 좋은 사람들이 자신의 학대에 대해서는 둔감하고 무지하여 그들에게 느꼈던 신뢰에 배신당한 느낌으로 압도된다고 한다.

또 어떤 이들은 교회에 있으면 고통스러운 기억이 되살아난다. 주일 아침에 좋은 가족인 것처럼 앉아서 가족과 예배를 드리지만, 주중에는 학대가 일어나는 무서운 일들이 발생한다. 세세한 이유는 다양하지만, 많은 생존자는 교회 안에서 진정한 예배를 드릴 수 없었다고 입을 모은다.

종교적인 의식이나 성찬식을 담당하는 사람으로부터 성학대를 당한 생존자들에게 그런 예식은 공포스러운 경험이 된다. 포도주와 예수의 피 사이의 상징적인 연결은 의례적인ritualistic 학대의 한 부분으로 사람의 피를 강제로 마시게 하는 무서운 일이 된다. 의례적인 학대의 성인 생존자는 성찬식의 개인적인 단계들을 마음으로 그리면서 예수께서 그 모든 단계에 함께 해주시기를 간청하고, 가벼운 혼수상태에 들어가야지만 성찬식에 참여할 수 있었다. 자신의 학대가 의례적인 요소를 가졌던 것을 의식적으로 전혀 기억하지 못하는 또 다른 여성은 "성적인친밀한 행위 이후에 우는 것과 마찬가지로 나중에 깊이 울지 않고는 성찬식에 참여할 수 없다"라고 말한다.

어린 시절 근친상간의 학대를 당한 여성들이 어린 시절 갖고 있던 종교를 떠나는 비율이 학대를 경험하지 않은 여성에 비해 훨씬 높다는 연구는 놀라운 사실이 아니다. 러셀Russell1983은 그의 연구에서 근친상간의 피해자 중 53%가 자신의 어린 시절의 종교를 떠났다고 발표했다. 학대당한 것에 대한 다각적인 환멸은 학대자의 종교를 포용하는 능력에 영향을 준다는 것은 명백한 사실이다.

종교와 상관없는 관계에서 발생한 학대는 생존자가 그 경험과 가해자를 사악하고 악마적이라고 표현하게 할 수 있다. 그녀는 나중이라도 하나님과 교회에 돌아가 영적으로 성숙하면서 은혜와 기쁨을 누릴 수 있다. 그녀는 자신이 현재의 영적 통찰력과 자원을 더 일찍 가졌더라면 좋았겠다고 생각한다. 만일 그랬다면 그 영적인 통찰력과 자원은 어떻게든 학대로부터 그녀를 보호했을지도 모른다.

그러나 가해자와 피해자가 종교인이었다면 심각한 영적인 피해가 발생하게 된다. 피해자가 학대의 순간 하나님께 자신을 보호해 달라고 간절히 기도했다면, 그러나 학대자의 가해가 계속되었다면, 그녀는 결과적으로 하나님을 무심한 분으로 보게 될 것이다. 하나님을 인간의 형편이나 그녀의 개인적인 행복에 냉담하거나 무관심한 분으로, 인간의 문제에 개입하는 데는 무능한 분으로 여길 것이다.

어린 시절 "매우 종교적인 아버지"에게 성학대를 당한 딸이 성인이 되어 형성하게 되는 영적인 삶의 영향에 관해 물었을 때, 한 여성이 이렇게 대답했다.

> 학대당한 어린 소녀로서 저는 매일 아침저녁으로 기도하고 성경을 읽었어요. 매주 내 용돈의 절반을 헌금으로 드렸어요. 하나님께 아버지가 밤에 내 방에 들어오는 것을 막아주신다면 선교사가 될 것이고, 하나님이 내게 부탁하시는 것은 무엇이든 다 하겠다고 기도했어요. 하나님께서 내 기도에 응답하지 않자, 저는 하나님이 계시지 않거나, 그는 아주 못된 분이거나 어린 소녀에게 일어나는 일에는 관심도 없는 분이라고 결정했어요. 저는 그런 하나님을 좋아하지도 필요로 하지도 않을 것이라고 결정했어요.

많은 생존자가 하나님께 버림받은 느낌이 든다고 고백했다. "내가 학대를 당할 때, 하나님은 어디에 계셨나요?" 생존자들은 종종 이렇게 묻는다. 많은 이들이 하나님을 불공평하고 불성실한 분으로 보게 된다. 그들은 하나님께서 그들의 학대에 책임이 있다고 느낀다. 또 다른 이들은 이런 결론에 대해 불편해하면서 하나님이 문제가 아니라 자신이 문제라고 한다. 모든 힘을 가진 하나님께서 그런 나쁜 일이 생기도록 허락했다면 그것은 그들이 나빴기 때문에 받는 형벌임이 틀림없다는 것이다.

하나님에 대한 왜곡된 이미지와 결합한 자신의 흠결 있는 이미지는 하나님의 무조건적 사랑을 느끼는 데 어려움을 겪게 한다. 많은 피해자는 영적인 훈련을 받는 데는 신실하다. 그러나 하나님과 인격적인 관계를 맺는 데는 어려움을 경험한다. 슬프게도, 그들은 그 문제가 학대당하고 폭력을 당한 결과 때문이 아니라, 그들이 문제이기 때문이라고 다시 한번 결론짓는다.

피해자들은 종종 성서와의 애증love-hate의 관계를 말한다. 고통에 시달리고 버림받는 성서 인물의 이야기에서 위로를 발견한다. 그들은 짓밟히고 힘없는 사람들을 사랑으로 돌보시는 예수의 이야기를 읽으면서 희망을 발견한다. 그러나 많은 희생자는 성서가 폭력적인 복종을 강요해 왔고 그들이 그 학대에 책임이 있는 것처럼 느끼게 하는 본문이 있다고 말한다. 가해자들이 가장 많이 인용하는 성서 본문은 "네 부모를 공경하라. 그리하면 네 하나님 여호와가 네게 준 땅에서 네 생명이 길리라"출애굽기 20:12와 "자녀들아, 너희 부모에게 순종하라"에베소서6:1이다.

많은 기독교계에서, 인간 아버지는 하나님 다음의 궁극적인 권위자로 보인다. 근친상간의 피해자는 내게 이렇게 말했다. "그것은 이제 제게 말이 되지 않아요. 그러나 어린아이로서, 아버지에게 싫다고 말하는 것은 하나님에게 싫다고 말하며 하나님을 거절하는 것 같은 느낌이 들었어요." 다른 여성은 어린 시절의 학대 순간이 마치 하나님과 성관계를 맺는 것 같은 기억으로 계속 회상된다. 어린 시절 그녀의 힘 있는 그리고 학대하는 아버지와 하나님 사이의 혼란스러움이 떠오르면, 그녀는 충격을 받았고, 역겨웠고, 이런 이미지로 인해 너무나 당황스러웠다.

기독교 가정의 어떤 피해자는 가해자가 학대하면서 동시에 인용하는 성경 구절을 떠올렸다. 그 여성은 이렇게 말했다.

> 아버지는 나를 학대하면서 내가 얼마나 나쁜 아이인가를 보여주려고 성경 구절, 주로 요한일서에 나오는 몇 구절을 인용했어요. 그는 내가 아버지를 사랑하지 않기 때문에 지옥에 갈 것이라고 말했어요. 완전한 사랑은 두려움을 내어 쫓는다며 만약 내가 두려워하면 그것은 내가 사랑이 없다는 의미래요. 내가 아버지를 사랑하지 않으면 하나님은 나를 절대 사랑하지 않을 거래요. 나는 아버지를 사랑한다고 말했고, 성적인 요구가 아니면 아버지가 시키는 것은 뭐든지 한다고 했어요. 그러나 그는 내가 죄를 짓고 있다고 다시 한번 말하곤 했어요. 그리스도가 재림하기 전, 마지막 날에는 부모들에게 '과도한'평범하지 않은 애욕affection을 가진 자녀들이 있을 거예요. 나는 이 마지막 세대의 끔찍한 죄인 중의 한 명이었어요.

이 여성의 아버지는 그의 교회에서 활발하게 활동하는 평신도였다. 그는 매주 교회 기도 모임을 인도하고 매일 가정 예배를 인도하는 사람으로 주일학교 교사를 했다. 그녀의 딸이 영적이며 감정적인 극심한 혼란과 고통으로 성인 시기를 고통받아왔다는 것은 당연하다.

부모와 다른 중요한 사람과의 어린아이의 상호작용은 하나님에 대한 올바른 이해를 키워나가는 데 있어 절대적으로 중요하다. 부모와 다른 사람들이 아이의 감정에 대해 둔감하고 이기적이며 폭력적이며 비인격적인 방식으로 아이들을 대할 때, 그들의 하나님에 대한 개념은 왜곡된다.

대부분의 성 가해자들이 남자이기에 하나님을 아버지라고 하는 교회 내에서의 지배적인 이미지는 지구상의 아버지에게 학대를 받은 많은 여성에게 문제가 될 수밖에 없다. 한 생존자는 "아주 오랜 시간 나의 몸과 영혼을 더럽히고 학대한 지상의 아버지에 대해 단지 두렵고 믿을 수 없고, 구역질이 난다는 느낌밖에 없어서 하늘의 하나님을 신뢰하고 사랑하는 일조차 내게는 너무 힘들었어요"라고 말한다. 다른 여성은 이렇게 고백한다. "누군가 하나님을 아버지라고 부를 때마다, 나의 아버지가 어린 소녀였던 나를 강간하던 때처럼 크고 폭력적인 성기를 가진 남자가 자꾸 떠올라요."

이 장을 마무리하기 전에, 많은 생존자의 강인함에 경의를 표해야 한다. 어린 시절 받은 학대의 상처는 평생을 가지만, 많은 사람이 치유될 수 있는 안전감과 지지와 자원을 발견했다. 많은 생존자는 하나님의 치유하는 능력과 은혜에 놀라운 헌사를 드린다. 샤를렌 엡Charlene Epp은 근친상간의 고통을 이긴 승리를 글로 남겼다.

나는 근친상간이라는 경험의 어두움을 극복하고 있습니다.
나는 승리를 선포할 수 있습니다.
하나님은 꾸준한 북소리처럼 거기에 계셨습니다.
비록 내 영혼이 깊은 어둠의 밤과 같은 심연에 빠져 있을 때도
주님은 나와 함께 하셨습니다.

어둠이 나를 두르고 감싸는 것 같아도

하나님은 거기에 계셨습니다.

나는 하나님의 함께 하심을 깨닫지 못했고

이것을 어떻게 불러야 할지 모르겠으나

이 시간 동안 나는 하나님과 탯줄로 이어져 있는 것처럼

어둠을 견딜 수 있는 자양분을 받았습니다.


비록 당신의 형체를 하나님이라고 부를 수는 없지만,

당신은 내게 힘을 주며 거기 계셨습니다.

그리고 차츰차츰 빛의 형태로 당신의 존재를 드러내셨습니다.

어둠에 대한 두려움을 없애주는 빛

생명력 에너지 활력을 부여하고 재생시키는 빛

탯줄이 잘린 것을 보았지만

당신에게 이어진 내 생명줄은 끊어지지 않았습니다.

당신은 여러 형태로 존재합니다.

오직 나만이 당신에게 가는 길을 제한할 수 있습니다.


내가 그늘과 어둠으로 다시 들어갈 때조차

당신은 거기서도 나와 함께 하셨습니다.

나를 채우며 나에게 색깔을 입히는 따뜻하고 맑은 물 속에서.

나와 함께 걷는 친구의 온유하면서도 확실한 격려 안에서

당신의 함께하심을 내가 알고 확신하기에

다른 이의 삶에서 그 그늘과 어둠을 멀리 던져 버릴 것을 압니다.

당신이 통치하는 대로

당신의 온유하고 강한 초대로 함께 함을 보면서

그들도 그 빛을 선포할 것입니다.


오 하나님, 당신의 힘은 현혹하십니다.

하나님의 힘은 세상의 눈에는 약해 보입니다.

하지만 그것은 영원을 견디는 힘입니다.

마라톤 선수들이 장거리를 견디기 위해 체력을 아끼듯이

안정된 속도로 평화를 유지합니다.

오 신이시여, 그래서 당신은

달리기 선수처럼 일정한 보폭을 유지하며

북소리처럼 안정되어 있으십니다.

내 승리는 내 인생에서 당신과 당신의 존재를 인정하는 것입니다.


또 다른 생존자, 엘리자베스 깅그리히Elizabeth Gingrich는 그녀의 삶에 임한 하나님의 만져주심을 확신한다. "내가 어떤 부분에서 치유가 필요한지 의식적으로 알기 전에 수년 동안 나를 치유와 온전함으로 이끄신 것 같아요." 그녀는 자신의 삶에 있었던 움직임에 대한 느낌을 아래와 같이 썼다.


고군분투하며 살아남기

울며 기도하기

흐느끼며 절망하기

말하고 쓰고, 쓰고, 쓰기

기다림과 애쓰며 나아가기

어둠과 고통을 통과하며

점점 더 많은 빛으로 이어지기

더욱더 은혜롭게

그리고 점점 더 치유될 수 있도록


회복의 고통스러운 과정을 마치고 살아남은 사람들은 종종 그 중심에 내면의 놀라운 활력과 힘을 가지고 있다. 치유되고 있으며 자신의 내면의 에너지를 발현할 창의적인 통로를 발견한 사람들과 함께 하는 것은 감동적인 경험이 된다. 사망의 그늘 골짜기를 통과하고 빛으로 나온 생존자들은 사람의 영을 회복시키고 힘을 주는 강력한 이야기가 있다. 그들은 하나님의 치유 능력으로 걸어 다니는 기념품들이다.

이런 생존자들이 해 온 기억과 치유의 어려운 내적 작업은 그들만을 위한 것이 아니라 다음 세대를 위한 것이기도 하다. 그들은 주목할 만한 기쁨과 영감을 준다. 그들을 피하고 그들의 끔찍한 경험과 함께 그들이 멀어지길 바라는 대신에 우리는 그들의 힘을 존경하며 그들의 용기에 경의를 표하며 그들의 여정으로부터 배워야 한다.

# 3장

# 부인, 발생율, 성학대와 연관된 요소들

─────── **부인**Denial

　개인이나 기관들은 한결같이 곤란함과 염려를 일으키는 고통을 피하는 방식으로 '부인'을 사용한다. 불쾌한 현실을 마주하고 싶지 않고 마주할 수 없을 때, 우리는 그런 일이 실제로 일어나지 않은 듯 부인하게 된다. 2장에서 이야기했듯이, 성학대의 피해자들은 종종 그들의 약함과 학대의 무서운 현실로부터 자신들을 보호하는 방법으로 부인한다. 피해자들이 안전감을 충분히 느낄 때, 그들은 학대받은 과거를 부정하는 일을 그만두고 기억하기 시작하고 회복될 것이다.

　교회와 같은 기관들 또한 완전한 부인을 할 수 있다. 성폭력학대의 실재에 대한 기관의 부인은 피해자의 고통을 악화시킨다. "기독교인들 중에서가 아니라, 우리와 같은 사람들" 사이에서 그런 일이 일어나는 것은 불가능하다는 말을 들을 때, 피해자들은 종종 미칠 지경이다. 개인이나 기관의 부인은 성폭력의 정도와 원인을 이해하는 데 어려움을 겪게 한다. 부인된 어떤 것은 조사될 수 없고 이해될 수 없고 예방될 수 없다.

많은 전문가는 친족에 의한 성학대가 모든 범죄 중에서 가장 신고되지 않는 사건이라고 한다. 그 어떤 다른 범죄도 이렇게 비밀리에 효과적으로 덮어질 수 없다. 희생자 대부분은 누구에게도 말할 수 없고, 그들의 학대는 가족의 옷장에서 오래된 해골의 모습으로 남아 있을 뿐이다. 러셀1983의 주목할 만한 연구는 어린 시절 성적 학대를 당한 여성의 2%만이 신고를 한다고 말한다.

가해자가 가하는 겁을 먹게 하는 협박과 침묵을 강요하는 뇌물 이상으로, 많은 어린아이는 자신들의 고발이 심각한 가정 붕괴를 초래할 것을 느낀다. 가해자가 가정에서 추방되고 심지어 감옥에 갈 거라는 두려움에다가, 자신들의 공개 고발이 가족에게 낙인과 배척이라는 상처를 가져오리라 생각하게 된다. 어떤 피해자와 가족들은 학대하던 부모가 가정에서 추방되면 발생하게 될 재정적인 지원의 상실도 두려워한다. 다른 이들은 학대가 신고되면 가족들에게 생기게 되는 감정적인 소요도 두려워한다. 많은 피해자는 학대와 그 결과로 생긴 가정 붕괴로 그들이 비난받을 것이라고 느낀다.

성적인 내용을 이야기하는 것을 불편해하는 교회는 확실히 성적으로 학대받은 아이가 교회 사람들에게 다가가는 것을 어렵게 한다. 회중의 반응에 대한 두려움 또한 학대받은 가족들이 도움을 구하러 교회에 오기 쉽지 않게 만든다. 어떤 어린 피해자가 어머니에게 아버지가 수년 동안 지속한 성학대를 이야기했을 때, 어머니의 첫 반응은 이러했다. "음, 네가 이 이야기를 다시는 아무에게도 하지 않았으면 좋겠다. 특별히 교회 사람들에게 말이야. 네가 이야기하는 순간, 우리는 다시는 교회에 다니지 못해!"

많은 피해자, 특히 목사나 교회 리더의 자녀들은 사람들 대부분이 학대에 대한 고발을 믿기 어려워할 것을 안다. 탁월한 교회 지도자였던 아버지에게서 피해를 입은 딸은 "만약 사람들의 눈에 잘 띄고 존경받는 아버지가 나에게 한 행동을 말한다 해도 누가 나를 믿어주겠어요? 저는 그저 작은 어린 소녀일 뿐이고, 그는 우리 교회 교단에서 유명한 사람이었죠. 그의 명성에 반하는 말이 되는 것이었어요. 누구 말을 믿어줄지 잘 알고 있었어요.”

심리치료 모임은 성학대로 인한 깊은 상처를 알고, 피해자들이 학대를 인지하며 공개하도록 격려하는 분위기를 만들기 위해 열심히 일하는 곳이라고 기대되지만, 유감스럽게도 상황은 그렇지 못하다. 최근까지, 전문적인 모임은 성학대의 문제를 우선순위로 삼지 않았다.

어린아이들의 성학대에 관하여 전문기관의 회피나 부인의 원인은 심리치료의 이념적인 기초와 연관이 있을 것이다. 현대 심리학의 신에 가까운 존재인 시그먼드 프로이드Sigmund Freud는 내담자가 자신의 아버지에 의한 성학대를 말할 때, 이런 사건들은 보통 실제 사건이라기보다는 공상fantasies일 경우가 많다고 생각했다.

원래 프로이드는 다른 견해를 보였다. 그의 사례연구에 의하면, 그는 근친상간은 드물지 않으며 보통 알려진 것처럼 가난하고 정신적으로 늦된 사람들에게만 제한되는 것이 아니라고 결론지었다. 그의 1896년 논문 “히스테리의 병리학 The Etiology of Hysteria”에서 프로이드는 모든 히스테리 사례의 핵심에는 어린 시절 부모로 말미암은 성적 트라우마가 있다고 주장했다. 그러나 프로이드는 존경할만한 사람들도 이 가설의 대상으로 유추될 수 있다는 사실 때문에 이 가설에 전혀 편안함을 느끼지 못했다.

이 이론은 전문가들과 비전문가들로부터 저항의 폭풍을 불러일으켰다. 사회적 압박이 프로이드로 하여금 그의 이론을 어린 시절 성적 트라우마에서 오이디푸스기 공상으로 바꾸게 했다. 어린이들의 성학대는 대부분 사람에게 혐오감을 준다. 그것은 사람들에게 학대당하거나 희생될 수 있다는, 잠재 의식적 두려움을 불러일으켰을 것이다. 어린이의 성학대가 조작이나 공상이라고 가정하는 것이, 여성이 어쨌든 원했거나, 요구해서 강간당한 것이라는 개념만큼이나 덜 위협적이고 덜 충격적이다.

플로렌스 러쉬Florence Rush, 주디스 헐만Judith Herman, 제프리 매이슨Jeffrey Masson은 프로이드가 초창기 이론을 유지하지 않았던 또 다른 요인에 대해 놀라운 통찰력을 제공했다. 그들은 프로이드가 자신의 딸에 대한 성적인 공상으로 혼란스러워했고, 그의 초창기 견해를 바꾸면서 안도감을 얻고자 했다고 믿었다.

어린아이의 성적인 관심에 대한 프로이드의 이어지는 초점은 어린아이의 유혹을 비난하려고 하고 어른의 책임에 대해 비난하지 않는 경향이었다.Finkelhor, 1984 어린이들의 성학대에 대한 심리치료학 분야의 프로이드의 유산은 어린이 성학대에 관한 대부분의 이야기가 실제에 기초하지 않으며, 혹시 사실이라 하더라도 그것은 어린아이의 유혹과 연관된 일이라는 강하고 지속적인 편견을 형성해왔다.

가변적이기는 하지만, 오늘날 이러한 학대행위는 더 많은 관심을 받고 있다. 그러나 심리치료학자를 위한 훈련프로그램은 여전히 프로이드의 편견을 반영하고 있는데, 성적 학대에 관한 관심을 거의 보이지 않는다는 사실에서 알 수 있다. 뉴멕시코에서 실행한 조사는 그것을 예증한다. "결혼, 가족, 자녀, 개인 상담가들"과 "정신심리학자" 목록의 전화번호부에서 무작위로 이름을 선택했다. 샘플에는 대학원과정을 마친 치료사들만이 포함되어 있었다. 각 심리치료사는 "여러분의 전문 아카데미 과정과 실제 훈련 프로그램에서 성학대의 피해자들을 위한 훈련을 받아 보았는가?"라는 질문을 받았다.

응답자 중에서 4% 미만의 사람들이 그런 훈련을 받았다고 했다. 몇몇은 인턴십이나 실습 중에 여성 내담자들이 아버지에게 성학대를 받아왔다고 은연중에

암시했다고 기록했다. 훈련 중이었던 치료사들은 이것을 어떻게 다루어야 할지 몰라 지도교수들에게 상담을 청했다. 두 명의 지도교수들은 그 여성들이 아마도 동정심을 유발하거나 치료사를 조종하기 위해 이야기를 꾸몄을 것이라고 조언했다. 세 번째 지도교수는 그 내담자가 "과거 이야기의 수렁에 빠져 있게 해서는 안 된다"라고 하면서 "현재 그녀의 인생에서 중요한 것을 향해 나갈 수 있도록" 해주라고 조언했다.

성학대의 희생자를 다루는 데 필요한 개방성과 훈련의 부족은 뉴멕시코 참여자들에게만 있었던 것은 아니다. 주디스 헐만Judith Herman, 1981은 다음과 같이 말한다.

> 기관이 문제에 대해 부인하는 전통은 지도교수가 초보자보다 모르는 상황을 초래했다. 최근까지도 치료사들에게 지적 지원을 제공할 만한 전문적인 문헌의 실체가 없었다. 고통을 호소하는 환자의 진실성에 의문을 제기하는 지속적인 전통 외에는 구전에 의해 전달된 실질적인 경험의 본체가 없었다.p.180

─────── **발생율**

근친상간은 대부분 문화에서 엄격하게 금지되어 있다. 근친상간이 알려졌을 때는 그에 대한 강한 금기로 인해 부인이나 충격, 공포와 같은 전형적인 반응을 보인다. 근친상간을 반대하는 범세계적인 규례에도 불구하고 연구자들은 그것이 성서 시대 이래로 널리 퍼져 있었다는 것을 발견했다. 근친상간의 학대가 어느 정도인지는 절대 알려지지 않겠지만, 대부분 문화에 근친상간에 대한 격렬한 항의와 명백한 금지가 은밀한 수용과 함께 나타나는 오랜 패턴이 있다는 사실은 명백하다.Courtois, 1988 따라서 피해자들은 이중의 구속에 걸려들게 된다. 그들은 피해에 대한 그들의 이야기를 공유할 수 없고 그들의 경험에 대한 외부 검증을 받을 수 없다.

성적 학대에 대한 최근의 통계는 놀랍다. 연구에 따르면, 미국 여성의 적어도 3분의 1이 18세 이전에 성적 학대를 당했다고 한다.블룸, 1990 핀켈클호르1986는 성적 학대에 관한 이전의 연구 결과에 대한 분석을 통해, 보고된 비율이 여성이 6~62%, 남성이 3~31%로 나타났음을 보여주었다. 가장 낮은 비율은 아동에 대한 성적 학대가 심각하다는 것을 나타낸다. 높은 비율은 성학대가 널리 퍼져 있음을 나타낸다. 우리 사회에서 이 문제의 만연함을 더는 무시할 수 없다.

기억할 수 없는 것은 알려질 수도 없다는 것을 알면 불안해진다. 많은 전문가는 북아메리카에서 아동기 시절 성학대를 당한 실제 여성의 수가 인구의 절반을 넘을 수도 있다고 의심한다. 성학대는 더는 몇몇 불행한 어린이들에게 닥치는 고립된 비극으로 간주할 수 없다. 오히려 그것은 우리 모두에게 영향을 미칠 만큼 퍼져 있는 것이다.

성범죄의 심각성이 어느 정도인지는 결코 알 수 없을 것이다. 학대 신고에 대한 일반적인 거부감을 넘어, 많은 사건이 억압됨으로써 당시의 상황을 대부분 또는 전부 의식적으로 기억하지 못하는 상황이 희생자의 삶에서 종종 발생한다. 만약 아이가 무슨 일이 일어나고 있는지 명명하거나 이해할 수 있는 언어구사력을 갖기 전에 학대가 일어났다면, 특히 논리와 언어를 담당하는 뇌에서는 학대를 잊을 가능성이 크다. 학대와 관련된 감각과 감정은 몸이 '기억'하게 된다. 그러나 어린 시절 성적으로 학대를 당한 많은 성인은 진심으로 학대를 기억하지 못하고 학대의 피해자가 아니라고 주장한다.


#### ——— 관련 요인


일반적으로 학대는 가난하고 교육수준이 낮은 가정에서 더 많이 일어나는 것으로 여겨져 왔다. 연구를 통해 실제로 하층 사회 계층과 신체적 학대 사이의 강한 관계를 발견했다.펠튼, 1981 종종 빈곤, 즉 직장이 없는, 불충분한 주거, 교육의 부족, 절망, 자포자기를 동반하는 추가적인 좌절은 실제로 폭력과 신체적 공격성의 증가를 불러일으킬 수 있다.

그러나 성학대와 사회경제적 수준의 관계는 다른 것으로 나타난다. 연구자 대부분은 피해자 가족의 사회적 계층과 성학대 발생 사이에 유의미한 관계를 발견하지 못했다. 예를 들어, 로스앤젤레스 여성에 대한 피터스의 1984년 연구는 성학대와 부모의 교육수준 또는 사회 계층 사이의 관계를 발견하지 못했다.

러셀의 1986년 연구도 성적 학대와 아버지의 직업적, 교육적 수준과의 관계를 찾지 못했다. 아동복지제도는 빈곤층의 성적 학대를 쉽게 규명할 수 있도록 하지만, 대부분의 현재 연구는 성학대와 사회 계층은 관련이 없다는 것을 발견한다. 이 문제는 모든 사회경제적 수준에 광범위하게 퍼져 있다.

성학대 발생에 대한 인종적 차이를 조사한 경우는 거의 없다. 인종을 관찰하고 도시 규모와 기타 인구통계학적 요인을 통제한 연구는 아프리카계 미국인과 영국인 사이의 학대 비율에 있어서 차이를 발견하지 못했다.Finkelhor, 1986 러셀 1986 등은 라틴계 여성의 성학대 비율이 약간 높고 아시아계 및 유대계 여성의 성학대 비율이 낮다는 사실을 발견했다. 특정 인종 집단의 여성들에 대한 학대 발생률이 낮다는 보고는 그들의 덜 폭력적인 문화를 반영하는 것일까? 아니면 타인과 성에 관한 대화를 꺼리는 문화를 반영하는 것일까? 민족성과 성학대는 더 많은 연구가 필요한 관계다.

농촌 생활의 사회적 고립이 성학대 위험성을 높인다는 게 공통된 인식이다. 그러나 사회적 고립은 다른 형태의 아동학대 및 방임과 상관관계가 있지만, 도시 지역보다 농촌에서 성적 학대가 더 흔하다는 일관된 증거는 발견되지 않았다.Garbarino and Stocking, 1980

그러나 수많은 연구에서 학대와 관련된 사회적 고립의 또 다른 측면을 밝혀 냈다. 성학대 피해자들은 또래들과 격리되는 경향이 있다. 핀켈호르1984는 12살 때 친구가 두 명 이하인 여성들 사이에서 성적 학대의 발생률이 더 높다는 것을 발견했다. 프로무스1983와 피터스1984도 이 같은 사실을 확인했다. 핀켈호르는 아이들이 친구가 거의 없다면 성적 가해자들이 흔히 이용하는 접촉과 우정의 필요성을 느낄 수도 있다고 가설을 세웠다.

이러한 상관관계에 대한 또 다른 설명은 사회적 고립이 위험 요인이라기보다는 피해의 결과에 더 영향을 주는 것일 수 있다. 학대받는 아이들은 종종 깊은 수치심을 느끼며 낙인이 찍혔다고 생각한다. 그들에게 일어난 일이 세상에는 없는 특이한 일이라고 잘못 생각한다. 많은 희생자는 사람들이 자신을 보면 끔찍하고 부끄러운 일이 일어났다는 것을 알 수 있다고 생각한다. 결과적으로, 학대 피해자들은 사회적으로 고립될 수 있다.

부모 및 가족과 관련된 몇몇 사회학적 요소들이 학대와 밀접한 관련이 있는 것으로 밝혀졌다. 점점 더 많은 수의 연구들이 다양한 형태의 부모 부재가 성적 학대와 매우 상관관계가 있다는 사실을 보여주고 있다. 핀켈호르1984는 친모와 떨어져 살면 학대 위험이 거의 3배 높다는 것을 발견했다. 핀켈호르, 프로무스,

피터스는 모두 친부 없이 살아온 소녀들이 성적 학대를 당할 위험이 더 크다는 것을 발견했다.핀켈호르, 1986

장애인이거나 병든 엄마와 함께 사는 경우, 학대 가능성이 더 크다는 관련 보고가 있다. 피터스1984, 핀켈호르1984, 허먼과 허쉬만1981은 알코올 중독, 우울증과 정신이상 등으로 자주 아프고 많은 아이와 임신으로 지친 엄마와 함께 사는 소녀들 사이에서 더 높은 성적 피해율을 발견했다.

부모 관계와의 관련성은 상당한 수의 연구에서 나타났다.Landis, 1956; Finkelhor, 1984; P. Miller, 1976 피해자들은 엄마와 감정적으로 관계가 소원함을 보고하고, 성에 관한 정보를 주는 주요 관계로 엄마를 거의 지목하지 않는다.

학대받는 딸들은 자신의 어머니들이 아버지보다 집안에서 힘과 권위가 적다고 본다. 다른 연구들은 희생자들이 어머니나 아버지로부터 거의 애정을 받지 못했고 학대받지 않은 이들보다 부모와 더 나쁜 관계를 맺었다고 했다.핀켈호르, 1986

성학대의 피해자들은 종종 부모들의 사이가 좋지 않은 관계였다고 말한다. 일부 연구진Finkelhor 1984; Fromuth, 1983; Peters, 1984은 부모가 불행한 결혼을 했거나 결혼에 대한 애정을 거의 보이지 않았다고 말한 여성들 사이에서 학대 비율이 더 높다는 것을 발견했다. 하지만 그런 데이터로부터 부부간의 스트레스나 소외감이 성적 학대를 유발한다는 결론을 끌어내기는 어렵다.

또 다른 사회학적 요인은 성적 학대의 위험 요인으로 등장하는데, 그것은 생물학적으로 관련이 없는 아버지와 함께 사는 것이다. 러셀1986이 근친상간의 학대를 받은 여학생들을 대상으로 실행한 대규모 연구에서는 친부모나 양부모에 의해 양육된 여성이 성학대를 받을 확률이 가장 낮다는 결과가 나왔다. 친모의 손에서만 자란 여성의 근친상간 학대 발생률은 18%이었다. 그러나 의붓아버지와 친어머니에 의해 양육된 여성은 그중 28%가 근친상간 학대를 신고했다.

어떤 요인들은 의붓아버지에 의해 야기되는 위험성을 설명한다. 의붓아버지와 의붓딸 사이의 성적 접촉을 금지하는 전통문화 금기는 부녀간의 성적 접촉을 금지하는 것보다 더 약해서 위반하기 쉬울 수 있다. 의붓자식과 의붓아버지 사이의 초기 자녀-부모 유대와 의존성은 대개 부족하다. 이러한 양육 과정을 경험하지 못한 의붓아버지는 의붓자식을 쉽게 성적인 파트너로 볼 가능성이 더 있다.핀켈호르, 1986

핀켈호르1986는 의붓아버지를 둔 소녀들이 더 높은 비율로 다른 남자에게도 성적 학대를 당했다는 사실을 발견했다. 그는 데이트하는 어머니들이 딸을 성적으로 착취하는 남성을 집으로 데려올 수도 있다고 말한다. 또한, 딸들과 성관계를 하는 것에 대해 문화적 제약을 덜 느끼는 의붓가족들을 집으로 데려올 수도 있다. 의붓아버지는 다른 사람들이 의붓딸에게 성폭력을 가할 때 친아버지보다 덜 방어적일 수 있다.

─────── **철학적, 신학적인 요인**

성범죄와 관련된 어떤 요인들은 철학적이며 신학적이다. 기독교보다 먼저 있었던 인간의 몸과 성에 대한 믿음이다. 이것은 기독교인들에게 여전히 강한 영향력을 행사한다. 성학대를 완전히 이해하기 위해서는 이러한 요소 중 몇 가지를 탐구하는 것이 도움이 된다.

영적인 동시에 성적인 인간으로 온전하게 사는 법을 아는 것은 새로운 딜레마가 아니다. 인간의 몸과 성에 대한 불편한 느낌은 현대만의 문제가 아니다. 그것에 관한 오래되고 깊은 뿌리는 기독교보다 훨씬 이전부터 있었다. 그러나 구약성서는 성이 하나님의 선한 선물이라는 믿음을 아예 처음부터 보여주고 있다. 창세기가 기록하듯이 역사가 시작되는 순간, 인간의 첫 마디는 에로틱한 사랑시였다. "이는 내 뼈 중의 뼈요, 살 중의 살이로다."창세기 2:23 창조 이야기의 다음 구절에서는 남녀가 서로에게 다가가 부끄러움을 모르고 벌거벗은 채 하나의 육체가 된다.

구약성서의 이어지는 이야기들은 인간의 성을 인생의 좋고 자연스러운 부분이라 여긴다. 성관계에 대한 노골적인 이야기가 전해진다. 대부분의 설명에 따르면 결혼과 성생활의 주된 목적은 아이를 낳기 위한 것이라고 한다. 그러나 성은 또한 로맨틱한 열정의 매개체로 묘사되기도 한다. 후대 기독교인들은 성을 영적인 갈급함을 비유하는 내용으로 읽고 싶어 하지만, 성경의 아가서는 육체적 아름다움과 열정적인 성애를 찬양하는 생생한 에로틱한 시다.

고대 히브리인들은 때때로 "안다"라는 동사를 성관계와 동의어로 사용했고, 따라서 최고의 성적 교감에 대한 표현으로서 아는 것과 원하는 것을 결합했다. 때때로 시편들은 신을 갈망하고 알고자 하는 인간의 갈망에 관능적인 요소를 반영하고 있으며, 그것은 마음과 육체와 정신을 하나로 보는 구약성서의 견해와 일치한다. 예를 들어 시편 42:1~2는 "하나님, 사슴이 시냇물 바닥에서 물을 찾아 헐떡이듯이, 내 영혼이 주님을 찾아 헐떡입니다. 내 영혼이 하나님, 곧 살아계신 하나님을 갈망하니, 내가 언제 하나님께로 나아가 그 얼굴을 뵈올 수 있을까?"새번역라고 기록한다.

그러나 신체를 부정하는 경향은 점차 히브리인들에게 영향을 끼쳤다. 이러한 영향은 구원이 성적 금욕과 상관관계가 있었던 페르시아 같은 땅에서 왔을지도 모른다. 성에 대한 이원론적 사고여성의 종속는 성차별의 주요한 뿌리인 동시에 성차별의 표현이다.넬슨, 1978 남자들은 마음과 영혼의 문제에 있어서 자기 자신을 우월하다고 여겼고, 공동체의 성적 영역에 대한 책임을 졌다.

여성은 감정, 관능, 육체와 동일시되었다. 월경 후의 정화와 관련하여 매달 감당해야 하는 제약과 복잡한 의식은 남성과 여성 모두에게 정기적으로 여성의 신체가 부정하다는 믿음을 강력하게 세뇌했다. 따라서 여성은 남성보다 열등하다고 여겨졌다.

이후 이교도 그리스 로마 신앙은 기독교의 육체와 성에 대한 이해에 영향을 미쳤다. 그리스의 이원론은 우주를 영적인 영역과 물질적인 영역이라는 두 가지 대립하는 차원으로 나누었다. 인간은 영혼과 몸을 가지고 있다고 생각했다. 더 고귀한 부분과 더 낮은 부분으로 나뉘게 되었다. 몸은 육체의 유혹과 나약함에 맞서 끊임없이 싸우는 영혼의 감옥이었다. 인간의 임무는 육체와 그 욕망을 길들여 영혼이 육체적 타락에서 벗어날 수 있도록 하는 것이었다.

플라톤기원전 427~347년은 인간에 대한 이러한 이원론적 관점에 대해 명료하고 영향력 있는 대변자였다. 그는 "이데아"와 "물질"이라는 용어를 사용하여 반대되는 두 개의 보편적 원리를 지정했다. 이데아는 시작도 끝도 없이 영원하고, 보이지도 않고, 절대적이었다. 오감으로 경험하는 사물의 세계인 물질은 이데아의 불완전한 모방이었다. 기독교는 비물질적인 영혼이 육체와 비교해 우월하며 육체와 충돌한다는 플라톤 학파의 사상에 영향을 받았다.

다른 이교도 그리스 철학자들도 기독교의 지적인 풍토에 영향을 주었다. 금욕주의자였던 철학자들은 진정한 미덕은 성행위의 금욕에 달려있다고 했다. 데모크리토스는 덕을 지성의 활동으로 개념화했는데, 성행위는 정신의 추구를 산만하게 하므로 그는 성관계를 금했다. 스토아 학파의 무소니우스 루퍼스는 부부관계는 오직 생식을 위해서만 허용된다고 주장했다. 그는 부부관계에서도 쾌

락을 위한 성행위는 역겹다고 가르쳤다.Bullough and Bullough, 1977

기원전 1세기 말에 태어난 알렉산드리아 유대인 필로는 특히 후기 기독교 작가들에게 영향력이 컸다. 필로는 생육하고 번성하여 땅에 충만할 필요성에 대한 유대인의 가르침을 받아들였고, 성교는 생식을 목적으로만 정당화될 수 있다는 그리스 로마 전통과 결합했다. 그는 생식을 목적으로 하지 않는 성교를 한 배우자를 돼지나 염소에 비유했다. 아담과 하와의 원죄도 성욕이라고 가르쳤다.

기독교의 발달은 바로 이러한 문화적, 철학적인 분위기 속에서 이루어졌다. 신약성서에서 금욕적이고 이원론적인 사상이 지배적이지 않지만, 후세대 기독교인들은 이러한 작가들의 영향을 받았다.

예수는 성과 결혼에 대해 비교적 말이 없다. 성에 대해 말할 때, 그는 일반적으로 구약성서 전통에 머물렀다. 이것은 인간의 성이 그에게 중요한 것이 아니라고 말하는 것이 아니라, 다가오는 하나님의 나라를 선포하는 그의 더 넓은 관심에 성에 대한 부분이 종속되어 있다는 것을 말하는 것이다. 예수가 한 말은 당대의 통용된 관행과 태도와는 대조되며 아주 놀라운 것이었다. 예수는 부정과 이혼을 여성과 남성의 연합을 위한 하나님의 의도에 어긋난다고 꾸짖었다. 억압받는 사람들에 대한 그의 한결같은 걱정은 남성 중심의 법에 따라 처리되고 여성은 재산으로 취급될 뿐인 이혼에 대한 그의 거부감을 설명한다.

마찬가지로 예수는 결혼에 있어서 율법적이고 피상적인 충실함에 만족하지 않았다. 그는 마음의 충실함과 순수함을 요구했다. 마태복음 5:27~28에서 예수는 다른 사람에게 음욕을 품는 자도 간음하는 자라고 하셨다. 예수는 모든 성욕이나 성적인 공상을 비난하고 있지 않다. "음욕lust"은 신약성서에서 그리스어로 널리 사용되었으며 그 의미가 맥락에 따라 달라지는 말이다. 그것은 "강력한 탐욕"을 의미하는 것으로 번역될 수 있다.

이 구절에서 예수는 악한 욕망, 병적으로 집착하는 욕망을 비난하고 있는 것으로 보인다. 이는 결혼 상대자가 아닌 다른 사람과 성적인 관계에 대한 공상을 마음속에 품음으로써 지속해서 가열되는 욕구다. 이것은 아름다운 사람에게 느끼는 순간적인 생리적 또는 감정적 반응과는 다르다.

독신은 신약성서에서 신자들이 선택할 수 있는 유효한 선택지이다. 어떤 본문은 독신의 삶이 성관계를 피하도록 허용했기 때문이 아니라, 하나님나라의 일에 더 많이 헌신할 수 있기에 독신을 더 바람직하다고 말한다.

신약성서는 성도들 간의 결혼 역시 격려한다. 에베소서 5:21~23에서 바울은 남편과 아내의 관계를 그리스도와 교회의 연합에 비유했다. 두 계약 모두 핵심 요소는 사랑과 신실함이다. 바울은 결혼생활에서 성적인 결합을 단순히 즐거운 육체적 행위 이상으로 끌어올렸고, 그것은 헌신과 자기 노출의 방식으로 전인격적 행위이다.넬슨, 1978 그러나 예수와 바울 모두 결혼과 성을 최고의 선으로 긍정하지 않았으며, 그 대신 하나님나라에 우선순위를 부여했다.

기독교의 영지주의 해석가들은 영혼이 인간의 몸에 갇힌 신의 불꽃이라고 믿었다. 구원은 성관계를 절제함으로써 신체적 불결함을 피하는 것과 금욕적인 생활을 하는 것으로 구성되었다. 교회 지도자들은 영지주의자들을 이단자라고 비난했지만, 교회는 그들의 가르침과 행동에 영향을 받았다. 때때로 초기 기독교 공동체는 금욕과 성적 금욕에서 영지주의자들을 능가함으로써 지위를 얻고 개종시키려 했던 것 같았다.

2세기 말에 이르러 영지주의의 영향력은 줄어들었다. 그런데도 교회는 성에 대한 강한 불편함과 적개심을 유지했다. 2세기부터 5세기까지 그리스-로마 철학과 영지주의 신앙의 결합은 성을 큰 긴장감을 일으키는 문제로 삼았다. 하나님께서 만드셨고 보시기에 좋았다고 선포한 창조 일부로서 인간의 육체와 성,

결혼은 좋은 것이어야 했다. 그러나 성욕은 영적인 거룩함과 상충하는 것처럼 보이는 강렬한 충동이었다. 남성의 관점에서 보면, 여성은 관능적인 열정을 부추기는 책임이 있었다. 섹스의 힘을 빼앗는 가장 좋은 방법은 독신주의를 조장하는 것이었다. 처녀성과 성적인 금욕은 "더 고상한 신앙 방식"으로 보여졌다.카모디, 1979

독신을 미화하고, 부부의 성관계를 경시하는 사례가 많았다. 오리겐을 비롯한 초기 기독교인들은 기도에 집중하기 위해 자신을 거세하여 칭찬을 받았다.카모디, 1979 터툴리안은 정절을 잃는 것이 목숨을 잃는 것보다 더 악하다고 가르쳤다. 그는 결혼 안에서의 성관계를 비난하고자 하는 성향에는 저항했지만, 왜 그것을 하나님께서 허용하셨는지에 대해 당혹스러워하는 것 같았다.

알렉산드리아의 클레멘트는 다른 초기 교회 지도자보다 결혼의 존엄성을 많이 옹호했다. 그러나 결혼하지 않은 상태를 강하게 선호했다. 결혼은 단지 생식을 위한 것이었다. 임신은 가능한 한, 감정 없이 이루어져야 한다. 그는 유부남들이 금욕을 실천하는 것을 잘했다고 가르쳤고 하늘이 마침내 남녀 모두를 성으로부터 해방해 줄 것이라고 믿었다.

3세기에는 독신으로 살라는 성직자들의 압력이 현저하게 증가하였다. 동방의 영향력 있는 교회 지도자인 존 크리소스톰은 세상에 이미 인구가 많으므로 결혼과 성관계는 악한 욕망을 인정하는 행위라고 가르쳤다.

아우구스티누스는 초기 서양 교회의 결혼과 인간의 성에 관한 문제에 있어서 가장 영향력 있는 교사였다. 그의 관심사는 주로 인간의 성적인 욕구에 있었다. 그는 원죄는 본질상 죄악인 성적 리비도libido를 통해 전해졌다고 믿었다. 아우구스티누스는 타락과 "탐욕"성욕 사이에 분명한 연관성이 있다고 보았다. 그는 모든 성행위가 원죄와 직결되어 있어 성관계를 갖는 사람들을 더욱 단단하게 타락과 결부시킨다고 믿었다. 아담의 죄의식이 성교를 통해 대대로 전해졌다는 이 믿음은 아우구스티누스 시대 훨씬 이전부터 그리스의 가르침이 되어왔다.

이런 전제에서부터 성교가 영성에 가장 큰 위협이라는 아우구스티누스의 신념에 이르기까지 논리적인 단계가 있었다. 아우구스티누스에게 있어서 결혼에서의 성적 쾌락은 사소하거나 용서받을 수 있는 죄악이었다. 완경 후처럼 생식이 불가능하다면, 그것은 치명적인 죄악이었다. 그러므로 남자는 아내의 영혼을 사랑하되, 아내의 육체를 적으로서 미워해야 한다. 처녀성은 기독교인들이 선호하는 상태로서 높이 평가되었다. 이러한 생활방식을 유지할 수 없는 사람들에게 결혼은 마지못해 허용되었다.<sup>루터Ruether, 1974</sup>

중세 내내 신학자들과 교회 지도자들은 결혼이 윤리적인 면에서 독신보다 열등하다고 생각했다. 결혼의 생물학적 결과인 처녀성 상실과 자녀출산은 중세적 관점에서는 여성의 타락한 본성을 상징하고 그 사실을 고통스럽게 상기시키는 일이었다. 결혼을 경시하는 견해와 11세기와 12세기의 새로운 경건주의는 점점 더 많은 수의 남녀를 독신을 고수하는 금욕적인 삶으로 이끌었다.

1500년대의 종교개혁 운동은 결혼에 대한 교회의 관점에 변화를 가져왔다. 마틴 루터는 개인적인 성경 연구를 통해 결혼에 대한 가톨릭교회의 옹호적인 관점이 비성경적이라는 것을 발견했다. 그는 독신주의에 대한 높아진 위상을 비난하며 결혼이 윤리적으로 열등하다고 보여서는 안 된다고 말했다.

루터는 결혼을 하나님의 좋은 선물이라고 단언했을 뿐만 아니라 결혼을 다른 모든 상태보다 더 높은 위상으로 올려놓았다. 그는 결혼을 "착하고 정상적인" 삶의 방식이라고 생각했고, 가정을 다른 어떤 삶의 자리에서 할 수 없는, 사랑의 섬김을 실천할 수 있는 믿음의 학교라고 보았다. 이전에 독신의 삶을 맹세한 것을 거부하면서 루터는 전직 수녀인 케이티와 결혼했다. 그들은 9명의 아이를 함

께 키웠다. 하그로브 Hargrove, 1983

　루터는 모범과 가르침으로 독신과 결혼에 대한 많은 중세 신앙에 도전했지만, 그는 분명히 성에 대한 양면적인 감정이 있었다. 아우구스티누스처럼 루터는 성관계가 죄 없이는 결코 일어날 수 없다고 생각했다. 루터는 1522년 결혼에 관한 논문에서 결혼의 긍정적인 신학을 위한 성경적 토대를 살펴보고 성과 출산은 '하나님의 계명'의 일부라고 단언했다. 그러나 루터의 '결혼생활'에 대한 논문은 "성관계는 죄다. 그러나 결혼생활을 제정하신 분은 하나님이시며, 그가 결혼 안에 심어 두시고 축복한 모든 선한 것을 그 죄 속에서도 보존하시기 때문에 은혜로 결혼을 용납하신다"라는 진술로 마친다. 이런 성관계에 대한 부정적인 시각은 루터의 1535~1536년 창세기 강연에서도 반영되었는데, 이 강연에서 그는 수없이 성욕과 부부관계를 '수치'와 '혐오'의 사건으로 언급하였다.

　결혼과 출산은 하나님의 신성한 계획 일부지만, 성관계는 죄악이고 수치스럽다는 루터의 역설적 견해는 현대 교회의 신학적, 철학적 유산의 또 다른 구성요소이다. 이 유산은 인간의 몸과 성적인 충동 때문에 기독교인이 계속되는 불안감을 느끼게 하며 또 부추긴다.

　교회가 오랫동안 인간의 몸과 성을 불편하고 문제가 있는 것으로 간주해 왔기에, 기독교인들 사이의 성적 학대가 발생하게 되는 중요한 요인이 된 것이다. 성에 대한 불편함은 학대를 둘러싸고 있는 침묵과 비밀의 장막을 드리웠다.

　인간의 성은 오랫동안 인간의 영성교회에서는 '적절한' 관심의 장에 반대되는 것으로 여겨져 왔기 때문에 신앙생활에서 건강한 성을 제대로 자리매김하며 섬세하게 가르치는 일이 부족했다. 기독교인들이 그들의 성욕을 통제하도록 돕기 위한 시도로 규칙과 선언이 내려졌다. 억제되지 않은 욕망의 폐해에 대한 열정적인 가르침과 육체의 위험에 대한 경고가 있었다. 그 결과, 너무나 자주, 성을 사악하고 위험한 것으로 언급했으며, 영적인 사람들은 그것을 경계하며 혐오해야 한다고 끊임없이 확신시켰다.

무언가가 두려워지고 혐오스러울 때, 그것을 공개적으로 직면하는 것은 어렵고, 억압하기는 쉽다. 기독교인들이 성적인 유혹에 몸부림칠 때 교회는 자신의 연약함을 고백하며 조언과 지원을 구할 수 있는 안전하고 적절한 장소가 될 수 없었다. 그 대신 불편하고 부적절한 성적 갈망을 부정하고 억누르며 교회에서는 자신과 타인에게 그런 갈망이 존재하지 않는 척하는 경향이었다. 기독교적 환경에서 성적 충동이 건강한 성생활을 위한 책임과 지지를 위한 구조를 만들려는 시도로 공유되는 경우는 드물다. 그러나 사람들이 성적인 충동을 억압하고 부정하려 하면 할수록 그것은 더 강력해진다. 그러한 강력한 성 충동은 건강하지 못하고 파괴적이며 학대적인 방법으로 억압의 벽을 돌파할 가능성이 더 크다.

교회에서 건강한 성에 대해 거의 이야기하지 않는데, 건강하지 못한 성적 유혹과 충동에 시달리는 이들이 어떻게 그 문제를 교회 안에서 공론화할 수 있을까? 교회가 인간의 몸과 성에 대한 총체적이고 성경적인 이해를 발전시키는 것이 중요하다.

교회는 성도들이 자신의 이 강력한 욕구나 충동을 드러내고 공유할 수 있는 분위기를 제공해야 한다. 교단과 교회 회중은 몸과 인간의 성의 건강한 신학을 발전시키고 설명하고 실천하며 살아가기 위해 노력해야 한다. 11장은 교회 회중이 이 방향으로 나아갈 수 있는 실질적인 방법을 탐구할 것이다.

# 4장

# 가해자

## ──── 가해자의 이야기

**이 이야기는 성학대 가해자가 나에게 공유한 내용이다.**

　나는 기독교 신앙을 가진 대가족에서 자랐다. 교회 예배와 활동은 가족 모두가 도와야 할 농사일보다 훨씬 더 우리 가정생활의 중심이었다. 우리는 일요일과 수요일 밤에 두 번 교회에 갔다. 아버지는 내가 기억하는 모든 세월 동안 교회의 장로였다. 그는 엄격하고 경직된 분이었고, 매우 엄격한 규칙을 가지고 있었다.

　아버지가 만든 규칙을 어길 때마다, 우리는 부엌과 헛간에 있던 버드나무 가지들로 채찍질을 당했다. 언젠가 우리 엄마가 울면서 "그냥 어린애들일 뿐이잖아요"라며 우리가 이렇게 맞을 짓을 하지 않았다고 항변하시던 것을 기억한다. 아버지는 엄마의 멱살을 잡고 반항하는 것이냐고 소리 질렀다. 아버지는 하나님을 두려워하는 아이들로 키우려는 자신의 교육을 방해한다면, 엄마도 "맞을 수" 있다고 말했다. 다시는 엄마가 공개적으로 아버지를 반대하거나 우리를 옹호했던 것을 기억하지 못한다. 하지만 엄마가 많이 우셨던 것을 안다.

부모님 두 분 다 나에게 성에 대해 교육한 적이 없다. 농장에서 살았기 때문에, 나는 그것을 스스로 알아냈다. 내가 학교에 들어갔을 때, 몇몇 나이든 형들이 어떻게 "사람들이 그것을 하는지" 말해 주었다. 내가 성적인 감정을 느끼기 시작했을 때, 그것은 혼란스럽고 무서웠다. 무슨 일이 일어나고 있는지 확신할 수 없었지만, 그것에 대해 누구와 이야기하는 것이 두려웠다.

고등학교 교회 캠프에서 자위에 관한 설교를 들은 적이 있다. 비록 그 단어가 언급된 것은 아니지만 말이다. 강사는 그것이 왜 끔찍한 죄인지 설명했고 그 당시에는 이해가 되었지만, 지금은 그 이유가 무엇이었는지 기억나지 않는다. 자위하지 않으려고 할수록 더 하고 싶어졌다. 그때, 내 얼굴은 온통 여드름으로 덮여 있었는데, 더는 감출 수 없는 나의 숨겨진 죄 때문에 생긴 것이라고 확신했다.

고등학교가 끝난 후 나는 성경 학교에 1년 동안 다녔다. 거기서 아내를 만났다. 처음부터 우리의 관계는 어려웠다. 그건 그녀가 나의 어머니와 너무 달라서였다고 생각한다. 아내는 목소리도 크고 강인한 의지를 가진 사람이었다. 내가 아버지에게 배운 대로 아버지 같은 남자와 남편이 되려고 했을 때, 그녀는 진심으로 덤볐고 그런 행동을 절대 참지 않을 거라고 했다.

우리 아이들은 정말 빨리 태어났고, 그로 인해 우리 사이의 긴장감은 더욱 고조되었다. 내가 아이들을 훈육하려고 할 때마다 그녀는 너무 가혹하고 잔인하다고 비난했다. 나는 이제야 내가 그랬을지도 모른다는 걸 이해하기 시작하고 있다.

나는 어렸을 때 항상 자존감이 낮았다. 아버지를 기쁘게 해드리기 위해 아무것도 할 수 없었다. 그는 내가 한 모든 일에 대해 비난하셨다. 한 번은 학교에서 만든 신발장을 크리스마스 선물로 아버지께 드렸다. 그의 첫 번째 반응은 어떻게 다르게 만들었어야 했는지에 대한 잔소리였다. 나는 못난 인간이라는 생각에 많은 수치심을 느꼈다. 결국, 아버지마저 나를 좋아하지 않는다면, 어떻게 다른 사람들이 나를 좋아하리라고 기대할 수 있었을까? 아버지들은 보통 자기 아들을 사랑하는데, 내 아버지가 나를 사랑하지 않는다면 그건 분명 내가 사랑받을 만한 사람이 아니기 때문인 게 틀림없었다.

아내가 아이들과 함께 나의 행동에 도전했을 때, 내 집에서조차 존경받을 수 없다는 사실에 너무 화가 났다. 이제는 내가 사람들의 존경과 순종을 받을 차례가 되어야 한다고 생각했다. 가족을 다스리려고 하면 할수록 더 안 좋은 일이 생겼다. 집에서 순종을 요구하는 것이 옳다고 말하는 우리 목사님과도 이야기를 나누었다. 그는 아내가 나의 영적 권위에 순종하지 않는 것이 문제라고 했다. 아내가 순종하지 않기에 내 뜻대로 가정을 자유롭게 이끌 수가 없었다. 아내가 목사님을 만나 그런 이야기를 들을 수 있도록 만남을 주선했지만, 아내는 원하지 않았다.

권위가 집에서조차 세워지지 않는다는 사실에 점점 더 좌절감을 느꼈다. 나를 이 집의 진정한 남자로 대우해 주지 않는 아내에게 더 화가 났다. 그 당시 나에게는 열두 살이었던 조카가 있었는데, 그 아이와 항상 가까운 사이로 지냈다. 아내에게 화가 나면 조카딸을 데리러 나가서 아이스크림을 먹곤 했다. 그 아이가 어렸을 때 아버지를 잃어서 내가 아버지 역할을 해주었고 그 일은 즐거웠다. 그녀의 어머니도 항상 그것을 고마워했다.

아이스크림 가게로 가는 일이 점점 잦아졌다. 아이스크림 가게를 들른 후, 우리는 미니 골프를 치기 시작했고 끝나면 차로 그녀를 데려다주었다. 내 자녀들은 그녀가 받는 모든 관심을 시기했지만, "그 애는 적어도 나에게 고맙다고 한다"라며 나의 행동을 설명했다.

언젠가부터 조카를 생각할 때마다 내 안에 이상한 감정이 느껴지기 시작했다. 또한, 알몸으로 침대에 누워서 그녀를 안고 있는 공상을 하기 시작했다. 우리가 함께 있을 때, 그녀를 더 만지기 시작했고 차 안에서는 그녀의 다리에 손을 얹고 있었다. 우리는 항상 작별 키스를 했지만, 이제 다른 방식으로 그녀에게 키스하기 시작했다. 내 여동생 그녀의 어머니은 내가 조카딸과 보내는 모든 시간에 대해 우리 가족들이 어떻게 느끼는지 한 번 물어본 적이 있다. 여동생에게 우리 가족들은 괜찮다고 장담했다. 물론 여동생은 딸에 대한 나의 감정이 성적으로 변했다는 것을 알 길이 없었다.

어떻게 된 일인지 아직도 이해가 되지 않지만, 어느 날 밤, 미니 골프장에서 집으로 돌아오는 길에 계획된 장소로 차를 몰고 갔다. 조카딸에게 만약 그녀의 아빠가 살아있다면 아빠가 딸에게 가르쳐줘야 하는 남자와 여자에 대해 뭔가 알려주고 싶다고 말했다. 내 조카는 나를 전적으로 믿고 있었기 때문에, 그녀의 옷을 벗게 하는 데 별 어려움이 없었다.

그것은 우리가 차 뒤쪽에서 가진 많은 성관계 중 첫 번째였다. 그녀는 몇 번이나 이것이 괜찮은 것이냐고 물었다. 사랑하는 사람이 하는 일이라고 말했고, 우리는 서로 사랑하기 때문에 괜찮다고 일러 주었다. 나는 그녀의 언어적, 육체적 저항을 이길 수 있었다.

그 이야기의 다음 부분은 나에게 악몽이다. 어느 날, 그녀의 학교에서 선생님이 부적절한 접촉에 관해 이야기했다. 선생님은 학생들에게 그들이 불편하게 느낀 신체적 접촉이 있었는지 물었다. 쉬는 시간에 내 조카딸은 선생님께 내가 그녀에게 했던 일을 이야기했다. 그러자 선생님은 즉시 내 여동생을 불렀다.

내 여동생은 내가 다니는 직장에 나타나서 당장 차에 타라고 말했다. 그녀는 울며불며 소리를 지르면서 나를 때리기 시작했다. 그녀는 내게 최후통첩을 보냈다. 절대 다시는 조카와 단둘이 있지 않겠다는 약속과 상담을 받는 것이었다. 경찰서에 끌려가는 것보다는 덜 끔찍해 보였기 때문에, 나는 상담을 선택했다.

이제야 내가 나에 대한 조카의 신뢰를 어떻게 배신했는지, 그리고 내 힘을 그녀에게 어떻게 이용했는지 이해하기 시작했다. 하지만 아직도 이해가 안 가는 부분이 많다.


아동 성학대에 대한 흔한 반응은 혼란과 당혹감이다. "자연스럽게 아이를 사랑하고 보호해야 할 어른이 어떻게 그런 일을 할 수 있었을까?" 수년간 사회과학자들과 심리치료사들은 왜 남성들이 어린이들을 성적으로 학대하는지 설명하기 위해 화려한 이름을 가진 복잡한 이론을 발전시켰다. 내가 믿는 핵심 설명은 사실 꽤 간단하고 명확하다. 남성들이 성적 학대를 하는 이유는 가부장적 사회가 여성과 아동학대를 암묵적으로 묵인하고 남성들은 그 책임에서 벗어날 수 있다고 믿기 때문이다.

이 장에서는 범죄의 주요이론에 대해서 논할 것이며 이것은 독자들이 후에 인식하고 그런 설명에 대해 비판적으로 생각할 수 있도록 도울 것이다. 왜 남성들이 아이들을 학대하는지를 설명하는 다른 이론들을 읽을 때, 그 학대의 상황이 어떻든지, 그것은 항상 학대자의 잘못이라는 것을 기억하라! 학대자는 학대를 선택했고 폭행에 책임이 있다.

성학대는 대개 힘과 신뢰에 대한 오용의 문제로 연관시킬 수 있다. 성적인 문제는 훨씬 작은 부분을 차지한다. 여전히 학대의 성적 요소가 인정될 필요가 있지만, 건강하든 병적이든 모든 성행위는 복잡하고 다면적이다. 모든 성행위에는 성적, 비非성적 동기와 필요가 있다. 건강한 부부관계에서 성행위의 비성적 구성요소는 친밀함에 대한 욕구, 특별한 관계 확인, 또는 자신의 여성성이나 남성성을 확인하려는 욕구를 포함할 수 있다. 건강하지 못한 성관계에서 비성적인 동기부여는 굴욕, 통제 또는 제압, 혹은 벌주거나 보복하려는 욕구를 포함할 수 있다.

특정 가해자의 주요 동기가 지배와 통제에 대한 필요였을 수도 있지만, 이러한 욕구가 성적으로 변질하였다는 사실은 반드시 고려되어야 한다. 만약 에로틱한 요소가 중요한 것이 아니었다면, 가해자의 지배와 통제에 대한 욕구는 다른 비성적인 방법으로 충족되었을지도 모른다. 여기에는 아이의 옷이나 친구나 활동의 선택을 통제하려는 방법일 수도 있고, 아이를 침실에 가두는 행위 또는 기둥에 묶어두는 행위 등이 포함될 수 있다.

# ──────── 성적erotic 요인 이론들

소아성애Padophilia는 아동에 대해 일탈적인 성적 관심을 가진 사람들을 표현하기 위해 사용되는 용어다. 소아성애자는 아이와 성적인 접촉을 하거나 아이를 만지거나 아이에게 성적인 흥분을 일으키는 행위를 시키는 것을 의미 아이들이 관련된 의식적인 환상을 하며 자위할 수도 있다. 대부분의 소아성애적 취향은 청소년기에 시작된다.

청소년성애Ephebophilia는 사춘기의 시작 단계에 있는 아이에게 끌리는 성적 취향이다. 어떤 청소년성애자는 사춘기 소년에게 끌리고, 또다른 청소년성애자들은 사춘기 소녀에게 끌린다. 소아성애자와 청소년성애자는 어른과 어린이 모두에게 끌릴 수 있지만 대개 어린이들에 의해 더 성적으로 자극된다. 이들 중 많은 사람이 결혼했다. 그들은 치료에서 성인과 성관계를 가지는 동안 어린이들을 머릿속으로 그린다고 말한다.

왜 어떤 성인은 사춘기 이전의 어린아이에게 성적인 자극을 느낄까? 이 현상을 설명하기 위해 수많은 이론이 진화해 왔다. 존 머니John Money, 1986는 이상화된 연인과, 그 연인과의 에로틱한 성관계에서 무엇을 하는지를 그리는 개인의 마음/뇌 속의 그림이나 템플릿과 같은 '러브맵lovemap' 개념을 개발했다. 출생 시, 러브맵에 영향을 미치는 호르몬의 영향이 존재할 수 있지만, 그것은 보통 생후 8년 동안 형성되며 대부분 거의 같은 또래의 이성에게 성적 매력을 느낀다.

존 머니는 성적 자극이 될 수 있는 방식으로 자신의 몸에 손을 대는 것이 금지되거나, 학대적인 처벌과 훈육을 받거나, 부적절한 성적 행위에 갑작스럽게 노출되면, 아이들의 러브맵 형성이 충격을 받아 손상될 수 있다고 말한다. 이것은 사춘기 이후에 나타나는 일탈적인 성적 흥분 패턴과 행동을 유발할 수 있으며,

어린이들에게 성적 매력을 느끼는 성적 취향을 포함할 수 있다.

이 러브맵은 개인이 완전히 통제하지 못하는 복잡한 방식으로 형성된다. 그러나 사람의 마음속에서 이상화된 연인이 어떤 사람일지라도 성적 만족을 위해 연약하고 자신을 방어할 수 없는 아이를 이용하는 것은 결코 용납될 수 없다. 일탈적인 러브맵을 가진 사람들은 반드시 충동과 행동을 통제하는 법을 배워야 하고 또 배울 수도 있어야 어린이들과 또 다른 약한 사람들이 다치지 않게 된다.

이와 관련하여, 또 다른 이론은 일부 사람들이 아이들에게 성적인 자극을 느끼는 어른을 모방한 초기 성적 경험이 있다는 것이다. 아마도 어렸을 때 학대를 당한 적 있는 학대자들에게 중요한 것은 학대를 받았다는 사실이 아니라, 아이들이 성적 자극을 준다는 것을 알게 해준 누군가가 있었다는 점이다. 이 과정은 또한 형제자매나 사촌이 성적인 착취를 당하는 것을 목격한 사람들 안에서도 작동한다.

맥과이어, 칼리슬, 영McGuire, Carlisle, Young, 1965은 어린이에게서 성적인 자극을 받는 어른의 행위를 본 초기 경험이 시간이 지남에 따라 반복되는 자위적 환상에 몰입될 때 고착된다고 믿는다. 자위는 기분 좋은 경험이 되기 때문에, 어린이들에 관한 생각은 성적 흥분과 연관되게 된다.

많은 가해자는 어린이의 신체를 머릿속으로 그릴 때 성적 환상을 투사하고 그 이미지에 자위행위를 함으로써 어린이를 성적으로 보게 되었다고 인정한다. 아동에 대한 노골적인 성적 접촉이 시작된 뒤에도 가해자들은 자위행위와 결합한 아동에 대한 잦은 환상을 한다고 보고한다.

아이들을 학대하는 행위가 발각될지도 모른다는 두려움은 아드레날린의 생산을 증대시킨다. 이것은 자위적 환상의 강렬함과 결합하여 성적 자극을 고조시킬 수도 있다. 이런 취한 듯한 "강한high" 느낌은 일부 학대자에게 중독적인 패턴으로 이어진다. 그들은 아이와의 성적 관계에서 오는 순간적 쾌감을 위해 아이의 행복과 그들 자신의 명성과 가족의 안전마저 위태롭게 한다. 약물을 남용하는 경향이 통제되어야 하는 것처럼 성적 중독성이 있는 경향은 싸우고 통제되어야 한다. "중독이 나를 이렇게 만들었요"라는 말은 결코 아이를 학대하는 타당한 이유가 될 수 없다.

어떤 관련 이론은 아동에 대한 성적 흥분은 아동 포르노나 아동에 대한 에로틱한 미디어 묘사에 노출되면서 생길 수 있다고 본다. 성행위에 관련된 아동과 성인 간의 노골적인 성적 묘사에 노출되면 성인-아동 간 성행위가 합법적이라는 생각이 들고 성인-아동 간 성행위에 대한 억제력이 제거될 수 있다.덴센-거버 Densen-Gerber, 1983; 러셀 Russell, 1982 이 가설은 광범위하게 검증되지는 않았다.

또 다른 이론은 '미숙한 사회심리적 발달이론'이다. 이 이론에 따르면 아동 성 학대자들은 정서적으로 미성숙하며, 비슷한 감정적 수준에 있어서 아동들에게 성적 자극을 받는다고 한다.Hammar and Gluek, 1957; Groth and Birnbaum, 1978; Bell and Hall, 1976 이 이론의 지지자들은 아동 성 학대자들이 또래 간의 사회적 관계에 무능하다고 말한다. 학대자들은 자신들의 정서적 욕구와 아이들의 특성이 더 잘 "맞고" 또는 더 많은 정서적 일치를 경험할지도 모른다.

학대자들은 다른 사람들보다 낮은 자존감, 자기 회의감, 자기 소외, 더 강해져야 할 필요, 불안감, 성인 여성과의 이성애 실패에 대한 두려움을 표현할 가능성이 더 크다. 아이들과의 관계에서, 그들은 비교적 영향력 있고 성공적이라고 느낄 수 있다.Loss and Glancy, 1983 심지어 이 이론의 지지자들은 아이가 학대자에게 정서적으로 더 잘 "맞는"다 하여도 이것은 어른의 만족을 위해 아이를 이용하는 것을 결코 변명하거나 정당화하지 않는다고 지적한다.

근친상간 학대의 가족 역학 모델은 "억제blockage" 모델을 뒷받침한다. 여러 가지 이유로 부부관계가 깨졌을 수도 있다. 배우자 간의 육체적, 친밀한 관계가 불만족스러울 때 성적 좌절과 박탈감이 생긴다. 아버지는 혼외정사나 자위로 성적인 만족을 추구하기에는 너무 억압되어 있거나 너무 "종교적"일 수 있다. 어른들과 함께 성적 표현을 할 수 있는 모든 방법이 "억제"되어 있으므로 아버지는 자신의 성적 욕구를 표현하기 위해 아이에게 관심을 돌릴 수 있다. 이것은 종종 성적 박탈감/좌절 이론이라고 불린다.

그러나 아무리 부부간의 불화가 크더라도, 아무리 성적으로 박탈감을 가졌다해도, 아이를 성적으로 학대하는 것은 결코 정당화될 수 없다. 성적 박탈감과 부부간의 좌절감은 남자들이 아이들을 학대하는 진짜 이유를 적절히 설명하지 못하는 '관심돌리기용 속임수red herrings'에 불과하다. 성적 박탈감과 좌절감에만 집중하는 것은 학대를 하게 되는 더 깊은 이유를 놓치게 할 것이다.

하웰스Howells, 1981는 아이들이 성적 자극을 준다고 생각하는 사람들은 "귀인오류"사람들의 행동은 자신의 의지와 사고의 영향과 외부적 상황의 영향을 동시에 받는다. 그중 어느 한쪽의 영향을 과대평가 혹은 과소평가하는 것이 귀인 오류이다. 편집자 주와 연관되어 있을 수 있다는 가설을 세웠다. 많은 사람은 아이들에게 보통 "양육", "애정" 또는 "보호"로 이해되는 강하고 긍정적인 감정반응을 보인다. 어떤 사람들은 이러한 감정들을 성적인 것으로 잘못 해석하고 반응할 수 있다고 하웰스는 말한다. 이 이론은 학대자들의 동기를 장밋빛 안경을 통해 해석하는 것 같다. 하웰스는 이러한 개인들이 어떻게 도덕적 제약을 넘어 자신의 즐거움을 위해 약한 사람들을 이용할 수 있는지 설명하지 않는다.

# ──────── 비성적nonerotic 요인 이론들

아이들을 성적으로 학대하는 동기를 설명하기 위해 이론가들은 비성적인 요인들도 탐구하였고 학대자들은 종종 이를 강조하기도 한다. 학대자들은 종종 직면하고 있는 많은 문제를 언급함으로써 학대에 대한 그들의 책임을 완화하려고 애쓴다. 학대자의 마음속에서는 부부간의 불화, 실직, 병든 아내가 아이와의 성관계를 설명할 수 있는 충분한 근거가 된다. 한 근친상간 아버지는 10살 난 딸에게 이렇게 말하며 "사과했다."

> 너한테 이런 짓을 해서 미안해. 네 잘못이 아닌 건 알지만 내 잘못도 아니야. 네 엄마가 다시 임신하고 내가 실직했으니 다른 선택의 여지가 없구나! 이런 식으로 생각해 봐, 가족을 구하는 면에서 이것은 네 몫이야. 적어도 나는 술집에서 누군가를 만나거나 다른 어린 것들과 어울려 다니지는 않을 거야. 내가 직장을 되찾고 자존심을 회복하면, 이 일은 멈출 거야.

많은 남성이 자신의 성적 학대를 아내 탓으로 돌리는 것은 놀라운 일이 아니다. 우리의 문화와 심리학이라는 전문분야는 발기부전부터 정신분열증, 동성애에 이르기까지 모든 것을 여성, 특히 어머니 탓으로 돌리는 오랜 전통을 가지고 있다.

많은 학대자는 감정을 규정하는 데 어려움을 겪고 있다. 그들에게 무엇을 느끼는지를 물어봐도, 그들은 무엇을 생각하는지 말해줄 가능성이 더 크다. 특정 순간 자신의 감정을 진짜 모르는 사람들 같다. 마찬가지로, 학대자들은 분노, 좌절, 우울과 같은 감정을 다룰 수 없기에 그 감정들로 생긴 긴장을 풀기 위해 성적 행위에 의존하게 된다.

우리 문화에서는 일반적으로 여성보다 남성이 성적 기관을 통해 감정표현을 할 수 있다고 한다. 그리고 가해자는 자신이 느끼고 있는 것을 이해하는 능력이 일반 남성보다도 훨씬 많이 부족하다. 그는 깊은 감정적 고통을 나눌 수 있는 친한 친구가 거의 없고, 오히려 정서적으로 고립되는 경향이 있다. 가해자는 자신의 두려움과 근심에 직면하는 대신 이런 감정을 성적으로 풀며, 어린아이와의 성적인 관계를 통해 자신의 기분을 호전시키려 한다.

많은 전문가는 가해자들이 성적 욕구뿐만 아니라 정서적 욕구를 충족시키기 위한 노력에 좌절감을 느끼면서 근친상간으로 변한다는 점에 주목했다.Maltz and Holman, 1987 참조 그러나 어떤 학대자라도 자신이 우울하다는 이유로 딸을 학대하는 것이 용납될 수 있다고 확신할 수 있을지는 의문이다. 물론 그가 자신을 속일 수 있다고 해도 아이를 학대하는 것에 대한 윤리적 정당성은 없다.

"자신을 가해자와 동일시하는" 이론은 학대자들이 자신의 아동기 성학대의 영향을 극복하기 위한 시도로, 피해자가 아닌 가해자의 역할로써 자신의 트라우마를 해소한다고 주장한다. 엽기적인 의미에서 성추행자는 자신이 어렸을 때 경험했을 '아동기의 심리적 트라우마'의 수모를 극복할 수 있다고 느낄지도 모른다.

핀켈호르는 "그들은 힘이 있는 가해자가 됨으로써 자신의 무력함과 싸운다"1986, p.95라고 말한다. 하지만 정신과 의사인 나의 친구 스콧 워커Scott Walker는 어린 시절 학대받은 사람들은 성인기에 행동에 있어 다양한 선택지를 갖고 있다고 말한다. 이들은 양더 피해를 입을 수 있는 속수무책 먹잇감, 목동다른 사람을 돌보는 사람, 늑대다른 이들을 괴롭히는 가해자들의 세 가지 주요 범주로 나눌 수 있다.

학대의 피해자들은 성인으로서 삶을 살아가는 방식에 대한 선택지가 있다.

다른 사람들을 학대하는 것은 용서할 수 없는 하나의 선택일 뿐이다. 내가 아는 많은 생존자는 학대받지 않은 또래들보다 아이를 학대할 가능성이 작다. 한 친구는 말했다. "나는 학대를 당한다는 것이 얼마나 처참한지 압니다. 내가 다른 아이에게 그런 짓을 할 리 없지요!"

가해자를 이해하기 위한 합법적이고 유용한 이론적 틀은 알버트 반두라Albert Bandura, 1977의 사회 학습 이론이다. 반두라는 모델링이 학습에 미치는 영향을 강조한다. 그는 행동에 대한 직접적인 경험만이 인간이 배우는 유일한 방법은 아니라고 보았다. 학습은 관찰과 예를 통해 일어날 수 있다.

유명한 실험에서, 반두라는 미취학 아동들에게 입체감이 있는 플라스틱 인형인 "보보"를 가지고 노는 성인을 관찰하게 했다. 그 성인은 플라스틱 보보를 망치로 걷어차고 때리고 두들겼다. 나중에 아이들이 보보를 가지고 놀 수 있게 되었을 때, 그들은 그 플라스틱 형상을 발로 차고 때리고 두들겼다. 아이들은 그런 장면을 영화나 만화만을 통해 접했을 때도 성인 모델이 보여준 보보를 향한 공격적이고 폭력적인 행동을 흉내냈다.

추가 실험 결과, 어린이들이 그 성인 모델이 높은 지위를 가진 것으로 인식할 경우, 아이들은 그의 행동을 모방할 가능성이 훨씬 더 크다는 것을 발견했다. 높은 지위의 예로는 부모님, 영화배우, 락스타, 운동선수, 또는 유명한 만화 캐릭터 등이 있다.

그들의 가정, 미디어, 그리고 사회 전반에서, 소년들은 여성과 아이들을 비하하는 행동을 본받게 될 수도 있다. 그것은 여성에 대해 폭력적이고 그들을 대상화한다. 이런 모델링을 통해 소년들은 이것이 남성이 여성을 대하는 행동하는 방식임을 "배운다." 학대를 가하는 남성에 대한 관찰과 모방을 통해, 소년들은 가해자가 되는 법을 배운다.

# ——— 보수적인 종교성과 학대

성학대 연구에서 충격적인 사실이 계속 드러나고 있다. 학대를 가장 잘 예측하게 되는 요인은 아버지의 술이나 약물 중독이다. 그러나 두 번째 예측 변수는 전통적인 여성-남성 역할에 대한 부모의 확신과 함께 보수적인 종교성이다. 어떤 아이들이 아버지로부터 성적 학대를 가장 많이 당하는지 알고 싶다면, 두 번째로 중요한 단서는 부모가 전통적인 역할 신념과 경직된 성적 태도를 지닌 보수적인 종교 집단에 속해 있는지에 관한 여부Brown and Hohn, 1989; Frinkelhor, 1986; Fortune, 1983; Goldstein, Kant, Hartman,1973; Van Leeuwen, 1990이다.

이것이 어떻게 가능한가? 왜 종교적인 가정의 아이들이 종교적이지 않은 가정의 아이들보다 학대에 대해 더 안전하지 못한가? 자녀들이 아버지에게 성학대를 당할 더 큰 위험에 빠뜨리는 보수적인 종교가정은 도대체 어떤 가정인가?

보수적인 신념을 가진 사람들은 존경과 칭찬을 받을 만한 강하고 건강한 특징을 많이 가질 수 있다. 그러나 그것이 오히려 성학대를 유발하기 때문에, 우리는 여기서 부정적인 보수주의적 요소에 초점을 맞추어 살펴볼 것이다.

경직된 성격 구조를 가진 사람들은 확고한 신념 체계를 가진 교회를 선호한다. 옳고 그름에 대한 절대적 관점을 가지고 세상을 보기에, 사고와 행동에 유연성이 떨어진다. 만일 어떤 남성이 자신이 의심의 여지 없는 가장이어야 하고 아내와 아이들이 자신에게 복종하며 살아야 한다는 교육을 받았다면, 그는 이러한 정체성과 역할에 도전받을 때 크게 위협감을 느낄 수 있다.

가족 내에서 규정된 역할과 자신을 심하게 동일시한 남자는 사실 그 역할과는 별개로 자신이 감정적인 존재라는 사실을 못 느낄 수 있다. 이처럼 규정된 역할을 넘어서는 자신의 개성에 대한 뚜렷한 인식이 부족한 사람일수록 아이를 별

개의 고유한 존재로 볼 수 있는 능력이 떨어진다. 그러한 사람들은 양육의 필요를 확장하는 것뿐만 아니라 본질적인 가치로 아이들을 존중하고 평가하는 데 어려움을 겪는다.

어떤 사람이 자신의 아내와 아이들을 통제하는 것이 하나님이 부여한 권리와 책임이라고 믿을 때, 그는 그 통제력을 유지하는 데 필요한 어떤 수단에 대해서 논리적인 정당성을 부여할 수 있다. 게다가, 그들이 자신의 소유라고 생각할지도 모른다. 만약 그렇다면, 그는 자신이 원하는 것은 무엇이든 그들에게 할 수 있어야만 한다.

성에 관한 관심을 억누르는 환경에서 자란 남성들처럼, 보수적인 종교 집안의 남성들도 성적인 생각과 감정에 집착하면서도 좀처럼 이를 다른 사람들에게 나누지 않는다. 성적인 생각을 더럽고 죄로 생각할 수도 있어서 성에 관한 생각을 부끄러워하고 두려워하게 된다. 이 강력한 관심을 억누르려고 노력할수록 그 생각은 더 강해진다. 성적인 감정과 생각이 자신의 삶을 다 차지하는 것처럼 느낄 수 있는데, 그것은 합법적인 기독교인 남성이 해서는 안 될 일로 보인다.

그래서 악순환이 발생한다. 남자는 성적인 문제에 대해 생각하면 할수록 더 깊은 수치심을 느낀다. 그는 수치심을 느끼면 느낄수록 이러한 감정을 더 열심히 억누르고 부정하려고 애쓴다. 그가 그 감정들을 억누르고 부정하려고 하면 할수록, 그리고 충동을 부정하려고 하면 할수록, 그 생각과 충동은 더욱 강력해지고, 또 계속해서 반복된다.

율법적인 종교 생활을 하는 가정의 신앙은 배타적인 경향이 있다. 그러한 가정들은 자신의 신앙과 삶의 방식이 옳다고 믿는다. 다른 믿음을 가진 사람들은 잘못된 길로 가고 있는 것이 된다. 한 가족이 선택한 올바른 길에 대한 확신은 긍정적이고 힘을 주는 요소가 될 수 있다. 그러나 올바른 길에 대한 강박관념은 마음으로 남을 판단하는 경향을 초래할 수 있다.

가장 중요한 점은, 엄격한 배타주의 신앙은 "우리와 그들"이라는 분리된 환경을 조성하고, 분리주의와 고립이라는 방어막을 가정 주변에 쌓아 남들이 눈치채지 못하는 은밀한 학대가 이루어질 수 있게 한다. 학대가 있는 가정은 외부 세계로부터 자신들을 고립시키는 경계가 매우 엄격하다. 추악한 비밀을 지키고 학대를 계속하기 위해 가족의 수치심과 가해자의 비밀유지 필요성은 가족과 피해자 모두를 외부로부터 고립시킨다.

건강한 가정에서는 구성원 간의 경계가 강하면서도 소통과 친밀한 나눔이 일어날 수 있을 만큼 충분히 열려 있기도 하다. 가족 구성원 개개인은 독특한 개인으로서 자신의 정체성, 권리, 욕구에 대한 감각을 지니고 있다. 건강한 가족의 구성원들은 사랑과 친밀감 속에서 서로 가까워질 수 있지만, 마찬가지로 적절할 때 각각 고유한 정체성을 가진 분리된 개인으로서 떨어져 있을 수도 있다.

학대가 발생하는 가정에서는 개인의 욕구가 하나의 혼합된 필요성으로 흐려지면서 가족 구성원 간의 경계가 느슨해지는 경향이 있다. 가해자는 피해자를 가족 밖의 다른 사람으로부터 격리한 뒤, 자신의 행동을 통해 그녀에게 자신의 욕구를 충족시키는 것 외에는 개인의 가치나 권리가 없다고 말한다. 그는 그녀의 개인적인 감정적, 육체적 경계를 허물고, 그녀 자신의 권리 따위는 없으므로 자신이 원할 때마다 그녀를 만지고 이용할 수 있다고 확신시킨다.

## ──── 남성의 사회화

아동에 대한 신체적 학대는 남성과 여성에 의해 거의 똑같이 행해진다. 그러나 자녀가 부모 중 누구와 더 자주 살고 육아에 대한 책임이 누구에게 더 있는지가 결정된 후에는 엄마에 의한 신체적 학대 수준보다 아빠에 의한 신체적 학대 수준이 더 높다.Creighton, 1987 피해자의 남녀비율은 비슷하다.

신체적 학대는 주로 잘못된 양육법의 문제로 여겨진다. 돌보는 사람들이 아이들의 잘못된 행동이나 어리광 같은 투정에 비폭력적이며 창의적인 방법으로 대응할 수 없거나, 육아 스트레스와 좌절에 대처하는 적절한 방법을 모를 때, 그들은 신체적 학대에 의지할 수 있다.

성적 학대는 주로 이성애자인 남자가 소녀들을 상대로 저지르는 것이 보통이다. 남자들은 여자들보다 아이들을 접할 기회가 훨씬 적다. 남자가 아이를 돌보는 책임이 있는 주 양육자가 되는 경우는 매우 드물고, 더욱이 남자 혼자서만 아이를 돌보는 경우는 더더욱 드물다. 그런데 성학대 가해자의 약 90%가 남자다. 아동에 대한 성적 학대가 점점 더 남성의 사회화 문제로 여겨지고 있다.

인간은 여성 혹은 남성으로 태어난다. 그들은 여성적이거나 남성적인 것을 배워야 한다. 캐롤 길리건Carol Gilligan, 1982, 낸시 초도로Nancy Chodorow, 1974, 로버트 스톨러Robert Stoller, 1964 같은 이론가들이 이 과정을 문서화 하는 데 도움을 주었다.

남성 사회화와 여성 사회화에 관한 모든 이론은 사회 변화와 진행 중인 연구로 점차 업그레이드되고 있다. 젠더 역할에 대한 격렬한 논쟁이 새로운 통찰력과 심지어 새로운 사회화 관행을 만들어 낼 수도 있는 한 세대 후에 어떻게 이해될지 아무도 확신할 수 없다.

그러나 연구자들이 과거의 젠더 인식과 남녀가 사회화되는 방식을 이해하려고 연구하면서, 북미 사회에서 주 양육자가 여성인 경향에 대한 많은 이론이 제기되었다. 결과적으로, 소녀들 대부분은 그들의 주 양육자, 즉 여성들을 따라하고 어울림으로써 여성성을 배운다. 따라서 자기 자신에 대한 자의식은 타인과의 연관성과 관계에 뿌리를 두고 있다.

이와는 대조적으로, 일부 이론가들은 남자아이들에게 남성 정체성은 그들의 주 양육자인 어머니와 다를 뿐 아니라 어머니와는 구별되면서 발달했다고 믿는다. 소년의 삶에서 중요한 남성, 대개 아버지는 전통적으로 매일 아들과 개인적으로, 직접 어울려 함께 시간을 보낼 수 없었다. 결과적으로 남성 정체성은 자신의 일차적인 양육자와는 같지 않고, 그녀와 구분되며, 그녀에게서 벗어나서 달라져야 하는 경험에 뿌리를 두고 있다.

변화가 생기고는 있지만, 한 세대 전과 오늘날에도 종종 감정적으로 그들의 어머니와 너무 친밀해 보이는 소년들에게는 "계집애 같은" 또는 "마마보이"라는 딱지가 붙여졌다. 여자라는 것이 무엇을 의미하느냐는 질문에 어린 소녀들은 전통적으로 "순하다", "어린 동생들을 잘 돌본다"와 같은 긍정적인 행동을 나열하는 경향이 있었다. 그러나 소년들은 "약해지지 마", "울지 마", "계집애같이 굴지 마"와 같은 부정적인 것들을 열거했다.

따라서 남성 정체성은 부정적인 경향이 있다. 전통적으로 육아를 여성의 책임으로 만들어온 문화적 가설과 관행은 남성뿐 아니라 궁극적으로 우리 모두에게 피해를 주었다. 남자아이들은 엄마와는 다르며, 엄마가 하는 일을 하지 않는 등 분리를 통해 남성성을 키우기 때문에, 어떤 남자들은 친밀감 때문에 위기감을 느낀다. 남성은 종종 여성보다 친밀한 관계에서 더 많은 어려움을 겪는다. 남성으로서의 정체성은 때때로 감정적 친밀감에 의해 위기감을 느낀다.

다른 한편, 많은 남성은 여성과 비교해 인격적이지 않고 객관적인 사실에 기초한 관계에 더 편안함을 느낀다. 남성들은 다른 사람을 분리된 개인으로 수용하는 데 어려움을 느끼지 않는 편이다. 이와 같은 맥락에서 북미 남성들은 성적인 관계에서도 덜 감정적이고 덜 인격적인 경향이 있다. 여성들은 관계로부터 성행위만 따로 분리하는 일은 어렵다. 그러나 많은 남성은 관계의 전반적인 맥락에서 성적인 친밀한 행위만을 따로 구별하는 데 사회화되어 있다. 그렇다면 이것은 남성이 성적일 필요가 없는 관계에서도 성적이려고 하는 경향이 더 있다는 것을 보여준다.

남자가 된다는 것은 어머니와 달라야 한다는 것임을 소년이 배우게 되면, 애정 넘치는 돌보는 행위를 모성애라 여기도록 슬며시 조장된다. 그들은 지배적이며 강하고 공격적으로 되라는 압력을 느끼게 된다. 또한, 다른 사람과 자신의 감정을 통제하라고 요구받기도 한다. 남자아이들은 태어나면서부터 강하고, 용감하고 울면 안 된다고 배운다. 우리의 사회는 전통적으로 모두에게 상처를 입히는, 비인간적인 남성상을 성립해 왔다.

한 내담자는 그의 아버지가 자신을 칭찬하거나 자랑스러워하는 것을 한 번도 본 적이 없다고 말했다. "아, 그 일이 떠올라요. 어느 날 학교에서 제 친구가 저의 배를 때렸어요. 저는 그에게 달려들어서 운동장에 내동댕이쳤지요. 그리고 주먹으로 그의 얼굴을 강타했어요."

그의 아버지는 아들과 아들의 친구를 만나기 위해 교장 선생님의 사무실로 소환되었다. 친구의 눈은 시퍼렇게 멍이 들었고 그의 코는 부어올라 피가 나고 있었다. "이 싸움의 모든 세세한 이야기를 듣고 난 후, 아버지는 제 인생 처음이자 마지막으로 말씀하셨죠. '아들, 네가 자랑스럽구나!'"

다른 내담자는 한밤중에 혼자 있는 것을 무서워했던 어린 시절 느낀 굴욕감에 관해 이야기했다. 안정감을 얻으려고 부모님의 방에 뛰어 들어가길 며칠 밤 반복한 후에, 하루는 아버지가 그에게 누이의 옷, 머리끈, 신발, 양말을 걸치고 동네를 세 바퀴나 강제로 돌게 했다. 그가 그 굴욕적인 세 바퀴를 마치고 돌아왔을 때, 아버지는 이렇게 화를 냈다. "이걸로 다시는 네가 우는 여자애 같은 행동을 하지 않길 바란다." 실제가 그가 배운 것은 소년이 두려움과 약함과 연약함을 표현하는 것은 안전하지 않고 적절한 것이 아니구나 하는 것이었다.

여자아이들처럼 남자아이들도 폭넓은 범위의 감정을 경험하기 때문에 남성은 감정을 부정하거나 억압하는 법을 배워왔다. 어린 여자애들이나 우는 갓난아기들진짜한 남자가 아닌처럼 슬퍼하거나 무서워하거나 약하게 행동한다는 말을 들은 소년들은 심지어 스스로에게도 감정을 위장하거나 감추게 된다. 그래서 이러한 부정과 억압의 패턴은 자기인식과 자기 이해로 이어진다. 이것은 남자들 자신의 친밀감에 대한 필요와 충족되지 못한 갈망을 인정하고 인식하는 데 어려움을 느끼게 하고 그 약함이 적절하지 않은 성적 관계로 가게 만든다.

만족스러운 남성성의 수준까지 도달하지 못하는 것에 대한 두려움으로 감정을 억누르는 수년간의 시간으로 인해 성인 남성은 자신의 감정을 잘 알아차리지 못하게 되고 자신을 잘 드러내지 않게 된다. 비록 사회가 젠더의 역할을 재평가하면서 이것도 변했다 할지라도 문화에 의해 전통적으로 정의된 남성의 역할은 강하며 감상에 빠지지 않고, 감정을 잘 드러내지 않아야 한다. 만약 남성의 감정이 이런 기준과 잘 맞지 않아도 그는 거칠게 씩씩하게 행동하라는 기대를 느낀다.

부드러운 감정을 부정해야만 한다고 느끼는 남성들은 약하고 더 약한 사람들과의 관계에서 그들에 대한 책임감을 덜 느끼는 경향이 있다. 자신의 연약성과 상처받음을 직면하고 느끼는 것을 배우지 못한 남자는 다른 사람들의 약함과 상처를 직면하고 느끼는 것이 가능하지 않을 수 있다. 수년간의 억눌려진 감정은 남자들에게 피해를 주었다. 감정에 대한 부인은 자신과 다른 사람을 향한 통찰력과 공감력에 영향을 끼쳤다. 이것은 남성들이 성적인 행위를 사람의 진정한 감정에 기초한 행위라기보다는 인위적인 젠더역할로 이해하게 했다.

우리는 사람의 기관은 성장하기 위하여 신체적인 접촉touch을 갈망하고 필요로 한다는 것을 안다. 그러나 우리의 문화에서 남자들은 접촉의 기회가 거의 주어지지 않았다. 그가 술에 취하지 않았다면 접촉touching은 동성애자나 여자 같은 존재로 여겨질까 봐서 남성들 사이에서 격렬한 놀이나 춤, 악수, 등을 토닥여주는 것, 어깨를 팔로 감싸는 것, 혹은 운동경기 중의 난폭한 강타 정도로 제한된다.

남성들은 성관계를 제외하고는 돌봄과 부드러움을 표현할 기회가 부족하다. 남성들에게 있어서, 돌봄을 표현하고 따스함을 찾는 주된 방법은 성적인 행위를 통해서였다. 만약 그들이 애정과 다정함을 표현하고 싶다고 해도, 이렇듯 부족한 접촉기술로 인해 포옹이나 부드러운 악수가 더 적절하고 그들의 진정한 필요도 잘 충족시킬 수 있는 순간조차 노골적인 성적 행동에 의지할 수 있다.

남자들은 보통 여성보다 성관계 외에는 애정 어린 행동을 표현할 기회가 적다 보니, 성적 필요를 채우기 위해 어린이와 같은 부적절한 성관계 파트너와도 섹스를 기대하는 경향이 있다. 마찬가지로 남자들은 여성에 비해 단지 애정을 주고받는 행위를 성적인 것으로 규정하고 그런 행동에서 성적 충동을 느낀다.

어린 소녀에 대한 남자의 성학대와 관련하여 또 다른 사회화 요인은 우리의 전통문화가 관계에 있어서 남성의 지배를 강조하는 데 있다. 우리는 남성이 직장이나 교회나 가정에서 책임을 지고 주도적이며 힘을 발휘하도록 해왔다. 남성의 역할은 여성과 어린이를 지배하고 통제하도록 기대되었다.

남성은 특별히 성적 관계에서도 지배적이도록 사회화되었다. 여성은 적합한 성관계의 파트너를 나이가 더 많고, 더 크고, 더 강한 사람으로 보도록 사회화되었다. 남성은 반대로 적절한 파트너로 더 어리고 더 연약하고 작은 사람을 찾도록 사회화되었다. 어린이들은 이런 남성의 성관계 파트너로서의 기준에 최대 확장치인 셈이다. 이런 기준은 성인 남성에 의한 성학대에 어린이들이 취약하도록 만들어 놓았다.

다이애나 러셀Diana Russell, 1986은 종종 남성들이 성적 만족을 얻는 데 있어 상대를 약탈하는 식으로 사회화되는 것을 관찰했다. 이런 성향은 남성이 쉽게 성폭력과 성학대를 하도록 한다. 비슷하게, 제인 카푸티Jane Caputi, 1987와 조안 스미스Joan Smith, 1989는 문화에 있어 남성의 성과 폭력 사이에 있는 연결성을 지적했다. 실제로 우리 사회에서 많은 사람에게 남성의 폭력이 종종 정상으로 이해되고, 자연스럽게 보이고, 에로틱하게 느껴지는 것은 여전하다.

성과 폭력 사이의 연결은 초기 어린 소년 시절에 만들어진다. 보육 시설에서 일하는 한 친구가 4살 소년의 리듬에 대해 말했다. 한 손으로 자신의 가슴 쪽에 총의 모양을 만들고, 다른 한 손으로는 자신의 성기 근처에서 총 모양을 한다는 것이다. 하루는 그 녀석이 그녀 앞에서 이렇게 말했다.

이것은 소총이고, 이것은 권총이다.
이것은 싸움을 위한 것이고, 이것은 재미를 위한 것이다.

놀랄 것도 없이 한 남성이 이 노래는 군대에서 시작된 것이며 신병훈련소에서 부른다고 말해주었다. 나에게 다른 군가도 들려주었는데 비슷하게 여성과 어린이에 대한 전쟁, 성과 폭력의 충격적인 연결을 반영하고 있었다.

많은 남성은 이성과의 성행위에서 성공적인 솜씨를 통해서 진정한 남성성이 입증된다고 배워왔다. 남성의 정체성과 자아ego는 성관계 파트너를 유혹하는 것과 성행위를 하는 능력과 긴밀하게 연결되어 있다. 그러나 착한 여성은 성관계를 즐기지 않기 때문에 남성들은 문화적 이중 속박에 걸려 있다.

많은 남자가 그들의 자존심이 상처 입고 그들의 자아가 공격당할 때, "자신이 여전히 남자다"라는 확증으로 성관계를 의지하게 된다고 말한다. 학대하는 남성들에게 유일한 성관계 파트너가 어린아이와 같은 적절하지 않은 선택이라는 것은 그렇게 중요하지 않다. 이런 남자들에게 중요한 것은 비난에도 불구하고 남자로서의 자아에게 자신이 여전히 남자로 남아 있다는 확신을 주는 것이다.

남자들에게 발기부전에 대해 사용되는 공통적인 단어는 "무능impotence"이다. 이것은 "힘이 없다"라는 의미이다. 발기하지 못하거나 사정하지 못하는 남자는 힘이 없는 놈powerless이 되는 것이다. 남자다움, 힘, 공격적인 성적 행위 등이 우리 문화에서 강하게 연관되어 있기에 성적으로 무능한 남자는 자신의 바로 그 남성성이 크게 상처를 입게 되는 것이다.

우리 문화에서 어떤 남성은 복종적인 행위가 성적으로 자극이 된다는 것을 발견한다. 발기문제를 가지고 있는 남성들은 아마도 순종적인 어리고 작고 약한 어린이들이 특별히 성적으로 그를 흥분시킬 것이다. 만약 그가 아내를 힘 있는 사람으로 경험하게 된다면, 그를 "거센 마녀"로 간주하고 자신의 발기부전을 어리석게도 그녀의 탓으로 돌린다. 그 후, 그는 비교적 힘이 없는 아이들을 잠재적인 복종적 파트너로서 자신이 취할 수 있다고 생각하게 된다. 아마도 어린아이들에게서 그는 자신의 발기능력을 되찾고 힘과 남성성을 회복할 수 있을 것이다.

남성의 사회화에 깊이 뿌리박힌 해로운 전통적 문화의 패턴으로서의 폭력에 대해 도전하고 그것을 바꾸려고 하지 않는다면, 결코 어린이들에 대한 성학대를 막을 수 없을 것이다. 10장과 11장에서 남성이 되기 위해 교회 회중이 격려해야 할 단계를 토론하고 좀 더 건강하고 예수를 닮은 모범에 관해 이야기하려고 한다. 다음 장에서는 다른 요인들과 함께 연결하여 학대와 관련된 종교적 신념에 관해 연구해 볼 것이다.

# 5장

# 종교적 신념과 학대

우리 대부분은 행복하고 정서적으로 건강한 신실한 종교인들을 떠올릴 수 있다. 또한, 우리가 알고 있는 가장 독단적이고 경직되고 혐오스러운 사람 중에서 종교적이고 독실한 사람들을 지명할 수 있다.

영적인 훈련이나 종교적인 신념은 사람들이 신실하고 건강한 삶을 영위하도록 해주지만, 이것을 그대로 믿기는 충분하지 않다. 사람들이 무엇을 믿느냐에 따라 큰 차이가 난다. 20세기의 초반에, 기독교 심리학자 윌리엄 제임스 William James는 종교적인 신앙이 정신 건강에 도움이 되는지, 방해되는지 결정하기 위해서는 여러 종류의 종교적 신앙 중에서 분간해 내는 것이 중요하다고 했다.James, 1932

후에 여러 해 동안, 다른 사회 심리학자들은 종교적인 사람이 되는 두 가지 다른 방식에 대해 말하였다. 한 가지는, 종교가 자기중심적인 목적을 정당화하기 위해 사용되는 것이다. 반면, 다른 한 가지는 종교적 헌신이 사려 깊게 이루어지면서 더 큰 맥락과 삶의 개인적 목적이 함께 통합되는 것이다. 고든 올포트 Gordon Allport는 내적인intrinsic 종교와 외적인extrinsic 종교를 구별했다. 올포트가 말하기를 외적으로 동기부여가 되는 사람은 그들의 종교를 이용하고 내적으로

동기부여가 된 사람들은 그들의 종교를 살아간다고 한다.Allport, 1950

토마스 아도노Thomas Adorno, 1950는 많은 종교적인 사람들이 히틀러를 지지한 것을 관찰했다. 그는 어떤 종류의 종교적인 사람들이 나치즘에 매료되는지 이해하고 싶었다. 올포트처럼 아도노도 종교적이 되는 방식을 정리했다. 첫 번째 방식은 아도노가 중립화된neutralized 종교라고 부르는 것이다. 아도노는 종교가 중립화된 사람들 사이에서 종교의 깊은 영적인 요구를 이해하는 것이 부족한 것을 보았다. 율법을 고수하는 독단적이고 경직된 모습을 나타냈다. 중립화된 종교성을 가진 사람들은 "어떤 즉각적이고 실제적인 이익을 얻기 위해서, 다른 사람을 조종하는 데 도움을 얻기 위해 종교적인 생각을 이용하는 경향"이 있다.Adorno, Frenkel-Brunswik, Levinson, and Sanford, 1950, p.733 아도노에 의하면, 두 번째 방식은 자신의 삶에 내재화된internalized, 개인적으로 경험된 신앙을 가지는 것이다.

예수는 종교적일 수 있는 다른 방식을 이해하신 분이다. 그는 깊은 영적인 진리를 무시하면서 문자적인 율법을 따르는 종교적인 사람들을 강도 높게 비판하셨다. 예수는 일부 종교적인 신앙과 실천은 겉모습을 조작하고 사람들을 비인간화하는 데 사용된다고 생각하셨다.

어린아이를 성학대하는 많은 사람이 대단히 종교적이라는 사실은 끔찍하다. 성학대 분야에서 일하는 우리 중 일부는 학대 사건과 연관되어 보이는 평범한 종교적 신앙을 관찰했다. 이것은 이런 신앙이 성적 학대를 야기한다는 것을 말하는 것은 아니다. 그러나 어떤 신앙은 학대가 일어날 수 있는 환경을 조성하는 다른 요인과 상호작용하는 것으로 보인다. 이런 환경에서 학대자가 될 소지가 있는 사람은 종교적 가르침을 왜곡하거나 확대해석하여 자신의 행동을 정당화할 가능성을 찾고 피해자는 그 학대를 멈추는 것이 어렵다는 것을 발견하게 된다. 이 장에서 학대 환경 속에서 종종 제시되는 6가지 신앙을 조사할 것이다.

1. 하나님은 남자가 지배하고 여성과 아이들은 순종하도록 의도하셨다. 학대와 관련되어 보이는 신앙은 남자가 여자와 어린아이를 다스리는 것이 가족과 남녀관계를 위한 하나님의 원계획이라고 가르치고 있다. 남자에게 복종하는 것은 창세기 2장에 펼쳐진 창조규정으로 이해한다. 창세기 2장의 창조 이야기에서 아담은 흙으로 먼저 만들어졌다. 그 후, 동물들이 만들어졌다. 아담은 그 동물들에 대한 자신의 권위와 다스림의 상징으로 그들에게 이름을 지어주었다. 여자는 남자의 조력자로 남자로부터 만들어졌고 다른 동물처럼 남자가 이름을 지어주었다.

많은 사람은 남자에게 여자와 어린아이에 대한 권위가 주어진 인간관계 안에서 다스림과 복종의 모델을 확립함으로써 창조 이야기를 이해한다. 소유권에 대한 결과론적 신학은 여성과 아이를 종종 남성의 재산으로 보는 성경적 전통으로 스며들어 갔다. 모세오경예를 들어, 출애굽기 20:17, 신명기 5:12은 남성의 소유로서 노예와 가축과 집과 토지를 열거하는 가운데 그의 아내도 포함한다. 성서 시대에는 남자가 그의 딸을 소유했고 다른 소유물처럼 팔 수도 있었다.

나는 창세기 1장의 창조 이야기를 많은 학대가정에 펼쳐 보여주면 진짜로 놀라는 것을 보았다. 여기서는 남자와 여자가 동시에 창조되었고, 나머지 피조물과 상호작용을 위해 평등한 책무를 받았다. 둘 다 하나님의 형상을 따라 창조되었다고 기록한다. 남녀는 함께 하나님의 창조 정점에 있다.

그러나 기독교인 작가가 쓴 가정과 결혼에 대한 현대의 많은 책은 창세기 2장의 이야기에 기초하고 있다. 다음은 창세기 2장의 본문에서 야기된 논쟁들이다.

- 여자는 남자 뒤에 창조되었으므로 남자보다 부차적이다.

- 여자는 남자로부터 취해졌기에 남자보다 부차적이다.

- 여자는 남자에 의해 명명되었기에 남자에게 종속된다.

- 여자는 남자를 위한 돕는 배필로 지어졌기에 남자에게 종속된다.

창세기 2장의 이야기에 대한 이런 적용은 의문의 여지가 많다. 이 본문에 근거한 여성의 의존성과 부차성에 대한 합당한 정당성은 없어 보인다. 이 장의 어조는 여성과 남성의 동등성comparability에 대한 것인 듯하다. 비록 동물들은 흥미롭고 다양했지만 아담은 행복과 성취감을 위해 자신과 같은 누군가가 필요했다. 하와가 아담의 돕는 배필로 창조되었기 때문에 그녀는 부차적이고 남자에게 굴종해야 한다고 말하는 것은 이 본문의 의도를 잘못 해석한 것 같다.

복음주의 학자인 반 리우웬Van Leeuwen, 1990이 말하길, 창세기 2장에 사용된 "돕는 자helper"라는 히브리 단어는 하나님을 묘사하는 말로 구약성서에서 종종 언급되었다고 한다. 이런 용례에 대한 두 가지 예가 시편 70:5과 시편 121:2에서 발견된다.

여성은 남성보다 부차적이라는 말을 하며 창세기 2장을 해석하는 대신에, 필리스 트리블Phyllis Trible, 1978은 남자 옆에서 함께 걷고 함께 일하는 자로서 남자에 필적하는 돕는 자로 여성을 간주하는 것이 더 정확하다고 제안했다. 여성은 하나님의 형상으로서 모든 본질적인 부분에서 남성과 같기 때문이다.

여성과 아이들에 대한 남성 권력과 통제력을 부여하고 유지하는 사회조직과 신념의 이름은 가부장제이다. 가부장제에서 관계는 남성이 지배하고 여성과 아이는 복종하는 관점에서 정의된다.

가부장제에 내재한 논리는 만약 남성이 여성과 어린아이에 대해 다스리고 통제할 권리가 있다면 그 통제를 강제로 행사할 권리 또한 있다고 말한다. 이러한 가부장제의 지배적 요소는 여성과 어린아이에게뿐 아니라 지구와 그 자원에 대해서도 폭력을 가하고 학대할 수 있는 취약성을 드러낸다. 폭력의 지배와 그 미화는 가부장제 사회의 특징이다. 이것에 적응하지 않는 남자는 계집애 같은 사람으로 여겨지는 것이다.Eisler, 1987

가부장제에서 여성과 아이들은 자원과 힘을 통제하는 남성들과 관련하여 정의된다. 여성과 아이들은 타자이며 대상이다. 남자가 규범이고 주체이다. 지배와 복종의 사회질서에서 진정한 상호돌봄이란 없다. 종속이란 지배자들의 필요를 돌본다는 것이다.

가부장제는 남성과 여성의 관계에 대한 창조주의 의도가 담긴 창세기의 이미지와 대조되는 것이다. 오히려 가부장제는 죄가 세상에 들어와 인간관계를 왜곡한 결과를 기록한 창세기 3장이 경고한 모델이다. 죄로 말미암아 지구를 돌보기 위한 상호 복종과 상호 다스림에 대한 하나님의 계획은 남성의 지배와 통제로 바뀌었고, 여성의 책임은 남성의 지배권을 돕기 위해 포기되었다.

죄가 세상에 들어와 인간관계를 왜곡한 결과에 대한 창세기의 기술과 예언적인 내용은 마땅히 일어나야 할 규범으로 해석되었다. 타락의 다른 결과들예를 들어, 잡초, 노동, 산고은 최소화되었거나 그것을 극복하기 위해 싸워왔으나, 일부 기독교인들은 창세기에 예정된 하나님의 의도는 남자가 사회적 관계에서 지배하는 역할이라고 주장한다.

최근 몇 년에는 몇몇 종교지도자들과 정치가들이 전통적인 가족 모델로 돌아갈 필요가 있다고 향수 어린 어투로 말해 왔다. 그들에게는 이 전통적인 모델은 성경적 기독교 모델과 동일시된다. 책, 라디오 쇼, 세미나, 그리고 텔레비전 전도사들이 마음에 그리는 전통적인 성서 모델은 가족을 이끌고 집 밖에서 일하는 아버지와 아이들이 출가할 때까지 남편에게 순종하고 집과 아이들을 최우선 순위에 두는 무임금 어머니로 구성되어 있다는 것을 분명히 한다. 그 관점에서는 아내가 여전히 가정을 최우선 순위에 두어야 하고, 남편이 허락할 때 아내가 취업을 고려할 수 있는 것이다.

흥미롭게도, 이 가족 모델은 성경적 모델이라기보다는 19세기에 시작된 도시화와 산업화 흐름을 더 많이 반영하는 모델이다.Laslett, 1972 이 전에는 남자, 여자, 어린이들이 가정에서 함께 일했고, 육아와 경제적 책임을 함께 나누었다.

어떤 교회에서는 결혼과 가정생활에 대한 가르침을 특정 성경 본문에 기초하고 있으며, 가부장적인 인간관계의 지배-복종의 모델을 반영한다. 어떤 기독교 교사들은 악의 힘보통 공산주의자나 세속적 인본주의자들로 정의되는이 미국을 파괴하고 있으며 그 전략이 전통적인 가정을 파괴하는 것이라고 경고한다.LaHaye, 1980 and Falwll, 1981

기독교 가정은 알맞은 "명령체계인 위계질서, 즉 권위에 대한 하나님의 명령을 따르기 위해 소위 성경적 모델로 돌아가야 한다"라고 부추겨졌다.Gothard, 1975 이런 관점에 의하면 사회적 질서를 위해 여성과 아이들에 대한 남성의 권위가 요구된다. 젠더 간의 적절한 관계는 규칙과 순종의 관계, 지배와 복종의 관계가 된다.

성경에는 이러한 지배와 복종 패턴에 따라 작동하는 가정들에 대한 많은 이야기가 있지만, 우리는 이런 형태를 하나님의 의도와 동일시하는 것을 경계해야 한다. 단지 성경에 나타난 모델이라고 해서 그것이 하나님이 의도하고 인간의 가정을 위해 기대하시는 모델이라는 뜻은 아니다. 그레첸 게벨레인 홀Gretchen Gaebelein Hull, 1987이 주장했듯이 성경은 "거짓된 생각에 대한 진실한 기록"이다. 성경은 타락한 인간성에 관한 놀라우리만큼 정확한 그림이다.

우리는 예수에게서 여성과 아이들을 다루는 방식을 배울 수 있음을 본다. 이것이야말로 하나님께서 인간의 관계에 대해 원래 의도하신 것이다. 예수는 새 창조를 반영하는 인간 간의 관계를 위한 우리의 모범이 되신다. 이 예수의 모델은 인간의 상호작용을 위한 바람직한 기독교적인 패턴으로 높이 들려져야 한다. 지배와 복종 모델에 근거한 인간 간의 관계 모델은 예수의 가르침을 침해한다. 마태복음 20:20~28은 권위의 위계적인 구조는 이교도들이 사회적 관계를 구성하는 전형적인 방법이며 예수를 따르는 제자들의 특징을 규정하는 것이 되어서는 안 된다. 에베소서 5:21~6:9는 가부장제에서 상호존중으로의 혁명적인 변화를 보여주고, 갈라디아서 3:28에 요약된 내용은 그리스도 안에서 모두가 급진적으로 동등하다는 것을 예시한다.

가부장제를 지지하며 남성지배가 인간관계에서 적절한 모델이라고 여겨지는 이상, 어린이에게 가하는 성학대는 계속될 것이다. 성학대를 멈추는 일과 가부장적인 가족 모델을 지지하는 일은 동시에 가능하지 않다. 이런 입장은 가부장제가 성경적 가족 모델이라고 확신하지만 성학대는 진심으로 걱정하는 사람을 괴롭히는 것이다.

기독교 학자들은 우리를 궁지로부터 꺼내줄 수 있는 창조적인 생각을 해왔다. 메노나이트 신학자인 윌라드 스와틀리는 최근의 윤리적 질문들에 답하기 위해 성경을 이용하는 가이드라인을 제공해 준다. 그는 성경의 "선교적 원리"를 강점으로 인식한다. 그것은 다른 문화적 배경과 시대에 맞게 성경의 메시지를 끊임없이 수정할 수 있게 해주는 원리다.스와틀리, 1983

구원에 대한 성경적 이야기는 다음과 같이 보인다.

하나님의 펼쳐지는 구원의 이야기는 소외된 사람들에게 점점 더 다가가는 이야기이다. 구원과 그 구원의 특권과 책임에 대한 공평성은 단지 유대인만을 위한 것이 아니라 이방인도, 단지 자유인을 위한 것이 아니라 노예도, 단지 남자만을 위한 것이 아니라 여성도, 기타 등등을 위한 것이기도 하다. 바울이 갈라디아교회 3:28에 그의 첫 서신을 보내면서 선언한 원리를 그대로 지키는 것이다. Van Leeuwen, 1990, p.234

스와틀리는 성경해석에 있어서 다음 질문들이 사용될 것을 제시한다.

1. 어떻게 두 성경 신약과 구약이 연관되어 있나?

2. 모든 성경과 연관하여 예수의 권위는 어떠한가?

3. 신적인 계시와 이미 주어지고 인식된 문화적인 계시 사이의 관계는 무엇인가?

4. 노예제도, 전쟁, 여성의 복종에 관련된 관습에 대해 성경이 명령하고 규정하고 도전하는가?

5. 성경이 어떤 주어진 주제에 대해 한 가지만 이야기하는가? 아니면 가끔은 다르게, 심지어 모순되게 이야기하는가?

6. 성경을 문자적으로 이해한다는 것은 무슨 뜻인가? 그게 악인가 미덕인가? "문자적"이라는 것이 성경 저자의 의도된 의미인가? 아니면 우리에게 자연스럽게 보이는 것인가?

7. 해석자들의 이미 결정된 입장이나, 심지어 이데올로기는 어느 정도까지 해석에 영향을 주어야 하나? 스와틀리, 1983, p.21

스와틀리의 "성서와 여성"이라는 장은 가부장제에 대한 성경적 대안을 제시

한다. 다른 뛰어난 몇 권의 책은 젠더와 관계된 문제를 이해하는 데 있어서 성경과 현대 사회과학 양쪽에 모두 유용하다. 『성 역할을 너머: 교회와 가정에서 여성의 위치에 대해 성경은 무엇을 말하는가』Beyond Sex Roles: What the Bible Says About a Womans' Place in Church and Family라는 책에서 위튼Wheaton의 교수 길버트 빌레지키안Bilbert Bilezikian은 순차적으로 성경을 훑어가며 성경이 여성의 역할에 대해 말하는 것과 말하지 않는 것에 관하여 조사한다. 『젠더와 은혜: 사랑, 일 그리고 변화하는 세상에서 부모되기』Gender and Grace: Love, Work and Parenting in a Chaning World라는 책에서, 메리 스튜어트 반 리웬Mary Stewart Van Leewen은 성경은 가부장제를 넘어 그리스도 안에서 형제와 자매 사이의 상호관계 비전을 가리킨다고 한다.


2. 타락과 관련한 여성의 역할을 보면, 여성은 도덕적으로 남성보다 열등하다. 나의 성학대에 대한 임상 치료와 연구 경험에서 겉으로 드러난 또 하나의 종교적 신념은 타락에 있어서 하와의 역할 때문에 여성은 영적인 속임에 남성보다 더 취약하고, 도덕적으로 불완전하다는 것이다. 이로 인해 여성은 합당한 도덕적 결정을 잘 할 수 있는 남성에게 순종해야만 한다는 것이다.

많은 기독교 작가들과 교사들은 이 신념을 지지한다. 핸드포드Handford, 1972, p.17의 책 『나? 그에게 복종하라고?』Me? Obey Him?에서 저자는 "여성은 남성보다 더 자주 영적으로 잘못된 것에 이끌린다. 그것이 바로 하나님께서 여성에게 남성에 대한 권위를 침해하지 말라고 명령하신 이유다. 그래야 여성이 남성에 의해 거짓 교리로부터 보호될 수 있다"라고 말한다. 이것을 믿는 여성은 자신과 자신의 판단을 신뢰하지 못 하는 것을 발견할 수 있다.

여성은 죄성 및 불완전성과 연결되고, 남성은 신성과 연결된다. 많은 사람은 속기 쉬운 하와가 사탄의 부드러운 말에 넘어갔다고 믿었다. 그녀는 불쌍한 아담이 금지된 과일을 먹도록 속였고, 그래서 이 세상에 죄가 들어오게 한 것에 대한 책임은 오로지 그녀에게 있으며, 여자가 속임수에 걸리기 더 쉽기 때문이라고 믿는다.

기독교인 여성은 서로 모순되는 메시지를 받는다. 한편에서는 기본적인 기독교의 가르침으로 각 인간의 존엄성과 가치를 말하며 기독교는 유례없는 높이로 여성의 명예를 향상하는 메시지를 준다. 다른 한편으로는, 여성은 하와의 죄로 인해 도덕적으로 불완전하여 남성에게 순종하며 살아야 한다고 가르치고 있다.

이런 가르침은 단순히 신체적인 것만이 아닌, 지적이고 도덕적인 면에서도 여성의 열등감을 지속해서 강화하는 경향이 있다.Dalily, 1975 자신을 도덕적으로 결함이 있다고 믿고, 그래서 주어진 상황 속에서 무엇이 옳은지 그른지에 대한 감을 신뢰할 수 없는 여성은 학대하는 남성에게 대항조차 힘들다. 특히 남성이 그녀에게 "모든 게 너의 머릿속에서 일어난 거야" 혹은 "너는 그것을 그냥 상상하는 중이야"라고 말할 때 그렇다. 여성들이 자신을 신뢰할 수 없기에 남성이 자신에게 한 일들에 저항할 힘과 능력을 쉽게 포기하게 된다.

이런 가정에서 여성은 남자의 지도력에 순종하도록 기대되고, 그녀가 동의하든 동의하지 않든 간에 남성의 행동과 결정을 지지한다. 가장으로서 남성의 권위와 행동은 의문의 여지가 없는 것이다.LaHaye, 1980 and Handford, 1972 다른 한편, 수동성, 조심스러움, 순응하는 행동은 여성에게 권장된다.

밀러1976는 지배와 복종의 관계에 대한 심리학적 영향에 관해 연구했다. 살아남기 위해 복종하는 위치에 있는 사람들은 지배하는 사람들을 기쁘게 하려는 성격을 계발시킨다. 이런 특징은 순종, 수동성, 온순함, 의존성, 주도권의 부족, 스스로 행동하고 결정하거나 사고하지 못 하는 무능력을 포함한다.

경건한 여성을 위한 적절한 것으로 보수적인 교회에서 권장되는 바로 이런 자질들은 여성을 때리고 어린이를 더럽히는 일을 못 하도록 남성을 저지하는 힘을 주지 않는다. 대신에 이런 자질은 여성이 자신이나 어린이를 보호하는 일을 어렵게 만든다.

나는 동료들과 함께 영적으로 건강한 기독교 여성을 묘사하는 개인적인 자질과 행동에 대한 사제들의 신념을 연구한 적이 있다.Long and Heggen, 1988 우리는 실제로 보수적인 교회의 목사들은 영적으로 건강한 여성에 대해 "가정에서 순종적인", "온유하고 부드럽게 말하는", "결정은 남편에게", "의존적인", "수동적인", "정체성을 남편을 통해 찾는", "비판적이지 않은"이라고 묘사하는 것을 발견했다. 그러나 그들이 영적으로 건강한 남성이나 젠더가 분류되지 않는 성인을 묘사할 때는 이런 특징을 언급하지 않았다.

보수적인 교회가 이런 자질이 기독교 여성들에게 중요하다고 가르치기 때문에 여성들은 학대하는 남편으로부터 자신과 아이들을 보호해야 하는 자신의 능력에 반하는 태도와 행위를 취해야 하는 중압감을 느낀다.

나는 또한 남성과 여성의 적절한 역할에 대한 기독교 여성의 신념과 여성의 자존감 사이의 관계를 연구해 본 적이 있다.Heggen, 1989 남성에 대한 여성의 순종이라는 전통적인 모델을 믿는 여성들은 남성과 여성 사이의 평등성과 파트너십을 믿는 여성들에 비해 자존감이 낮은 경향이 있었다.

그래서 뭐가 어떻다는 것인가? 사회과학자들은 반복해서 개인의 자존감과 그들의 정신 건강의 강한 관계를 발견하고 있다.Bandura, 1977; Cooperamith, 1967; Pancheri and Benaissa, 1978; and Witmer, Rich, Barcikowski, and Mague, 1983 자존감은 감정적 행복에 아주 중요하다. 낮은 자존감을 가진 사람은 다른 사람의 공격적인 행동에 맞서지 못한다. 낮은 자존감을 가진 엄마들은 학대하는 남편을 효과적으로 대비하여 경계하지 못한다.

남자가 머리가 되는 모델에서, 아내는 경제적인 힘을 거의 갖지 못한다. 자신의 판단력을 믿지 못하며 경제적으로 남편에게 의존한 여성은 남편이 얼마나 폭력적이고 학대하는지에 관계없이 집을 떠나는 것에 대해 주저한다. 그녀와 그녀의 자식들이 경제적으로 살아남기 위해 남편의 선의에 의존해야 할 때, 그의 적절치 않은 행동에 맞서기 어려워진다. 비록 여성이 남편의 학대를 알았다 할지라도 그는 경제적 생명줄이기에 다른 선택을 할 수 없다. 학대를 간과하는 것은 그녀의 자녀들과 길거리로 내앉게 하는 것보다야 나은 것처럼 보일 수 있다.

근친상간의 가정에 있는 딸들이 종종 자신의 엄마를 약하고 힘이 없는 사람으로 보는 것은 놀랄 일이 아니다. 한 생존자는 나에게 말했다. "엄마는 식료품 가게에 언제 나갔다 와야 하는지조차 결정할 힘이 없었어요. 엄마에게 내가 당한 학대 이야기는 좌절감만 더할 뿐이라는 것을 알았어요. 엄마는 그것을 멈출 어떤 힘도 가지고 있지 못했어요."

다른 여성은 이렇게 말했다. "엄마는 아버지에게 감정적으로 너무 눌려 살았기 때문에 제가 당하는 학대를 멈출 수 있는 사람이 절대 아니었어요."

학대를 당한 딸의 어머니는 " 딸이 어린 시절 성학대를 당한 모든 시간, 저는 심하게 우울했고 감정적으로 너무 약해서 나의 고통 외에는 어떤 것도 생각할 수 없었어요. 지금은 그게 남편의 전략이었다는 것을 깨달았어요. 그는 내가 우울증에 시달리고 남편에게 의존하고 있는 한, 내가 절대로 떠나지 못할 것을 알았어요. 그 사실이 그렇게 오랜 시간 동안 딸에게 접근할 수 있도록 기회를 준 것이죠. 아무도 그를 단호하게 말리거나 의문을 제기할 수 없었으니까요"라고 말했다.

3. 어린아이들은 본질상 악하다. 그래서 그들의 의지를 꺾어 놓아야만 한다. 많은 기독교 육아 관련 책과 세미나에서 어린아이들의 타고난 악함과 더불어 신체적인 처벌을 통해 그들의 의지를 꺾어야 할 필요성에 대한 강한 확신을 반영한다. 아이들의 의지를 꺾는 이런 필요는 종종 성학대의 환경과 연관되는 세 번째 믿음이다.

부모는 아이들이 순종하지 않고 부모의 권위를 인정하지 않는다면 그 아이들은 결코 하나님께 순종할 수 없을 것이라고 배웠다. 그렇기에, 부모들은 자녀들의 영원한 구원을 부모들의 통제를 따라야 가능한 것으로 간주하게 되었다. 북미 개신교들이 항상 아이들에 대한 신체적 처벌에 대하여 목소리를 내는 옹호자들 사이에 있었다는 것은 놀랄 일이 아니다.Greven, 1990

비록 체벌이 예수나 사도 바울의 말로 기록되었다 해서 정당화될 수 없음에도 불구하고, 어린이에 대한 신체적 처벌과 고통의 형벌은 기독교 훈육의 필요한 도구로서 옹호되었다. 기독교 전통은 폭력이 순종을 가르치고 행하도록 하기 위해서는 수용할만한 방식이라는 믿음을 강화해 왔다.

개신교의 서점에는 하나님의 뜻과 기독교 자녀교육의 필수로서 신체적 처벌을 주장하는 책으로 가득하다. 그런 책은 신체적 처벌과 도덕성, 영성, 성격, 그리고 궁극적으로 어린이의 영원한 구원을 위한 발전 사이의 관계에 대해 충고한다.Greven, 1990

자녀 양육과 가정 생활문제를 다루는 인기 있는 기독교 작가들, 예를 들어 제임스 돕슨James Dobson, 로이 레신Roy Lessin, 랠리 크리슨선Larry Christenson은 도움을 줄 만한 것을 갖고 있다. 그들 또한, 부모에게 자녀가 불순종할 때는 자녀들에게 고통을 주라고 격려하는 사람들이다. 예를 들어, 크리슨선은 이렇게 말한다. "하나님은 매의 훈육에 가장 중요한 문제, 심지어 아이들의 구원과 관계되는 문

제가 달려있게 정하셨다."Christenson, 1970, p.112

레신은 "아이를 손으로 찰싹 때리는 것spanking은 하나님의 아이디어이다. 하나님은 부모들에게 자녀를 사랑의 표현으로 때리라고 명령하신 분이다. 아이들을 때리는 것은 선택적인 것이 아니다"라고 말했다.Lessin, 1979, p.30

돕슨Dobson은 "고통은 놀라운 정화장치다"라고 말하며 부모들이 아이를 때려서 그들의 고집을 꺾어야 한다고 제안했다.Dobson, p.13, 1970 그의 업데이트 버전인 『훈육의 신개념』New Dare to Discipline이라는 책에서 여전히 아이를 찰싹 때리는 것을 지지했다. 아이들을 찰싹 때리는 것이 도움이 되지 않는다고 의아해하는 부모들의 질문에 "찰싹 때리는 것은 너무 부드럽다. 그것이 아프지 않았다면, 다음에는 피할 가치가 없다"라고 답했다.Dobson, 1992, p.72

기독교 가정에서 자녀들은 착한 사람이 되기 위해 부모의 권위와 뜻에 순종하고 복종해야 한다고 배운다. 그 보상으로 이 땅에서 장수하며 고통과 굴욕을 면케 되고 부모의 사랑을 받는다는 성경의 약속이 있다. 아이들은 가끔 부모들이 어떤 것을 부탁하더라도 그것이 바람직하다고 잘못 가정하게 된다. 부모의 뜻, 특히 아버지의 뜻에 대한 순종과 복종을 지나치게 강조하였기에 자녀들은 부모의 적절하지 않은 성학대와 같은 행위에도 복종하기 쉬워질 수 있다.

다시 명확하게 말해보자. 세 명의 어린 자녀를 둔 엄마로서, 나는 분명한 지도와 아이들을 위한 권위의 중요성을 알고 있다. 부모로서, 내 아이들이 때때로 나를 존중하고 순종하는 것에 감사한다. 가족의 기능을 부드럽고 행복하게 하려면, 아이들은 부모의 권위를 존중하는 법을 배워야 한다. 그러나 부모에게 무조건 순종하게 하도록 하는 양육에 중점을 두는 것은 잠재적으로 해롭고 적절하지 않다.

4. 결혼은 무슨 수를 써서라도 지켜야 한다. 기독교인은 오랫동안 안전하고 안정적인 사랑의 환경을 성인과 아이들에게 제공하는 결혼언약에 높은 가치를 두고 있었다. 그 언약이 깨어져, 가정이 폭력과 인간파괴의 장소가 될 때, 교회는 종종 폭력을 당한 사람들의 안전보다는 언약의 겉치레를 지키는 것을 선택한다. 무슨 수를 써서라도 결혼을 지켜야 한다는 것에 대한 강조는 성학대 환경과 관련된 네 번째 신념이다.

교회는 인간의 존엄성과 신성보다 결혼의 영속성을 중시하는 경향이 있다. 너무 자주 여성과 학대당한 아이들은 가정으로 돌아오라는 말을 들어왔다. 왜냐하면 "그것이 하나님의 뜻이고", "죽음이 당신을 갈라놓을 때까지 그와 함께하겠다고 약속했고", 또는 "하나님은 가족이 함께하기를 원하시기" 때문이다. 물론 하나님은 결혼이 유지되고 가족들이 함께 머물기를 원하신다.

하지만 그것은 이야기의 한 부분일 뿐이다. 하나님은 가정이 정서적으로 신체적으로 안전한 곳이 되길 원하신다. 가정이 약한 사람들에게 폭력과 학대를 경험하게 되는 바로 그런 장소가 되고, 결혼언약이 폭력에 의해 깨질 때, 교회는 인간의 깨어짐 속에서 하나님이 허락하신 뜻을 찾기 위해 정직하고 지혜롭게 애써야 한다. 인간은 결혼의 연속성이라는 제사의 제단에 희생되어서는 안 된다. 행복한 결혼이라는 겉치레의 유지가 연약한 사람을 보호하는 일보다 우선 되어서는 안 되는 것이다. 여성과 아이들이 폭력적인 남자에게 돌아가야 한다고 말하기 전에, 교회는 폭력을 행한 사람이 문제를 직면하게 하고 그의 행동이 변화되도록 감시해야 하며, 가정이 모든 사람에게 안전한 공간이 될 수 있도록 교회의 힘으로 모든 것을 해 놓아야 한다.

5. 고난은 기독교인의 덕목이다. 기독교의 상징이 무엇이냐고 세상의 어디에

있는 사람들에게 물어보아도 사람들 대부분은 십자가라고 말할 것이다. 십자가
형crucifixion은 기독교의 중심적 이미지가 되었다. 십자가 위에서 예수의 죽음은
죄의 결과로부터 인간구원의 중요한 기독교적 상징으로 여겨졌다. 그렇기에 십
자가는 그리스도 고난의 구원하는 특징의 상징으로서 적절하게 보이게 되었다.
그러나, 어떤 사람은 십자가를 모든 고난의 상징으로 삼았다. 이 결과, 고통을 미
화하는 사람들이 생겼고, 그런 사람들은 학대하는 환경과 관련된 다섯 번째 믿
음을 만들어 내게 되었는데 그것은 바로 고난이 그리스도인의 덕목이라는 것이
다. 죽음에 이르는 고난의 극단인 순교는 예수시대 이래 기독교 전통 속에서 특
별히 영예로운 위치를 갖게 되었다.

일반적으로, 기독교 전통에서 여성은 "고난받는 종"의 역할을 위해 선택된
사람이 되어왔고 남자보다 고통을 더 잘 인내하며 훌륭하게 견딜 수 있는 사람
으로 여겨졌다. 여성은 남성보다 더 심한 감정적인, 신체적인 고통을 견딜 수 있
는 존재로 자신을 보는 경향이 있다. 우리는 여성들이 배우자보다 더 많은 고통
을 견디는 능력이 있는지 자랑하는 것을 얼마나 자주 들었는가? 여성들이 "남성
은 아이를 가질 수 없어. 그들은 그 산고를 절대 견딜 수 없어"라고 말하는 것을
얼마나 자주 들었던가? 남성들이 아플 때, 커다란 아기가 된다고 여자들이 자랑
삼아 나누는 농담을 얼마나 자주 들었는가?

고난을 미화하는 환경에서, 여성들은 그리스도의 고난과 동일시 하며 학대를
짊어져야 할 십자가로 보는 경향이 있다. 이것은 학대의 공격성을 최소화하며
희생을 수용하는 마음을 증진하는 인내의 패턴을 만들어 낸다.

메리 포춘Marie Fortune, 1983은 자발적인 고난과 비자발적인 고난 사이의 중요
한 구별 지점을 만들어 냈다. 자발적인 고난은 더 큰 선을 성취하기 위하여 선택
된 고통과 괴로움이다. 예를 들어, 마하트마 간디Mahatma Gandhi는 자신이 고난

받을 것을 알면서도 고난받는 상황에 자신을 던졌다. 많은 사람에게 고난을 주는 억압의 상황과 구조를 바꾸고자 하는 소망에서 고난을 선택한 것이다. 그는 결코 고난을 위한 고난이 미덕이 되기 때문에 고난받기로 선택한 것이 아니다. 그는 고난이 자신의 국민을 위한 정의, 자유, 존엄성을 회복하는 데 도움이 되기 때문에 고난을 선택한 것이다.

로사 팍스Rosa Parks는 1950년대 중반에 몽고메리 시내버스에서 자리를 양보하지 않음으로써 자신에게 발생할 고난에 대해 알고 있었다. 그녀는 고난받고 싶어서 그런 행동을 선택하지 않았다. 그녀는 그 일로 관심을 일으켜, 비인간화하고 존엄성을 훼손하는 법과 그 법의 실행에 변화를 가져오는 길로 고난받을 의지가 있었기에 그 행동을 선택했다.

우리는 더 큰 선을 위한 자발적인 고난과 더 큰 선을 위한 것이 아니라 타인의 범법행위에 의해 일어난 비자발적인 고난을 분명히 구별해야 한다. 물론, 두 종류의 고통에서 희생자는 고통 가운데 있는 하나님의 임재를 느낄 수 있을 것이다. 이런 고통 속에 하나님은 유명한 찬송가 "견고한 반석"의 가사처럼 "…너의 큰 고통을 깨끗하게 하실 것이기 때문이다." 우리는 우리 자신의 약점과 취약성에 대한 감수성이 증대되고 하나님께 대한 의존성이 증가하면서 이런 두 종류의 고난에서 벗어날 수 있다.

그러나 우리는 고난의 결과를 이상화해서는 안 된다. 많은 비자발적 고난의 희생자들이 붕괴한 영혼과 깊은 정서적, 영적인 고통을 경험해야 했다. 어떤 사람들은 정의롭고 능력 있는 하나님을 믿는 믿음을 상실했다. 하나님은 그런 충격적인 사건이 순진한 피해자에게 생기도록 허락하셨다. 어린 시절 학대의 피해자인 한 사람이 말했다. "정말로 내가 사랑 많고 전능한 하나님을 믿을 것으로 기대하시나요? 하나님이 어떤 분이시든지, 아버지와 자신의 오빠에게 어린 소녀가 얻어맞고 상처 입고 침해받는 걸 허락한 분과는 그 어떤 것도 함께하고 싶지 않아요."

어린 시절 성학대를 받은 피해자들의 폭력과 희생의 경험과 화해하려는 분투는 강제수용소 생존자들의 분투처럼 잊히지 않을 정도다. "하나님은 어디에 계셨나요?", "왜 하나님은 이 일이 일어나도록 허락하셨나요?", "어떻게 이 경험을 나의 남은 인생과 통합할 수 있으며 어떻게 살아가야 하나요?", "어떻게 다시 사람을 신뢰하며 행복할 수 있을까요?"

고통을 사소하게 여기며 미화하는 대신에, 우리는 피해자들이 자신의 경험을 이해하기 위해 분투할 때, 상처를 안고 살아가기 위해 분투할 때, 치유를 찾고자 할 때, 그들과 함께 천천히 걸어야 한다.

6. 기독교인은 자신에게 죄를 지은 자를 신속하게 용서해야 한다. 용서는 7장에서 좀 더 충분히 다루게 될 것이다. 그러나 어린이 성학대에 기여하는 여섯 번째 기독교의 가르침으로 신속한 용서의 필요성necessity에 대해 말할 필요가 있다.

기독교 공동체는 항상 용서에 높은 가치를 두어 왔다. 최근 몇 년 동안 심리 공동체는 비록 비영적인 관점으로부터 나왔지만, 우리를 공격하고 상처입힌 사람을 용서하는 능력이 우리의 치유와 행복으로 향하는 중요한 단계라는 것을 알게 되었다.

용서를 위한 능력뿐 아니라 의지는 그리스도인의 주요한 미덕으로 지켜졌을 뿐 아니라, 신속하게 진행되어야 할 것으로 자리를 잡았다. 자신에게 해를 입힌 사람을 빨리 용서할 수 없는 사람들은 자신이 실패한 사람인 것처럼 느끼게 되었다. 그들은 종종 하나님께서 자신의 죄를 용서하지 않을지도 모른다고 두려워한다.

많은 성학대의 피해자들은 가해자들이 학대를 지속하는 동안이라도 자신들에게 용서를 구하는 일을 몇 번이고 했다고 말한다.

> 저의 아버지는 한밤중에 제 방에 들어오셔서 저를 애무하곤 했어요. 그는 심지어 방을 나서기 전이라도 저에게 자신을 용서하라고 요구하곤 했어요. 그는 내가 어른이 되어서라도 이 일을 누군가에게 말한다면 내가 진심으로 용서하지 않은 것임을 의미한다고 말했어요. 하나님이 저를 용서하지 않으셨기에 저는 지옥으로 갈 거예요.

성인이 된 이 생존자는 그녀의 아버지가 용서를 강요한 것은 비밀을 유지하기 위한 책략이라는 것을 알게 되었다. 신속한 용서에 대한 기독교의 필요성에 대한 그녀의 강한 믿음은 이처럼 그녀가 조작하고 속이는 책략을 받아들이기 쉽게 했다.

어떤 가해자들은 진심으로 자신들의 행동에 대해 뉘우친다. 분명한 후회로 용서를 구하기 때문에, 피해자들은 아무것도 모르는nonoffending 부모나, 교사나 경찰이나 교회 사람에게 학대를 알리는 것이 악의적이고 예수를 닮은 것이 아닌 것 같다고 느낀다. 기독교의 은혜로 용서하고자 피해자들은 종종 빠른 용서로 반응한다.

이렇게 함으로써, 그들은 가해자가 자신의 행위에 책임을 질 가능성을 부정하고, 가해자들은 진실로 변화될 필요가 있는 도움을 얻을 가능성이 줄게 된다. 죄의 행동을 직면하고 다룰 수 있게 하는 기회를 주지 않고, 용서를 확대함으로써 그녀는 자신이 다시 피해를 받을 기회를 열어 놓게 된다. 특별히 성학대의 경우, 용서의 과정으로서 변화된 행동을 요구하는 것이 적절하다.

위의 6가지 종교적 믿음이 기독교 가정에서 학대와 내외적으로 어떻게 관계되는지 이해하도록 정직하게 점검해야 한다. 범접할 수 없는 신성불가침 영역을 살펴보는 것은 어려운 일이다. 우리의 가장 깊은 믿음이 여성과 아이들의 행복을 위태롭게 할 수 있다는 사실은 불편할 것이다. 그러나, 가장 연약한 사람들을 침해할 수도 있는 신학을 영속시키는 대가는 실로 크다. 우리는 더는 그 대가를 간과할 수 없는 것이다.

# 6장

# 목회자의 성학대

일차적으로 가정 내에서의 성학대를 다루는 책에서 왜 목회자의 성학대가 나오는지 의아할 수도 있을 것이다. 가족 내 근친상간의 학대가 늘어가는 것을 인지하면서 또 다른 종류의 기독교인들 사이의 근친상간을 깨닫게 된다. 그것은 바로 목회자의 교인 성학대이다.

신뢰하던 가족에게나 목회자에게 학대받은 사람들과 함께 일하는 사람들은 이 두 가지 영역에서 학대가 발생하게 되는 요인과 피해자가 겪는 문제가 많은 부분 병행하고 있음을 본다. 기독교 가정과 교회에서 발생하는 성적인 문제는 부인denial이라는 요새로 둘러싸여 있다.

교회는 종종 "하나님의 가족"이라고 불린다. 교인들은 자신들의 교회를 "우리 교회 식구"라고 쉽게 부른다. 예수는 하나님을 "아버지"라고 부르고, "하나님의 뜻대로 사는 자가 내 형제요, 자매요, 어머니"마가복음 3:35라고 말씀하셨을 때도 왕국에 대하여 가족 용어를 사용하셨다.

교회 대부분에서 가동되는 구조는 남자들이 지도력과 권위와 결정권을 가진 위치에 있는 가부장적인 가족과 여전히 닮아있다. 여성들은 자녀 돌봄, 육아, 봉사의 자리를 채운다. 목사들은 부모님처럼 종종 교인들의 사적인 은밀한 지식에 접근하게 된다.

그리고 부모와 함께 있는 아이들처럼, 교인들은 목사가 그들의 신뢰와 연약함을 악용하고 욕보이지 않을 것이라고 신뢰한다. 슬프게도, 생물학적 가족에서도 그렇듯이 힘과 신뢰는 가끔 교회 가족 안에서 악용되고 배신을 당한다.

많은 사람은 영적인 리더로 부름을 받은 사람이 교인들을 대상으로 성학대를 할 수 있을 것이라는 생각을 하지 못한다. 그렇다. 우리는 "목사들도 사람이며" 모두가 그렇듯이 같은 유혹에 직면한다는 것을 인정한다. 그러나 우리는 영적인 힘과 도덕적 청렴을 가진 영적 지도자로서 하나님과 교회로부터 부름을 받은 사람이 그런 유혹을 저항할 수 있을 것으로 기대하게 된다.

그러나 통계는 다른 현실을 보여준다. 『크리스천 투데이』Christian Today는 목회자들 사이에서 성적으로 부적절한 행위가 어느 정도인지를 조사하기 위해 설문 조사를 시행했다. 질문한 내용은 "여러분이 교회를 맡아 목회를 해 오면서 배우자가 아닌 다른 사람과 여러분이 느끼기에 성적으로 부적절하다고 느끼는 행동을 한 적이 있습니까?"였다. 23%의 목회자들이 "예"라고 대답했다. 또 다른 질문은 "여러분이 교회에서 목회하는 동안 배우자가 아닌 다른 사람과 성관계를 맺은 적이 있습니까?"였다. 12%의 사람이 "예"라고 응답했다. 물론 88%의 "아니요"라고 대답한 많은 사람은 목회자의 역할을 감당하면서 성적인 순결을 유지하는 것이 매우 어렵다고 표시했다.Muck, 1989

레벡즈와 바톤에 의해 시행된 연구Lebacqz and Barton, 1991는 10%의 목회자들이 자기 교회의 교인과 성적 관계를 인정한 것을 조사를 통해 알게 되었다. 목회자의 성학대의 실제 정도는 알려지지 않았다. 목사들은 그런 죄를 고백하는 것을 주저하고, 피해자들은 그들의 학대 사실에 관해 이야기하는 것을 머뭇거리며, 교회는 예배석 뒤에서 행해진 목회적 학대에 대한 소문이나 비난에 교회가 휩쓸리는 것에 대해 염려한다.

기쁜 소식은 아마도 목사들 대부분은 자신의 교회에서 성적으로 적절하게 처신하고 있다는 것이다. 나쁜 소식은 목회자의 상당수가 자신의 위치를 남용하여 교인을 학대한다는 것이다. 이 장, 뒷부분에서 우리는 그런 행동의 무서운 결과에 대해 알아볼 것이다.

가정에서 일어나는 가족 간의 성학대처럼, 목회자의 성학대에 관해 침묵하는 엄청난 성공적인 공모가 있었다. 교회 목사나 지도자의 성적인 위법행위가 발견되었을 때, 교회나 기관, 교단은 일반적으로 피해자를 의심하게 하고 그들을 소외되게 만듦으로써 일을 무마하려고 하였다.

공통된 반응은 목사와 교회의 평판에 먹칠한다는 이유로 피해자에게 화를 낸다는 것이다. 만약 학대한 지도자나 목사가 해고를 당하면 일반적인 패턴은 그 이유를 비밀로 유지하는 것이었다. 어떤 학대를 자행한 리더들은 자신의 교회와 기관들과 협상을 했고, 만약 기관에서 왜 그가 사임하는지 말하지 않겠다고 약속한다면, 리더는 사임하고 자신의 자리를 떠나기로 동의한다.

그렇기에 학대자들은 이 교회에서 저 교회로, 이 기관에서 저 기관으로 자신의 위법행위에 대해 직면하지 않고도 옮겨 다닐 수 있게 된다. 그들은 결코 자신의 행동을 고칠 필요가 있는 집중 치유를 받도록 지침을 받지도 않는다. 그들의 부적절한 행동에 대한 정확한 정보도 그들을 고용하고자 하거나 교회 사역자로 세우려고 하는 사람들에게 알려지지 않는다.

나는 가끔 목회자의 성학대가 증가하고 있다고 생각하느냐는 질문을 받는다. 더 많은 에너지가 문제를 평가하고 수정하는 데 쓰이기보다는 학대를 감추는 데 사용되기에, 현재이건, 과거이건, 학대의 빈도수를 진실로 알 방법이 없다. 나의 직감으로는 그 비율은 항상 비슷했을 것이다. 단지 오늘날 그 문제에 대해 더 많이 듣게 되었다는 것이다.

짐 베이커와 지미 스와거트의 삶에서 드러난 성적 부도덕에 대한 뉴스는 그들이 스스로 부와 권력의 자리에 뛰어들기 위해 사용했던 바로 그 미디어인 텔레비전을 통해 빠르게 알려졌다. 대중은 그들의 추잡한 이야기에 열렬한 관심을 보였다. 이 남성들이 자주 미디어에 출연하면서, 그들의 추한 행동은 유명한 설교자들의 성적 부도덕이 뜨거운 관심 주제가 되게 하였다.

목회자의 성학대가 드러나는 주요 요인은 희생자들의 의지에 달렸다. 많은 세대를 지나면서, 피해자들은 그들의 고통을 말할 장이 없었다. 그들은 목회자에게 당한 일을 설명할 수 있고, 또 그것을 믿어주는 교회에 대해 들어본 적이 없었다. 오히려 자기 자신을 비난하며 외로이 침묵 속에서 고통당했다. 아무도 그런 사실을 몰랐다. 지금은 점점 더 많은 피해자가 자신의 이야기를 할 수 있도록 지지와 용기를 얻고 있다.

## ———— 피해자의 이야기

수잔가명의 이야기를 들려주고자 한다.

저는 론가명이 우리 교회에 오게 되었을 때 기뻤습니다. 그는 에너지 넘치고 카리스마가 있는 사람이었습니다. 그는 후보자 인터뷰에서 기도와 금식과 내가 최근에 더 배워야 할 필요성이 있다고 생각한 영적 훈련에 헌신하고 있다고 말했습니다. 그는 중년이었고 자녀가 있는 기혼자였습니다. 저는 20대 중반이었고 미혼이었고 누군가와 진지한 데이트를 해본

적이 없었습니다.

우리 교회의 목사로 부임한 후 얼마 되지 않아, 론은 강단에서 우리를 교회적으로, 개인적으로 알고 싶다고 선포했습니다. 그는 누구든지 자신과 개인적으로 대화하고 싶은 사람은 자신의 비서와 약속을 잡으라고 초청했고 저는 곧 그렇게 했습니다.

며칠 뒤에, 약속이 잡힌 날에 교회에 갔습니다. 목사에게 전화한 비서의 안내를 따랐습니다. 그가 나와서 나를 데리고 그의 사무실로 갔고 문은 닫혔습니다. 저는 아버지와 친밀한 관계를 맺어 본 적이 없었고 내 주변의 어떤 남자에게 반하거나 편안한 감정을 느껴 본 적이 없었습니다. 론이 저에게 다정하게 손을 내밀어 악수했습니다. 그리고 지난 몇 주 동안, 성도 중에서 "집중하는 밝은 얼굴"의 저를 보면서 함께 단둘이 대화의 시간을 갖는 것이 기쁘다고 말했습니다. 저는 기분이 좋았습니다.

그가 나에 대한 많은 질문을 던지는 동안, 우리는 사무실에 있는 소파에 앉았습니다. 나는 곧 그에게 나를 열었고 다른 남자들에게 한 번도 말한 적이 없는 이야기를 했습니다. 나의 경직된 아버지와의 관계를 이야기할 때, 그는 팔을 나의 어깨에 두르며 그의 가슴 쪽으로 저를 잡아당겼습니다.

그는 "아버지는 가장 많은 것을 잃은 분이시군요. 그는 당신이 얼마나 특별한 소녀인지 알고 계시나요? 당신은 정말 제게 특별한 선물이 될 것이라 확신합니다"라고 말했어요.

저는 그의 말에 당황했어요. 우리가 알게 된 시간이 짧은 것에 비해 너무 개인적인 이야기를 했다고 느꼈기 때문이죠. 당황했기에 우리의 대화를 덜 개인적인 주제로 바꾸려고 했고 그래서 어떻게 더 의미 있게 기도할 수 있는지에 대해 목사님에게 배우고 싶다고 말했죠.

그는 좋다고 하면서 나만 괜찮다면 매주 약속을 잡자고 했어요. 그는 나의 활동과 생각을 매일 일기로 쓰라고 부탁했죠. 나는 꿈에 대해 기록하기로 했고 그는 내가 그 꿈을 해석하고 하나님이 나에게 꿈을 통해 무엇을 말하는지 듣도록 도와주기로 했어요. 그가 설명하기를, 그것이 기도의 형식이라 했죠.

그때, 그의 비서가 와서 다음 약속이 기다리고 있다고 말해주었어요. 그래서 저는 나갈 준비를 했는데, 론은 내 손을 꽉 잡으면서 우리의 우정은 이미 자신과 나에게 아주 특별한 것이 되었다고 말했어요. 그가 나에게 잘 가라고 인사하면서 여전히 나의 손을 잡았고 의도적으로 나의 눈을 바라보았어요. 나는 손을 잡아 빼려고 했어요. 내 손은 떨렸고 나는 내 몸이 어떻게 반응하는지 그가 알기를 원하지 않았기 때문이죠.

그날 밤, 일기를 쓰기 시작할 때, 내 감정에 정직하지 않았다는 것을 깨달을 수 있었어요. 상담 동안 신체적으로 감정적으로 친밀했던 그의 모습에 내가 어떻게 반응하는지 그가 알게 되는 것이 너무 부끄러웠기 때문이죠.

그날 밤, 저는 그와 함께 아름다운 여름날 과수원을 함께 거닐고 있는 꿈을 꾸었어요. 우리는 손을 잡았죠. 저는 너무 창피해서 내 꿈을 그가 알게 할 수 없었고, 그래서 거짓말을 했죠. 저는 아무 꿈도 꾸지 않았다고 다음 날 아침에 기록했어요. 그 주의 나머지 날에는 일기에 적은 모든 내용을 자세하게 살펴보았어요.

우리의 두 번째 상담시간에 그는 내내 일기가 피상적이어서 실망했다고 말했어요. 그는 내가 막혀 있다고 했어요. 내가 그에게 숨기려고 하는 것이 무엇이 있었죠? 그는 자신에게 전적으로 투명하고 정직하지 않으면 영적으로 성장할 것을 기대할 수 없다고 말했어요.

그는 목회적 직관으로 볼 때 내가 매우 중요한, 하나님이 창조하신 개인적 특성인 나의 성sexuality을 억압하고 있으며 그것이 삶의 모든 영역에서 나의 성장을 저해하고 있는 것 같다고 말했어요.

그리고 그는 내가 성에 관한 관심을 어떻게 다루고 있는지 질문하기 시작했어요. 금욕적인가? 남자 혹은 여자와 성적으로 연관된 적이 있는가? 자위하는가? 야한 영화를 본 적이 있는가? 혼자 공상에 잠기는가? 일주일 동안 자신에 대해 생각한 적이 있는가?

그는 정직하게 말하는 것을 부끄러워하지 말라고 했어요. 이런 모든 것들은 정상이며 예상이 가능한 것이라고 했죠. 그는 또한 내가 나의 아버지에게 정서적으로 상처를 받았기 때문에 남자와 친밀한 관계를 쌓지 않으면 하늘 아버지와도 절대 친밀한 관계를 맺을 수 없다고도 했어요. 목사로서, 자신이 안전한 남자가 되어 주겠다고 했어요. 덧붙여서 자신과 아내가 감정적으로 혹은 성적으로 수년 동안 가깝게 지내지 않았고, 우리의 우정은 "서로에게 좋은" 것이라고 했어요.

저는 대화가 전개되는 방향에 다시 불편함을 느꼈어요. 그러나 그런 염려가 남자들을 경험해 보지 않은 탓이라고 여겼어요. '친구들은 내가 남자에 관해 너무 고상한 척한다고 비난하지 않았었나? 그리고 이 사람은 목사 아닌가?' 분명히 그는 부적절한 것을 제안하지는 않으리라 생각했어요.

다음 몇 주가 지나서 우리의 대화는 점점 더 성적인 내용이 되었고, 그가 나에게 영성에서 성을 따로 구분해 낼 수 없다는 사실을 상기할 때를

빼고는 영적인 주제는 거의 다루지 않게 되었죠.

"한쪽에서의 열등감은 다른 쪽에서도 열등감이 되는 것이죠."

점점 더 신체적 접촉이 많아졌고 헤어지면서 손을 꼭 잡던 악수는 온몸으로 포옹하는 인사로 바뀌게 되었어요. 하루는 나를 안으며 그가 깊고 긴 키스를 했어요. 저는 다른 여성의 남편과 이런 키스를 하는 것은 불편하다고 말했어요.

그는 "그런 종류의 키스"가 아니라며 저를 안심시키려 했어요. 만약 그런 종류의 키스가 아니었다면 제 몸이 반응할 리 없죠. 왜냐면 그 키스 후에 현기증이 나는 것을 느꼈기 때문이죠. 그가 나에게 키스할 때 그의 성기가 나의 다리를 향해 섰다는 것을 느꼈기 때문에, 그의 몸이 몰랐을 거라고는 생각하지 않아요.

그의 사무실을 떠날 때, 그의 비서 옆을 지나가는 것이 너무 부끄러웠어요. 그녀가 내가 성적으로 흥분했다는 것을 알아차릴 것만 같았거든요. 그래서 옆문을 통해 빠져나갔어요.

돌아오는 주일에 교회에 가지 않을까 생각했어요. 그의 아내와 자녀들을 보는 것이 너무 두려웠어요. 그들을 배신한 느낌이 들어서요. 하지만 주일학교에서 가르쳐야 했기에 교회에 갔어요. 예배시간에 론이 설교하는 동안 나를 볼 수 없도록 예배실의 뒤쪽에 앉았어요. 그곳은 마치자마자 바로 빠져나갈 수 있기도 했죠. 다음날, 저는 교회 비서에게 전화를 걸어서 론과의 상담 약속을 취소했어요.

내 룸메이트는 지역 병원에서 야간근무를 했어요. 론은 이 사실을 알고 있었죠. 화요일 저녁, 그가 우리 아파트에 나타나서는 집으로 들어가도 되는지 물었어요. 그래선 안 될 것 같다고 말했죠. 제발 돌아가 달라고 부탁했어요.

그는 자신은 나의 목사라는 사실을 상기시켰고 그저 대화하고 싶다고 했어요. 혹시 그가 취했던 상담의 방식에 대해 사과하고 나에게 신체적으로 선을 넘은 부분에 대해 사과할 수도 있다고 생각했어요. 그래서 그를 들어오라고 했어요.

소파에 앉은 후, 저에게 자기 옆에 앉으라고 했어요. 그는 제가 그 상담 약속을 취소해서 너무 속상했고, 실망했다고 했어요. 그는 우리가 영적 성장의 매우 중요한 단계로 거의 진입하고 있었다고 생각했대요.

저는 관계가 너무 불편해서 더는 그와 함께 상담을 이어갈 수 없다고 했어요. 목회적 관계라고 느낄 수 없었고 그 사실이 너무 두려웠다고 했어요.

그는 다시 전에 했던 말을 했어요. 저에게 "노처녀"가 공통으로 가지고 있는 성적인 열등감이 있대요. 하나님께 더 가까이 가기 위해, 그 부분을 극복해야 한다고 했죠. "나를 믿어요. 나는 당신과 같은 여성들과 사역을 해 왔어요. 내가 무슨 말을 하고 있는지 알아요?"

그리고 이렇게 덧붙였어요. "그러나 당신은 그냥 다른 내담자와는 달라요. 당신은 하나님과 나에게 아주 특별해요. 나는 당신과 사랑에 빠졌다고 생각해요."

저는 울기 시작했어요. 그 눈물은 두려움과 나쁘지 않은 감정이 섞인 것이었어요. 나를 사랑한다고 말하는 남자를 본 적이 없었기 때문이죠. 여기에 나에게 이런 낭만적인 말을 하는 잘생긴 목사님이 있어요. 나의 일부는 그가 이런 말을 한다면 정말일 것이고 그의 생각은 진실할 것이라고 믿고 싶었어요. 그러나 마음 깊은 곳에서 그가 보통의 목회자로서 지켜야 하는 선을 넘어섰다는 것을 알았죠.

그는 내 몸을 그의 팔로 감싸고 나를 더 가까이 끌어당겼어요. 그리고 나의 눈물을 닦아주려 했어요. 전 빠져나오려고 일어났어요.

제가 몸을 빼내려고 할 때 그의 안에서 뭔가가 터지는 것 같았어요. 그는 나에게 소리 지르기 시작했어요. "야, 안 돼! 그러면 안 되지. 네가 나를 여기까지 오게 했어. 이제 다시 뒤로 빠지려고 하지 마! 그는 나를 소파로 밀치고, 무릎으로 내 배를 눌렀어요. 그리고 내 가슴을 움켜잡기 시작했어요. 그는 나에게 키스하며 거칠게 자신의 성기를 내 몸에 비벼댔어요.

저는 그를 밀쳐 낼 만한 힘이 없었어요. 나는 울면서 몸부림을 쳤지만, 그는 자신이 끝날 때까지 계속 그 일을 했어요.

그리곤 일어나서 문 쪽으로 쾅쾅거리며 나가더니 소리를 질렀어요. "만약 네가 나를 망칠 수 있으리라 생각한다면, 그건 틀린 생각이야. 누군가에게 이 일을 이야기한다고 해도 성관계에 목마른 너 같은 노처녀의 말은 아무도 믿어주지 않아! 고통받는 사람은 네가 될 거야!"

유감스럽게도, 론이 옳았다. 수잔은 교회로 다시 돌아오지 않았다. 대신 교회 대표에게 전화를 걸어 자신의 교사직을 사임했고 그녀의 교회멤버십을 종료해달라고 부탁했다. 왜 교회를 떠나냐고 물었을 때, 그녀는 "개인적인 문제 때문"이라고만 답했다.

수잔은 심하게 우울해졌고 항우울증약을 먹어야 했다. 약을 처방했던 의사는 그녀가 상담에 들어가지 않으면 약을 계속 처방하지 않겠다고 말했다. 그녀는 아무에게도, 그녀의 룸메이트에게조차 이 일에 관해 말하지 않았기 때문에 상담가에게 말하는 것을 겁내고 있었다. 그녀는 깊은 수치심을 느꼈고, 자신이 너무 순진했고 무지했으며 미숙했다는 사실에 자책했다. 그녀는 하나님과 교회에 버림받은 느낌을 느꼈다.

상담을 통해서, 치유가 시작되었다. 그녀는 어리석었다는 생각 대신에 그녀가 희생을 당했고 그녀의 학대는 단지 성적 학대만은 아니라는 것을 이해하기 시작했다. 아마도 더 큰 피해를 받았다. 그녀는 하나님을 대신한다고 생각하는 사람에 의한 심오한 권력 남용과 신뢰에 대한 배신의 결과를 경험했다.

그녀가 더 강해지면서 무슨 일이 일어났는지 교회의 누군가에게 말하는 게 필요하다고 결정했다. 준비되었다고 느끼자, 그녀의 이야기를 써서 교회의 장로에게 보냈다. 그에게 이 편지를 읽고 다른 장로들에게도 공유해 달라고 부탁했다. 그녀는 론 목사에게 맞서기 위하여 따라야 할 절차들을 장로들이 결정해 달라고 요구했다. 그리고 그 과정을 그녀에게도 알려 달라고 했다. 그녀는 다른 여성들이 피해자가 될 수 있기에 가능한 어떤 방법으로라도 협력하는 데 동의했다.

장로에게 그녀의 이야기가 전달된 몇 시간 후에, 그로부터 전화를 받았다. 그 장로는 론 목사의 이런 부도덕한 일을 듣고 혼란스러워했다. 장로는 수잔이 남자친구가 필요하겠지만 "목회자의 꽁무니를 쫓아다녀서는 안 된다"라고 말했다.

수잔은 장로의 반응에 충격을 받았다. 하지만 그 편지를 다른 장로들에게도 보여줘야 한다고 주장했다. 다음 주에 다른 장로가 그녀에게 전화해서는 영적인 권위를 가진 위원으로서 다시는 이 이야기를 누군가에게 말하지 말라고 통보한다고 했다. 수잔은 교회멤버십 증서를 되돌려 달라고 요청한 사실을 그들에게 상기시켰다. 그러나 그들은 수잔이 다른 교회에 다니게 될 때까지 그녀가 자신들의 영적 권위 아래 머물러 있다고 했다.

수개월 뒤에, 수잔은 론 목사의 교회에 더는 다니지 않는다고 하는 다른 젊은 여성에게 달려갔다. 대화가 시작되면서 둘 다 론 목사에게 성추행을 당한 것을 발견하게 되었다. 또한, 비슷한 우울증의 후유증이 있었다. 하나님과 교회에 대한 배신감과 버려진 느낌도 함께 갖고 있었다.

그들은 수개월 간 고통을 함께 나눈 후에, 론으로부터 경험한 이야기를 편지로 썼다. 그리고 교단 리더들에게 다른 여성들이 피해를 더 입지 않았는지 확인해 달라고 부탁했다.

그들은 답변을 받았다. 이런 문제들은 교회 차원에서 다루어야 한다고 했다. 지방장로회는 이 문제를 조사하도록 촉구했다.

론 목사의 의혹에 관한 조사는 전혀 진전이 보이지 않았다. 피해자들에 대한 어떤 지지나 사과의 표현도 교회나 교단에서 나오지 않았다. 피해 보상도 주어지지 않았다.

피해자로 알려진 이 두 사람은 제도적 교회에서 받은 배신감과 버려졌다는 느낌으로 인해 그들이 다니던 교회뿐 아니라 다른 어느 교회에도 다니지 않는 채로 있다. 그들은 모두 상담을 받고 있다. 계속해서 우울증과 버림받은 느낌, 분노, 좌절감과 싸운다. 그러나 론은 담임목사로 계속 일하고 있다.

## ──── 피해자에게 뒤따르는 영적, 감정적 손상

수잔의 이야기는 목사에게 성학대를 당한 다른 피해자들의 이야기와 공통점이 너무 많다. 기저에 있는 문제는 신뢰에 대한 배신과 힘의 남용에 집중된다.

사람들 대부분은 그들의 목사를 많이 신뢰하고 있다. 다른 남성에게 성적인 폭행을 당했다 하더라도 일반적으로 그 여성들은 목사는 다를 것이라고 기대한다. 목사는 그녀의 마음에 있는 가장 깊은 이야기를 듣고 그녀를 안전하게 지켜 줄 것으로 신뢰하게 되는 존재이다. 여성 대부분은 목사와 있을 때는 보통 남자들에게 갖는 경계심을 가질 필요가 없다고 전제한다. 적절한 경계를 목사가 지켜 줄 것이라고 신뢰한다. 결과적으로 경계심을 푼 여성들은 더 약해지게 되며 대개의 남성-여성의 관계보다 목사들의 힘은 더 강하게 된다.

여성들은 권위가 있는 남성들의 요구를 따르면서 사회화가 되어왔다. 어린 나이의 소녀들은 그런 힘이 있는 남성의 요구에 저항한다는 것은 부정적인 결과가 따른다는 것을 배웠다. 이런 사실은 목사를 깊이 신뢰하는 여성이 목사도 부적절한 행동을 할 수 있다는 사실을 이해하고 믿는 것을 어렵게 만든다. "저는 목사가 어떤 행동을 했다면 그것은 옳은 일임이 틀림없다고 생각했어요.", "이 사람은 목사가 아닌가요? 분명 그는 부적절한 어떤 것도 제시하지 않을 거예요."

신뢰에 대한 손상으로 생긴 영향은 목회자의 추행을 경험한 피해자들에게는 진행형인 문제이다. 많은 사람이 목사를 하나님과 교회 사이의 중간자로 보기 때문에, 신뢰에 대한 파괴는 추행당한 여성들의 삶에서 의사나 상사나 다른 남성 권위의 누군가에게 당한 것보다 훨씬 더 해로운 영향을 준다.

목사를 영적인 멘토이자 모델로 보기 때문에, 멘토가 성폭력의 가해자가 될 때, 영적인 손상과 폐해는 아주 깊다. 후에 우리는 성과 영성 사이의 깊은 연결성에 대해 더 연구하게 될 것이다. 한쪽에서의 상처는 다른 쪽에서의 상처를 피할 수 없이 가져오게 된다. 이에 관해, 론은 옳았다.

상담하던 관계는 성추행이 발생하면서 갑자기 종료되는 일이 자주 생긴다.

버려진 느낌과 혼란이 피해자에게 따라오게 된다. 상담 과정이 이상하게 종료되었기에 해결되지 않은 상담문제는 그대로 남게 된다.

목사가 취한 그녀와의 관계성의 방향을 예측할 수 없거나 관계의 역동을 변화시킬 수 없기에 학대를 당한 여성은 자신의 현실감이나 개인적인 효율성을 의심할 수 있다. 그녀가 느끼는 죄책감, 수치, 굴욕감 때문에 다른 상담가나 목사에게 이 학대에 관해 이야기하는 것을 어렵게 느끼게 된다. 역사적으로 교회는 목회자의 성추행을 직면하는 데 비효과적이었고 피해자에게 다가가는 것에 서툴렀다. 그래서 피해자는 그들이 목사와 하나님에게 버려졌을 뿐 아니라 교회마저도 자신을 버렸다고 느낀다.

많은 경우, 피해자들은 "착한 사람을 파괴했다"라는 이유로 교회로부터 비난을 받는다. 교회는 목사가 죄를 지었고 명백하게 지위를 남용했다는 점보다는 피해자의 약점에 집중하고 그들을 비난한다. 많은 피해자는 고소를 취하하지 않는다면 그들의 평판에 위협을 가할 것이라는 협박의 말을 듣는다. 어떤 사람은 그 성학대를 다시는 이야기하지 말라는 교단의 권위에 의해 강제된 침묵을 강요당한다.

어떤 피해자들은 고소를 막기 위해 피해자의 도덕성과 순결에 대해 퍼뜨리는 터무니 없는 거짓말을 듣게 된다. 교회를 사랑하고 정의가 실현되는 것을 보고 구제되길 바라는 피해자들에게 이런 지시들은 그녀를 이중속박에 묶이게 한다. 그녀는 사랑하는 교회와 더 이상의 무고한 희생을 막기 위한 그녀의 내면의 양심 둘 다에 복종할 수 없다.

혼란을 주는 현상은 존경받는 목사나 리더의 성학대에 대한 고소를 재개하는 예에서 관찰된다. 여성들이 남성들보다 고소인에게 더 큰 분노를 표현할지도 모른다.

그렇다, 남성 또한 피해자에게 자주 분노의 반응을 보인다. 아마 어떤 남성들은 가해자들이 수년 동안 의지하고 있던 침묵이 깨지는 것을 깨닫는 것이 두려울 수 있다. 남성의 특권이 위협받는 것처럼 보일 수도 있다. "건방진 여성들이 자신의 분수를 알고 그 입을 다물지 않는" 것이 어떤 사람에게는 불편한 일이 된다. "이런 일이 그에게 일어났다면, 나에게도 일어날 수 있어." 목사들을 추행에 대해 책임지게 하려는 여성들의 의지는 남성들에게는 혼란스럽고, 불편하고 혐오스러운 일이 될 수도 있다.

그러나 여성에게 그런 고소의 결과는 삶이 위협받는 것처럼 보인다. 조정 위원회의 중재자로서 일할 때, 보수적인 교단의 목사에게 성학대의 책임을 묻는 여성들을 향해 분노를 표출하는 많은 여성과 인터뷰를 할 기회가 있었다.

그 여성들은 "남성이 교회에서, 집에서, 세상에서 대부분의 권력을 잡고 있으므로 여성의 생존은 남성들과 좋은 관계를 유지하는 데 달려있다고 말했다. 그렇지 않으면 여성의 생존에 필요한 것을 남성들이 나누지 않을 수도 있다. 여성이 남자들을 너무 화나게 만들면 그들은 우리를 버릴 것이다. 그렇게 되면 우리와 우리의 자녀들은 죽게 된다"라고 말했다.

목회자의 성학대 피해자의 자살 위험성이 증가하는 것처럼 보이는 것은 놀랄 일이 아니다. 자살 충동은 교회의 다른 여성들에 의해 버려진 느낌, 피해자로서 느끼고 있지만 표출하지 않은 억압된 분노 등 다양한 원인에 기인한다. 성학대를 한 목사에게 그들의 분노를 표현할 마땅한 장이 없기에 강렬한 느낌은 안으로 파고들고 결국 분노의 자기 파괴적인 성향이 되고 만다.

자신을 학대한 목사에 관한 조치를 하지 않는 채, 사랑하고 존경하는 교회가 그들의 호소를 무시하면 깊은 절망감이 자리 잡게 된다. 목사와 교회가 아무 일 없었던 듯 제자리로 돌아가게 되면, 피해자는 끔찍하게 버려진 느낌을 받는다.

피해생존자들이 목사와 교회와 하나님으로부터 버려지고 배신당했다고 느껴지면 그들의 자포자기는 비극적이고 통렬한 표현인 자살로 마감되는 경우가 생긴다.

목회자의 성학대에 대한 심각하고 장기간의 영적, 감정적 상처는 교단과 교회의 리더들에 의해 과소평가된다. 대신, 목사의 경력과 결혼생활에 대한 손상, 교회 성장의 해로운 영향에 집중하게 된다.

학대를 무시하는 뻔뻔스러운 사례는 유명한 기독교 작가LaHaye, 1990의 책에서 발견된다. "목회자의 불성실에 대한 대가The High Cost of Ministerial Infidelity"라는 장에서, 저자는 그의 사역과 경력, 그의 결혼생활과 그의 아내, 그의 가족, 교회, 기독교, 잃는 것에 대한 대가 지불을 살핀다. 이 장과 책 전부에서 노골적으로 놓치고 있는 것은 이 책 전체를 통해서 "다른 여성"이라고 언급한 목사의 희생자가 경험한 피해에 관한 연구이다. 목회자의 성적 학대는 종종 단순한 두 사람 간의 합의된 간통 사건으로 보여진다. 이것은 틀렸다. 이는 대부분 부정확하고 도움이 되지 않는 개념적 틀일 뿐이다.

이제, 목회자 성학대의 역학을 이해하기 위한 복잡한 과제로 넘어가자. 스와가르트나 베커같은 멀리 있는 쇼맨이 성적인 유혹에 빠졌다고 믿는 것은 쉬울 수 있다. 그러나 대부분 자신의 고상한 목사가 성도와 함께 적절한 성적인 경계를 넘어섰다는 것을 상상하는 것은 매우 어렵다. 그러나 점점 더 많은 교회에서 그들의 목사가 교회에서 성폭력을 가했다는 것을 인정해야만 한다. 왜 그리고 어떻게 이런 일이 일어나는가?

# ──────── 힘의 불균형

피터 루터Peter Rutter, 1989는 직업적으로 신뢰의 관계를 갖는 사이에서 발생한 성폭력은 남성과 여성 사이에 더 광범위한 문화적 힘의 불균형을 재현하는 만연한 문제라고 한다. 우리 사회에서 남자는 일반적으로 더 많은 힘을 가지고 있다. 그들은 더 많은 경제적, 사회적, 신체적, 정치적 힘을 가지고 있다.

예를 들어, 18세에서 24세의 대학교육을 마친 여성은 같은 나이, 같은 학력의 남성들이 1달러를 벌 때, 평균적으로 92센트를 번다. 여성의 직장생활을 통하여, 여성의 소득은 비슷한 위치의 남성에 비해 꾸준하게 떨어지게 된다. 여성의 나이가 55세에서 64세경에 이르면, 평균 여성의 수입은 비슷한 학력을 가진 남성이 1달러를 벌 때, 54센트를 벌게 된다.

또한, 연구들은 남성들의 아이디어가 여성들의 아이디어에 비해 사회적, 교육적, 종교적, 직업적 상황 속에서 더 진지하게 집중되고 숙고된다는 것을 보여준다. 남성들은 보통 신체적으로 여성보다 더 크고 더 강하다. 정치적 파워에서 젠더의 불균형은 100여 명의 미국 상원의원 중 여성은 단지 손에 꼽을 정도에 불과하다는 사실에서 잘 드러난다.

남자들의 자존감이나 개인적인 자신감의 정도가 얼마나 낮은지에 관계없이 남성 목사는 성차별주의 사회에서 계급으로서 일반화된 남성 파워를 구현한다. 게다가, 목사의 종교적 역할은 상당히 내재한 힘과 권위를 가지고 있다. 많은 사람이 목사를 하나님을 대신하는 자로서 교회와 하나님의 중재자로 간주한다. 이런 권력 이점으로, 남자 목사는 남성으로서, 그리고 거기에다 더해 목사의 위치에서 더 특별한 힘을 가진다. 이것은 거의 예외 없이, 교회 안에서 그 어떤 여성보다도 더 강력한 힘을 가지게 된다는 것을 의미한다.

그의 위치와 권위 때문에, 목사들은 사람들에게 즉각적이며 친밀한 접근이 가능하게 된다. 그는 "심방"이라는 핑계로 낮이든 밤이든 어떤 때든지 성도들의 집이나 직장에 방문할 수 있다. 목사의 이런 방문 형태의 적절성에 대해 공개적으로 의문을 제시하는 경우는 없다. 목사가 예고 없이, 원치 않은 시간에 그들의 현관문에 나타난다고 해도 대부분은 목사를 내쫓지 않을 것이다. 그의 위치와 권위 때문에, 우리는 다른 사람에게는 허락하지 않지만, 목사에게는 삶에 자유롭게 개입하도록 허락한다.

목사는 종종 다른 사람과는 거의 공유하지 않는 정보에 접근할 수 있다. 영성과 영적인 질문은 우리의 아주 중심에서부터 나오는 것이라, 목사는 한 사람에 대해 다른 사람은 모를 수 있는 내용을 알고 있을 것이다. 이런 친밀한 나눔의 정도가 역으로는 이루어지지 않기에 남자 목사와 여성 신도 사이의 힘은 동등할 수가 없게 된다.

여성들은 자신의 몸은 그들의 삶에서 가장 좋은 비장의 수단이며, 힘의 원천이라 보도록 사회화되어왔다. 그렇기에 그들은 권위를 가진 남자들에 의해 그들에게 행해진 신체적 접근에 취약해진다. 많은 여성은 힘이 없다고 느끼고, 남자들이 성적 경계를 도전하는 것을 수용하도록 훈련받았기에 종종 남성 목사처럼 힘 있는 누군가의 접근을 저항할 수 없게 된다.

남자와 여자 사이의 힘의 불균형은 우리의 문화에서는 에로틱하게 드러난다. 많은 사람은 남성의 강함과 여성의 약함이 성적 자극을 일으킨다는 것을 발견한다. 일반적으로, 남성은 자신보다 어리고 작고 힘이 없는 여성에게 성적으로 매료된다. 여성은 더 나이가 많고, 크고 힘이 있는 남성에게 반하는 경향이 있다. 남성 성직자들은 대부분 여성으로 이루어진 교회에서 굉장한 힘의 불균형을 누리고 있다. 그래서 이런 힘의 차이를 이용해서 성적으로 부적절한 표현이 가능한 여건이 완료된다.

목사들은 종종 과로하고 충분한 임금을 받지 못하고, 평가절하된다는 느낌을 받는다. 그래서 그들은 목회적 권력의 개념을 이해하는 것이 어려울 수 있다. 개인적으로는 비효율적이고 약하다고 느낄 수 있기 때문이다.

특별히, 젊고 경력이 적은 목사들은 그들의 역할에 대한 확신이 부족하다는 사실에 힘들어하고, 그들의 새 위치에 대해 힘이 있다고 느끼기보다는 힘이 없다고 느낄 수 있다. 그들이 자신의 행동에 관해 책임이 있다 할지라도, 그런 목사들은 자신이 가지고 있는 힘을 전적으로 느끼기 전에 그 힘을 남용했는지 모른다. 초보자의 학대와 성숙한 학대자 사이의 차이를 인정할 필요는 있다.

그러나 모든 목사는 그들이 가진 지위의 특별한 힘의 특권에 대해 인식하지 못하는 것이 위험하다는 사실에 직면해야 한다. 목사들은 그들이 느끼기 힘들지라도 확실히 그 힘을 남용하기 더 쉬운 위치라는 것이다.

## ──── 성과 영성 사이의 희미한 경계

목사와 신도 사이에 성적인 문제가 발생하는 요인 중 하나는 인간의 성과 영성 사이의 불분명한 경계 때문이다. 칼 융Carl Jung은 사람이 성적인 문제를 가지고 그에게 올 때, 실은 영적인 문제로 온 것을 발견했다. 사람들이 영적인 문제를 가지고 올 때는, 자연스럽게 성적인 문제로 바뀌는 것이다. 심리학자들은 영적인 그리고 성적인 욕구는 매우 밀접하게 관련되어 있어서 하나가 제기되면 다른 하나도 제기된다는 것을 관찰했다.

하나님을 향한 인간의 추구는 성적인 열정과 비슷한 에너지다. 하나님과의 친밀감을 향한 소망은 종종 다른 인간과 깊은 친밀감을 소망하는 모습과 이어진다. 한 여성이 "나 자신을 위한 단식과 기도의 시간 속에서 나는 종종 하나님을 사랑하고 하나님에게 사랑받는 느낌의 거대한 오르가슴 물결 속에 씻겨지는 느낌이 들어요"라고 말할 때, 이런 사실을 반영하는 것이다.

많은 사람은 성적으로 들리는 단어로 영적인 갈망을 묘사한다. "나는 내 인생에서 기도에 엄청난 강조를 두었어요. 하나님과 친밀감과 연합을 경험하고자 하는 내재한 욕구가 있거든요." 어떤 사람들은 하나님을 향한 열정적 갈망이 깊은 기도시간에 성적인 각성을 일깨우는 실제적인 느낌과 심리적인 징후를 보고한다.

이처럼 많은 사람이 성적인 단어를 사용하여 영적인 친밀감의 경험을 묘사한다. "아이들, 직업, 책임에 대한 일반적 요구 없이, 열정적인 즐거움을 주고받으며 성적으로 남편과 내가 한 몸이 되는 시간보다 하나님께 더 가까이 있다고 느끼는 때는 없어요. 가장 최상일 때, 우리의 사랑은 거의 신비로울 정도의 시간을 갖게 되죠"라고 한 여인은 말한다.

성적이고 영적인 경험 모두에서, 사람은 그들의 경계심을 낮추고 더 큰 약함을 경험한다. 깊은 영적 갱신과 진정한 성적 쾌락은 둘 다 통제와 경험에 대한 포기가 필요하다. 개인적인 자아의 경계가 약하게 규정된다. 우리는 예배시간과 성적인 친밀감 속에서 더 위대한 무엇과 연합되는 느낌을 경험하게 된다.

인간의 영성과 성의 에너지는 어떤 면에서 비슷해서, 목사집무실과 같은 친밀한 환경에서 교인과 함께 영적인 문제를 다룰 때, 목사와 교인 모두에게 성적인 감정을 유발할 수 있다. 사람들이 상담을 받으러 목사에게 올 때, 비록 그들의 방어가 무너졌지만상담의 과정에 있어서 필요하고 중요한 단계, 목사는 그들을 안전하게 지켜 주고 적절한 경계를 정할 것으로 추측할 수 있어야 한다.

특별한 여성-남성 간 관계의 본질이 무엇이든지 간에, 우리의 문화는 여성에게 성적인 관계의 경계와 한계를 정할 책임이 있다고 가르친다. 남성은 그런 경계와 한계를 밀어서 도전하는 것이 남자의 역할이라고 배워왔다. 이런 문화적 기준에도 불구하고 목회적인 관계에서는 적절한 성적 경계를 유지하는 책임이 목사에게 놓여있다는 것을 분명하게 알아야만 한다.

## ──── 목사들의 구조적, 감정적 요인들

목사들이 어떻게 자신에게 있는 신뢰와 권위를 성적으로 침해하고 남용하게 되었는지 잘 이해하기 위해서, 목사들과 교회 사이에 작동하는 구조적이고 감정적인 요인들을 살펴보고자 한다.

우리의 문화에서는 남자가 힘을 가지고 있고 여자가 그 남자에게 신뢰와 기대를 두는 관계에서 에로틱한 무엇인가가 생겨나는 듯 보인다. 앞서 언급했듯이, 우리의 문화는 남성의 힘과 여성의 연약함에서 섹시함을 발견하는 문화이다.

여성이 남성에게 심리적, 정서적, 영적 자아 등의 가장 친근한 면을 개방할 때, 양자의 관계는 에로틱해지는 것처럼 보인다. 남성은 여성이 지지, 위안, 지도를 받는 것을 성적으로 긍정적이고 흥미롭게 여기는 경향이 있다. 이것이 바로 많은 목사가 교회 안에서 여성들의 삶에서 하는 역할이다.

목사의 업무 환경은 목사와 교인 사이에서 생길 수 있는 에로틱한 감정을 표출할 수 있는 여지를 준다. 많은 목사의 상담은 문을 닫은 채 목사의 사무실에서 이루어진다. 많은 작은 교회 목사는 주중에 대부분 교회 건물에 있는 유일한 사람이다. 목사들이 병원이나 집에 있는 신도들을 심방 하는 것은 적절하고 바람직하다고 여겨진다. 마찬가지로, 심방 목사를 맞이하는 것은 자연스럽고 온당하게 여겨진다.

목사가 교인과의 성적인 관계에 대한 유혹을 느낄 때, 그 욕망을 눈치채거나 의혹을 제기하지 않고, 실천할 많은 기회와 장소가 있다. 목사의 배우자는 비밀 유지 문제 때문에 "오늘 누구를 만났느냐?", "오늘 밤 무엇을 하고 있었느냐?"라고 물을 때, 목사의 모호한 답변에 익숙하다.

대부분의 전문 상담사들은 감독관 밑에서 일을 하는데, 그들은 주기적으로 사건을 검토하고 감정전이<sub>내담자가 상담자에게 발전할 수 있는 강한 감정와 같은 문제와</sub> 역감정전이<sub>상담자가 내담자를 향해 발전시킬 수 있는 강한 감정-내담자의 감정전이에 대해 상담자가 감정적인 반응을 보인 경우에 해당한다. 역자 주</sub>와 같은 문제들을 논의한다. 그러나 목사들 대부분은 완전한 자율성과 독립성을 갖춘 상담을 계획하고 내담자를 만난다. 목사 상담 사역에 대한 정기적인 지도와 피드백을 제공하는 교인은 드물다. 교회 위원회 중에서 목사가 시간을 보내는 방법을 구체적으로 아는 사람은 거의 없고 상담에 관여된 것에 대해 아는 사람도 거의 없다. 목회적 상담의 책임과 감시는 대부분의 교회 구조 안에서 뚜렷이 누락되어 있다.

목사가 교인과 상담하는 데 있어서 친밀하고 사적인 요소, 힘 있는 남성과 힘 없는 여성 관계의 에로틱 요소, 잘 규정된 감독 및 책임의 메커니즘의 부족은 성적 행동이 가능하게 되는 분위기를 만든다. 목사의 학대 발생률이 높지 않다는 것은 아마도 목사들 대부분의 영적 특징과 도덕적 강인함 덕분일 것이다.

목회에는 목사가 성적 학대에 쉽게 넘어가게 되는 요인으로 보이는 수많은 감정적 위험이 있다. 목사의 지위에 많은 위신, 권력, 권위가 내재하고 있지만, 바로 이런 것들이 교회의 다른 구성원들로부터 소외감을 느끼게 하는 원인이 될 수 있다.

목사로 있을 때는 "남자들 중 한 사람"이 되기 어렵다. 비록 교회 소풍에서 배구를 하거나 은퇴 센터에서 캐롤을 부르고 있다 하더라도, 여전히 목사이고 사람들은 목사의 역할을 기대한다. 교인들도 마찬가지로 목사가 그들의 영성을 평가하는 것이 두려워서 가까이 있을 때, 자신들의 행동을 조심하게 된다. 이러한 요소들은 목사를 교회 내에서 감정적으로 고립되고 외로움을 느끼게 하기 쉽다.

많은 목사는 교회가 전문 교사, 설교자, 상담자, 홍보부장, 기금 모금자, 그리고 행정가가 될 것을 기대하고 있다고 느낀다. 목회를 시작하는 사람들 대부분은 열심히 일하고 헌신적이라서 직업에 대한 비현실적인 기대는 그들을 일하고, 또 일하도록 만든다. 그러나 결코 따라잡을 수 없다고 느끼게 한다. 그 결과는 목회적인 스트레스와 과로이다. 긴 스트레스는 알코올 중독, 약물 남용, 과식, 다른 중독, 우울증, 불안, 심장 마비, 암 유발의 중요한 요소이다. 게다가, 장기간의 스트레스는 목사들이 가끔 부적절한 성적 행위라고 부르는 "외설적carnaling out"이 되게 한다.

목사를 위한 정서적 지원을 효과적으로 하는 교회는 거의 없다. 그러므로 목사는 종종 영적인 의심, 외로움, 유혹을 나눌만한 사람이 없다. 어떤 목사들은 다른 교회의 목회자들로부터 지지와 사랑의 교제를 찾는다고 말한다. 불행히도, 목사들 대부분은 과로한 후, "모든 일이 다 끝났을 때"에만 빠져들 수 있는 친한 관계를 사치로 여기고 있다.

많은 목사가 그들의 목회에 바치는 일 중독적인 헌신은 삶에서 좋은 정신적 교제를 쌓기 어렵게 만든다. 그것은 또한 배우자와의 감정적인 소외감을 일으킨다. 목사들이 정기적으로, 친밀한 지지와 영적 친구들과 깊은 나눔의 기회를 얻지 않을 때, 이해와 애정을 위해 여성 상담가나 여성 교인에게 의지할 가능성이 더 크다. 이런 상황에서 목사들은 정말로 감정적인 지지와 조언을 원할지도 모르는 관계를 성적인 관계로 만들 위험성이 높다.

## ─────── 일부 목사들의 개인적 자질

목회에 관심을 두게 되는 사람들의 공통된 개인사나 개성은 무엇인가? 어떻게 그런 요인들이 목회자의 성학대에 관여하게 되는가?

많은 사람이 건강하고 존경할 만한 이유로 목사가 되는 것을 선택한다. 직업 선택의 동기가 그렇게 고귀하지 않은, 무의식적인 요인에 의해 영향을 받는다는 것을 나중에 발견한 목사들도 있다. 종종 그들의 상처를 마주하고, 그들의 그림자를 인정하고, 건강하고 건전하고 회복적인 방법으로 교인들을 섬기게 된다.

봉사직종예: 상담, 사회사업, 간호, 정신과, 목회의 높은 비율이 유년 시절을 역기능 가정에서 보낸 사람들이다. 그러한 직업을 선택하는 것은 개인적인 상처와 고통으로부터 이해와 안도감을 얻기 위한 무의식적인 시도일 수 있다. 원하는 것은 어린 시절에 거부된 보살핌과 사랑이다. 하지만 개인적인 어려움을 마주하고 보살핌을 요청하는 방법을 배우는 대신에, 이들은 다른 사람들을 돌보는 전문 관리인이 된다.

목사들에 관한 연구는 이러한 경향을 반영한다. 많은 목사는 불행한 어린 시절을 보냈다고 보고한다. 정서적으로 건강하지 못한 가정에서 자란 성인의 특징에는 일 중독으로 일하려는 경향과 개인적인 정서적 욕구에 대한 무감각이 포함된다. 그러한 자질은 목사가 감정적으로나 육체적으로 지나치게 일하려는 데까지 영향을 미칠 수 있다. 그것은 목사를 강도 높은 스트레스로 지치게 할 수 있다. 성적 행동을 하는 것은 스트레스를 해소하고 탈진으로 향하는 삶에 새로운 에너지를 주입하기 위한 한 가지 방법으로 확인되었다.

언급했듯이, 많은 목사는 다른 사람들을 돌보고 그들을 행복하게 해주고 싶은 강렬한 욕망과 필요성을 가지고 있다. 많은 사람이 너무나 간절히 갈망했지만 어린 시절에는 얻지 못했던 사랑과 지지를 얻기 위해 목회에 입문한다. 그 후 성도들은 일종의 대리모가 되고, 목사는 그가 아이였을 때 갈망했던 방식으로 소중히 여겨지기를 바란다.

불행하게도, 이것은 교회 성도들이 만족시키기에는 비현실적인 기대이다. 회중이 이러한 요구를 충족시키지 못한 것에 대한 실망으로, 목사는 개개의 교인을 양육하고 지지하는 쪽으로 돌릴 수 있다. 사회화 때문에, 남자 목사는 이 감정적인 지지를 찾기 위해 여성에게 눈을 돌리게 될 것이다. 깊은 지지와 친밀감을 갈망하는 그 목사는 그의 측근과 적절한 감정적 경계를 넘나드는 데 취약할 수도 있다. 감정을 성적화genitalize하려는 남성적 경향 때문에, 그는 가까운 여성에게 성적으로 흥분되는 자신을 발견하고 그 관계를 성적으로 자극하고 싶은 유혹을 느낄 수 있다.

특정한 유형의 성격은 목사들 사이에서 흔히 발견된다. 애니어그램Enneagram은 영성가들이 사람들의 성격 유형과 개인적인 충동을 이해하도록 돕기 위해 사용한 고대 도구이다. 애니어그램의 용어Rohr and Ebert, 1991를 사용하면, 2번 유형은 많은 수의 사람이 목회에 끌린다. 그 유형은 "나는 필요로 하는 사람이다"와 "나는 도움이 된다"라는 돌보는 사람들이기에 놀랄 일이 아니다. 2번 유형의 사람은 스킨십이 편하고 따뜻한 사람이다. 그들은 쉽게 다른 사람에게 다가가고 빠르게 우정을 형성한다. 봉사는 2번 유형에게 중요하며, 그들은 시간과 소유물을 나누는 데 관대한 경향이 있다.

목사의 역할의 인식된 측면들이 2번 유형을 목회 훈련으로 끌어들일 수도 있지만, 목사라는 직업의 현실은 그들을 실망스럽고 감정적으로 힘들게 할 수도 있다. 2번 유형의 사람들은 감정적인 요구가 충족되지 않을 때 우울증에 빠지기 쉬우므로, 실제적인 목회적 역할은 그들의 행복을 옥죄게 할 수도 있다. 만약 그들이 인정받지 못한다고 느낀다면, 분개하고, 씁쓸하고, 교묘하게 행동하게 될 것이다. 목사의 역할이 요구되면 자신을 다른 사람으로부터 격리하는 경향이 있는 2번 유형의 목사는 우울증에 빠질 수 있다. 2번 유형은 자신의 필요에 직면하는 것보다 다른 사람의 필요를 충족시키는 데 더 뛰어나기 때문에, 그들의 정신적, 감정적 저수지가 얼마나 고갈되어 있는지 알기 전에 먼저 감정적으로 해체되어 무너질 수 있다.

2번 유형은 사람들을 향해 나아가고, 다른 사람들을 돌보고, 그들과 친해짐으로써 다시 활력을 얻는다. 때로는 조종하는 식이지만 말이다. 여성이 남성보다 가까운 교제와 정서적 관계를 제공할 가능성이 더 큰 것으로 보이기 때문에, 2번 유형 목사는 그가 필요로 하는 관계에 대해 여신도들에게 관심을 보일 것이다. 2번 유형은 자신의 필요를 잘 모르기 때문에, 지지와 관계성에 대한 목사의 깊은 욕구가 성적으로 표현될 수도 있다.

MBTIMyers-Briggs Type Indicator를 이용한 연구에 따르면 목회자의 69%는 감정 지향형이고 44%는 감정과 직감 지향형인 것으로 나타났다.Oswald and Kroeger, 1988 일반인의 경우, 12%만이 감정과 직감 지향적이다. 직관적이고 감성적인 성격 스타일의 목사일 경우, 긍정적인 특성은 공감, 카리스마, 깊은 보살핌이다. 목사 후보생들은 종종 직관적-감정적 유형이라면 유리하다. 그들은 전형적인 좋은 목사로서, 따뜻하고 사랑스럽고 친절하고 공감력이 있기 때문이다.

반면에, 직관적-감정적 유형은 그들이 다른 사람들을 구할 수 있고 사람들이 그들을 의존하는 관계를 조장하는 경향이 있다. 그들은 또한 지속적인 지지와 개인적인 감사의 표현이 필요하다. 그들은 다른 유형의 사람들에 비해 비판을 잘 처리하지 못한다. 성도들 대부분은 그 목사를 계속해서 지지하고 응원하는 데 능숙하지 않다.

목회는 직관적-감정적 타입일 수도 있는 많은 일 중독자에게 매력적이기에, 성도들로부터 그들이 갈망하는 지지를 얻기 위한 헛된 시도로 점점 더 열심히 일하는 목사가 많다. 이것은 자신이 믿는 것을 위해 큰 개인적인 희생을 하려는 직관적-감정적 유형의 일반적인 성향과 함께 높은 수준의 좌절과 스트레스를 목사에게 주며, 모두 목사의 성적 학대와 관련이 있다.

마지막 한 가지 성격 범주는 목회자의 성학대와 성격 요소를 논할 때 고려되어야 한다. 이것은 노골적이고 반사회적 성범죄자인데, 그는 목회가 이런 비뚤어진 성적 쾌락을 위해 취약한 희생자들에게 접근할 수 있다는 것을 알고 있기 때문이다. 이런 유형의 범죄자는 청소년부 사역에서 더 자주 발견되는 것으로 보인다. 이것은 청소년부 사역 목사들이 항상 정규 목사의 광범위한 학문적 훈련과 인턴십을 받아야 하는 것은 아니라는 사실 때문일지도 모른다. 많은 교회는 "착한 사람"이라는 기본적인 자질로 사랑받는 자원봉사 차원의 청소년 목회자를 청빙한다.

그러나 대부분의 성학대 가해자들은 자신을 향한 신성한 신뢰와 지위를 침해하려는 의도를 갖고 목회에 들어오지 않았다. 대신, 그들은 힘의 불균형, 목회 고유의 구조적이고 감정적인 문제, 그들 자신의 개인적 특징과 도덕적 자질과 관련된 요소들의 상호작용에 굴복했다. 하지만, 희생자들에 대한 정신적, 정서적 피해는 목회의 의도와 상관관계가 없다. 목사가 취약계층을 학대하는 기회를 준 사역이기 때문에 성직자가 됐든, 아니면 고귀한 의도를 가지고 왔으나 학대에 빠졌든, 피해자들에게 미치는 영향은 파괴적이며 오래 지속된다.

## ─────── 목사들을 위한 안내지침서

이 부분은 교회 내에서 건강하고 학대 없이 자신의 역할을 감당하기 원하는 남성 목사들을 위한 지침들을 제공한다.

1. 자신의 힘에 대해 정직하라. 가부장적 문화에서 남자로서 당신은 여성보다 대개 더 많은 권력을 가지고 있다는 것을 인정하라. 더 많은 경제력, 더 많은 정치적 힘, 더 많은 사회적 힘을 가지고 있다. 목회자의 지위는 다른 역할에서도 당신에게 구체적인 권위와 힘을 준다. 절대 그 힘을 남용하지 않겠다고 자신에게 다짐하라.

2. 자신의 약함에 대해 정직하라. 비록 목사의 역할을 영적 지위로 올려놓더라도, 부적절한 성적 생각과 행동에 대한 자신의 연약함을 인정하라. 권위와 권력의 유혹을 직시하고 고백하라. 목사는 강해야 한다는 신화는 목사들을 자기기만과 명백한 죄에 빠지기 쉽게 만든다.

3. 자신의 상처와 대면하라. 어린 시절부터 겪었던 상처와 고통을 이해하고 직면할 용기와 방법을 찾아라. 치유되기 위해 가능한 모든 것을 하라. 자신을 성숙시키고 고통을 치유하기 위해 교회 내에서 여성을 찾고자 하는 부분을 자각하라. 감정적인 필요를 적절한 방법으로 확인하고 돌보는 법을 배우라.

4. 자신의 영성을 기르라. 교인들의 영적 건강에 대한 책임이 자신의 영적 삶을 계발할 필요를 놓치게 하지 말라. 당신의 내적 삶을 풍요롭게 하며 성장시킬 영적인 훈련을 하는 데 시간과 에너지를 쓰라.

5. 당신의 개인적인 삶을 돌보고 다른 남성들과 친밀한 우정을 발전시키라. 시간을 내어 외부의 관심과 우정을 계발하라. 만약 당신이 결혼했다면, 당신의 배우자와의 관계를 최우선 과제로 삼아라. 친밀한 관계에 소통, 낭만, 재미를 더하고 관계의 건강과 활력에 민감하게 반응하라. 깊은 우정과 감정적인 친밀감을 가진 다른 남성들과 관계를 맺는 법을 배워라.

6. 회중 안에 있는 성적 에너지를 자각하라. 영적 욕구와 성적 욕구가 매우 밀접하게 연관되어 있으므로, 당신은 한 욕구 없이 또 다른 욕구를 가질 수 없다. 이 관계에 대해 정직하라. 이것이 거부되고 억압되면, 교회 내부의 성적 에너지는 위험하고 파괴적으로 된다.

7. 상담지침 안내 및 보호조치를 만들라. 심방을 할 때 다른 사람이나 배우자를 동반하는 것을 고려하라. 짧은 방문이나 상담으로 제한하라. 남성 목사가 여성과의 성적인 문제나 깊은 개인적인 문제를 상담하는 것은 적절하지 않거나 현명하지 않을 수 있다. 교회에 여성 상담 목회자를 고용하는 것을 고려해 달라고 요청하라. 당신의 상담과 목회를 위한 감독 및 피드백을 제공할 전문 상담원을 찾아라. 감정전이와 역감정전이에 대한 문제를 파악하고 적절하게 관리하는 데 필요한 교육을 받아라.

8. 위험 신호에 민감하라. 부적절한 관계로 이동할 수 있다고 보내는 신호가 무엇인지 파악하라. 교인에 대한 잦은 생각, 성적 환상과 그녀와 더 많은 시간을 보내고자 하는 경향을 조심하라. 그녀를 당신의 아내와 비교하는 것을 조심하라. 그녀와 함께 있거나 그녀에 대해 생각할 때, 육체적인 성적 흥분감을 조심하라. 대화를 '우리'나 성적인 문제에 관한 이야기로 바꾸는 경향이 있는지 살펴보라. 당신의 꿈을 주의하라.

9. 책임과 멘토링을 위한 구조를 개발하라. 정직과 투명성에서 정기적으로 만날 수 있는 다른 형제나 목사를 찾아라. 정신적으로 성숙한 사람과 정신적인 멘토 관계를 발전시키고 그에 대한 책임을 다하라. 그에게 당신의 유혹을 공유하고 당신이 학대할 수 있는 연약한 존재라는 것을 인정하라.

10. 건강한 방식으로 여성과 관계를 맺는 법을 배우라. 여성들과 건전한, 성적이지 않은 관계를 발전시키는 데 전념하라. 상호존중하고 힘을 함께 나눌 수 있는 여성들과 상호적이고 일방적이지 않은 관계를 맺는 방법을 배우라.

# 7장

# 회개, 배상, 용서, 화해

어린 딸을 한쪽 골반에 걸쳐 균형을 잡고 차 한 잔을 손에 든 채, 젊은 엄마는 방금 배달된 우편물을 모으기 위해 앞 현관으로 몸을 끌고 갔다. 그녀는 여전히 아이를 안고, 부엌 식탁에 앉아 우편물을 두 종류, 즉 한쪽은 즉시 던져버려도 되고 다른 한쪽은 다시 찬찬히 봐야 할 필요가 있는 것들로 분류했다.

정신없이 분류하는 중에, 그녀를 숨 막히게 하는 손으로 쓴 봉투를 발견했다. 8년 넘게 부모와 접촉하지 않았지만, 기울어진 필체가 아버지의 필체라는 것을 알 수 있었다.

그녀의 갑작스러운 흐느낌은 어린 딸을 놀라게 했다. 딸은 "엄마가 아파?"라고 물었다. 엄마가 곧 괜찮아질 거라고 아이를 안심시킨 뒤 방으로 달려가 침대에 엎드려 오랫동안 억눌려온 눈물을 흘렸다. 나중에 그녀는 주먹으로 꽉 움켜잡았던 구겨진 편지를 열고 읽었다.

이 편지에 아마도 많이 놀랐을 거다. 우리가 오랫동안 만나지 못했고 그간 어떤 연락도 하지 못했기 때문에 말이다. 네가 어렸을 때 밤에 내가 너에게 했던 일들로 인해 매우 화가 났다는 것을 알고 있다. 아마 다른 사람에게 그 일을 말하면 죽여 버리겠다고 말한 것에 대해 특별히 더 화가 나 있을 거다. 네가 엄마에게 말하지 않은 것에 고마워하며 네가 다른 사람에게도 말하지 않았기를 바란다.

그때는 잘 알지 못했다. 나는 몇 달 전에 진정한 기독교인이 되었다. 그 이후로 많은 우울증을 앓았고, 목사님은 고백할 수 없는 죄가 있는지 물으셨지. 너에게 한 짓이 내가 생각할 수 있는 전부였다. 그래서 너에게 용서해 달라고 부탁하는 거다. 손녀딸들과 친해지고 싶으니 조만간 우리를 만나러 올 계획을 세워주길 바란다.

엄마에게는 이것에 대해 아무 말도 하지 말아다오. 네 엄마는 그 당시 일에 대해 아무것도 모르고 이 편지에 대해서도 모르기 때문이다. 나는 너의 삶이 잘 되길 바라며, 네가 나를 용서해 주기를 바란다. 가능한 한 빨리 답장을 다오. 사랑한다, 아빠가.

성적 학대의 희생자들에게 가장 복잡한 문제 중 하나는 학대자에 대한 용서와 화해이다. 희생자들은 마음속에 품고 있는 무거운 짐과 어둠에서 벗어나기를 갈망한다. 그들은 학대받지 않는 친구들이 맺는 관계처럼 자신의 아버지, 형제, 할아버지와의 사이를 꿈꾼다. 어린 시절의 기억 속에 스며있는 두려움과 수치심을 정상적이고 행복한 감정으로 대체하기 위해 거의 모든 것을 할 것이다. 그들은 용서하는 것이 이 모든 것을 가능하게 할 수 있을지 궁금해한다. 용서가 그들을 더 행복하게 하든, 그렇지 않든 생존자들은 기독교인으로서 학대를 용서할 수밖에 없다는 것을 알고 있다. 위대한 성서 학자는 아닐지 몰라도 기독교인들은 용서해야 한다는 것을 알고 있다.

교회는 죄를 지은 사람들을 용서하는 것이 하나님의 용서를 경험하고 행복한 신앙생활을 하기 위한 필수 조건이라고 가르친다. 우리는 우리를 짓밟은 자들을 용서하고 그들과 화해해야 한다는 것을 배웠을 뿐만 아니라, 즉시 그것을 해야 한다고 요청받는다.

일반적으로, 성적 학대의 가해자와 피해자 사이의 화해에 대한 책임은 피해자에게 있다. 많은 목사와 평신도들이 가정하고 전달하는 것은 만약 그녀가 학대를 용서하고 씁쓸한 감정을 떨쳐버리면, 그 관계는 회복될 수 있다는 것이다. 성적 학대 생존자들의 피해에 관한 이야기를 듣는 기독교인들은 다양한 반응을 보이지만, 일관된 관심사는 피해자가 학대자를 "진짜 용서"했는지를 평가하는 것이었다.

슬프게도, 많은 희생자는 기독교 사역자들이 즉시 용서하고 잊어버리지 않는 것에 대해 질책하는 것처럼 느낀다고 보고한다. "우리 목사님은 제가 받은 학대가 이미 27년 전의 이야기라는 것을 듣고, '못나고 불쌍한 여자만이 그 세월이 지났는데도 이런 일들을 기억하는' 것이라고 말했어요." 목사의 반응은 이 여인이 더욱 자기혐오와 자책감을 느끼게 했다. 그녀는 자신이 죄가 있고 악하다는 익숙한 사실에 압도된 채, 목사의 집무실을 떠났다. 그녀는 그날 저녁 자살을 기도했다.

피해자들과 그들의 범죄자들 사이의 화해는 특히 두 사람 모두가 같은 신앙인이고 같은 교회의 교인일 때, 분명 중요하고 바람직한 목표이다. 관계가 깨진 채로 유지되는 한, 당사자들의 삶이 영향을 받을 뿐만 아니라 그들의 가족, 신도들, 더 넓은 기독교 공동체가 영향을 받는다.

그러므로, 피해자들과 범죄자들은 회복된 관계를 위해 일하도록 격려되어야 한다. 그러나 화해는 뉘우침, 보상, 용서를 수반하는 길고도 종종 어려운 과정의 맥락에서 이해되어야 한다. 그다음이 화해이다.

# 회개

상처 난 관계의 화해와 회복은 가해자의 진정한 회개 없이는 일어날 수 없다. 당사자들이 서로에게 뉘우침 없이 피상적인 차원의 휴전을 요청할 수도 있지만, 그것은 화해가 아니다.

회개에 대한 신약성서의 용어는 메타노이아metanoia로, 이것은 완전한 마음의 변화를 가리킨다. 성경에서 회개와 거의 동의어로 나오는 것은 죄악에서 벗어나 하나님께로 향하는 돌이킴이다. 죄에 대한 무거운 고뇌와 깊은 슬픔은 자주 함께 나온다.

교회는 오랫동안 성적인 것에 관해 이야기하는 것을 불편해했기 때문에, 책임감 있는 회개로의 길고 힘든 단계를 거치면서 성적인 죄를 지은 사람들과 함께 하는 것은 아주 불편한 일이 되었다. 대신에 빨리 용서하고 디트리히 본회퍼의 용어인 "값싼 은혜"를 제안하는 경향이 있었다.

범죄자의 빠르고 쉬운 사과를 받아들이는 것이 더 쉽고 편할지 모르지만, 그것은 그들이 회개하고 진정으로 하나님의 용서와 은혜를 경험할 기회를 앗아간다. 범죄자의 성의 없는 사과를 받아들이는 것은 "진정한 회개를 통해 주의 기름 부어짐의 은혜에 대한 무례한 무시이다."Allender, 1990, p.239 회개 없는 용서가 공동체의 기분을 좋게 만들 수도 있지만, 그것은 피해자에게도 가해자에게도 치유를 위한 경험은 아니다.

회개는 "죄송합니다" 또는 "죄송합니다, 다시는 그러지 않겠습니다"라고 말하는 것 이상이다. 회개는 죄를 인정하고 지금까지 행해진 일의 끔찍함을 냉정하게 보는 것을 포함한다. 그것은 다른 사람에게 야기한 고통에 대해 깊은 슬픔을 느낀다는 것을 의미한다. 우울증과 자살 생각이 때때로 이 단계에 동반된다.

진심으로 죄를 뉘우치고 회개하는 사람과 함께 있는 것은 놀라운 경험이며, 종종 창자가 끊어지는 듯한 울음소리와 진심 어린 신음을 동반한다. 진정한 뉘우침은 내면의 비참함에 대한 쓰라린 깨달음을 수반하기 때문에 아프기 마련이다. 이 단계의 고통 때문에 가해자는 믿음의 친구나 목사의 지지와 사랑이 필요하다.

가해자가 자신의 고통을 느낀 후에, 그는 자신이 희생자에게 준 고통을 기꺼이 인정하고 느껴야 한다. 그 학대가 끔찍했다는 것을 지적으로 인정하는 것으로는 충분하지 않다. 그는 피해자의 고통을 느낄 수 있는 지경에 도달해야 한다. 학대가 그녀의 삶에 미치는 영향에 대해 피해자가 말하는 것을 오랜 시간 동안 듣는 것을 포함할 수 있다. 다른 희생자들의 이야기를 읽거나, 치료사와 피해의 지속적인 영향에 관해 이야기하는 것이 요구될 수도 있다.

회개는 가해자가 다시는 자신의 학대행위가 일어나지 않을 것을 확신시키기 위해 필요한 조치를 해야 한다는 것을 의미한다. 어떤 사람들에게 그것은 교회의 규율에 복종하고, 학대받는 사람을 사랑과 확고한 책임감으로 지지하는 성도들과 함께하는 것을 의미할 것이다. 많은 경우, 회개에는 학대의 근본을 이해하고 부적절한 충동을 조절하는 방법을 배우기 위한 길고 집중적인 심리 요법이 포함될 것이다.

일부 학대자에게 있어, 회개는 법적 체계에 따라 적절한 처리를 받아들이는 것을 수반할 수도 있다. 어떤 사람들에게는, 중독적인 행동 패턴이라는 것을 직면하고 "12단계 프로그램Twelve Step"이나 유사한 지원 그룹을 통해 평생 치료하는 데 전념하는 것을 의미할 것이다. 학대자 대부분에게 회개는 남성과 여성에 대한 태도 및 권위와 복종에 대한 유연한 자세와 여성과 아이들과 관련된 더 건강한 패턴을 배우려는 헌신을 포함할 것이다. 슬프게도, 회개는 매우 어려운 단계이기 때문에, 일부 범죄자들은 진정한 회개를 결코 할 수 없을 것이라는 점을 교회는 인정해야 한다.

### ──────── 배상

진정한 회개는 죄에 대한 배상과 학대의 결과를 기꺼이 감수하려는 마음을 포함한다. 그런 마음이 없다면 진정한 회개가 아니다. 그녀가 겪은 고통과 수많은 손실을 보상할 수 있을 만큼 성적 학대의 희생자에게 해줄 수 있는 것은 아무것도 없다. 그러나 어떤 형태의 배상금은 회개와 용서 과정에서 중요한 단계일 수 있다. 상징적인 배상의 행위나 선물은 가해자가 학대의 죄에 책임이 있다는 것을 전달하고 가해자, 피해자, 공동체에 심각한 부상이 일어났음을 인정하는 것이다.

피해자들과 범죄자들은 보통 그들이 적절한 배상 계획을 선택할 수 있도록 도와줄 외부인이나 단체가 필요하다. 배상은 가해자 측의 희생을 요구해야 하며 피해자에게 이익이 되어야 한다. 때때로 범죄자는 피해자의 치료비나 우울증으로 인한 입원을 위해 금전적 요구를 받는다. 때때로 그는 성폭력이나 가정폭력의 희생자들을 치료하는 단체에 기부하도록 요청받는다.

한 목회자에게 성학대를 받은 피해자는 가해자에게 교회 지도자들에게 학대받은 여성들이 함께 모여 개인적인 치유 이야기와 지지를 나눌 수 있도록 재정적으로 후원하라고 요청했다. 한 여성은 반복적으로 행한 자살 시도로 난 손목의 상처를 제거할 수 있도록 아버지에게 성형수술 비용을 지급해 달라고 부탁했다.

한 어린 소녀는 자신을 학대한 오빠가 닌텐도를 하거나 그의 친구들과 어울려 놀고 싶어도 하루에 한 시간씩 자전거를 함께 타거나 그녀에게 책을 읽어달라고 부탁했다. 그는 또한 그녀를 위해 은행 계좌를 개설하도록 요구받았다. 그녀가 더 나이가 들어 학대받은 사건이 뇌리에서 떠나지 않아 시달릴 때, 치료를 위한 자금을 위해 매주 용돈의 75%를 저금하라고 했다.

배상은 응징이 아니다. 그것은 복수도 아니다. 그것은 가해자를 처벌하거나 "되갚아주기" 위해 행해지는 것이 아니다. 대신 그것은 가해자에게 죄에 대한 책임을 묻고 그를 회개와 구원으로 부르는 적절한 절차 일부이다. 그것은 정의를 세우는 중요한 행위이다. 피해자가 개인적인 배상의 필요성을 느끼든 말든, 하나님의 백성은 "정의로운 일을 하며"미가서 6:8 연약하고 억압받는 이들을 변호하는 사람이 되라고 부름을 받았다. 피해자는 정의가 실현되었다는 것을 느꼈을 때, 용서의 과정을 더 쉽게 넘어갈 수 있음을 발견하게 된다.Fortune, 1983

─────── 용서가 아닌 것

용서는 망각이 아니다. 망각에 기반한 용서는 "전두엽 절제술의 기독교적 버전"이다.Allender, 1990, p.15 용서는 성학대와 같은 중요한 개인적인 역사의 한 부분을 잊으려고 노력하는 것이 아닐 뿐 아니라 그것은 바람직하지도 않다. 개인적인 역사를 잊는 것은 생존자가 된 바로 그 사람을 부인하는 것이다. 그것은 피해자와 그녀의 이야기를 욕되게 한다. 그녀 자신이 여기까지 오게 된 삶의 여정을 기억하지 못한다면 오늘의 자신이 된 것을 이해할 수도 없고 기뻐할 수도 없게 된다. 그녀가 인생의 중요한 조각을 잊어버린다면 하나님의 은혜에 대한 경험도 제한된다.

기독교인들이 성학대의 문제를 직면하기가 쉽지 않기 때문에 망각 속으로 자꾸 그 일을 집어넣으려고 하는 경향은 이해가 된다. 만약 피해자가 금방 용서하고 잊는다면, 우리를 불편하게 만드는 이야기를 계속하지 않을 수 있을 것이다.

피해자가 그 학대를 잊는다면, 그들은 더는 어려운 질문을 하지 않을 것이다. 예를 들어 바로 이런 질문 말이다. "나에게 그런 일이 일어났을 때, 하나님은 어디에 계셨던 건가요?", "나를 사랑하고 보호해야 할 사람이 어떻게 나를 학대할 수 있나요?", "왜 가해자가 고백하는 신앙은 나에게 상처 주는 일을 막아주지 못하는 것인가요?", " 이 일이 내게 일어났을 때, 교회는 어디에 있었나요?", "우리 교단에서 평화와 정의를 그렇게 강조하더니 우리가 가족으로 함께 살아가는 삶에 무슨 영향을 주었나요?"

데이비드 옥스버거David Augsburger는 옳은 말을 했다. "분노를 부정하고 마치 아무 일도 일어나지 않은 것처럼 행동하고, 상처받지 않은 것처럼 웃으며, 모든 것을 잊은 듯이 거짓으로 행동하면 그것은 용서가 아니다. 그것은 마법적 환상이다."

용서는 학대를 양해excuse해 주는 것이 아니다. 학대 가해자를 용서하는 것은 이렇게 말하는 것이 아니다. "괜찮아요. 저를 이렇게 많이 상처입히려고 하지 않았다는 것을 알아요." 이것도 아니다. "당신에게 힘든 어린 시절이 있었다는 것을 알아요. 자신을 통제하는 것은 아주 힘든 일이죠." 용서는 학대의 그 비참함에 대해 변명하며 발생한 고통을 과소평가하는 것이 아니다.

상담가들과 목사들은 피해자가 그들의 가해자를 인간적으로 대하고 이해하도록 격려한다. 가해자가 어렸을 적에 받을 법한 학대와 고통에 대해 강조하면서 말이다. 이것은 아마 용서의 과정에서 도움이 될 수도 있다. 하지만 피해자가 그 학대에 대해 양해해 주고 눈감아 주도록 조작하려는 방식으로 제시되어서는 안 된다. 그렇다. 우리는 모두 진흙에 불과하며 우리는 모두 수치스러운 일을 한다. 그러나 이것에 대한 자각이 성학대를 양해하라는 말은 아니다. 이것은 용서될 수 있을 것이다. 그러나 절대 양해받을 일은 아니다.

한 피해자가 말한다. "저는 비난은 비기독교적이라고 배워왔어요. 그래서 나를 성학대한 할아버지를 이해하려고 계속 노력했어요. '그가 정말로 나를 해치려고 한 것은 아니야. 그는 자기가 뭔 짓을 하는지 몰랐어'라고 계속 말했어요. 하지만 그가 얼마나 제게 큰 잘 못 했는지 확실히 인지할 때까지는 진심으로 용서할 수 없었어요."

용서는 가해자의 죄를 사하는 것absolve이 아니다. 학대의 희생자가 가해자를 용서한다고 그의 마음이 순수해지고, 그의 기록이 깨끗해지는 것은 아니다. 용서는 그녀의 책임도 아니고 그녀의 권한도 아니다. 죄에 대한 용서는 오직 하나님만이 할 수 있는 것이다.

그럼에도 불구하고 한 여성은 가족들로부터 "천국에 갈 수 있도록" 학대하는 삼촌을 용서하라는 압력을 받았다. 또 다른 어린 소녀는 근친상간한 아버지를 용서하라는 간청을 받았다. 가해자를 용서하도록 피해자에게 압력을 가하는 것은 잔인하고 무신경할 뿐만 아니라 나쁜 신학이다.

용서는 학대를 영적으로 이해하려고 하는 것이 아니다. 다른 사람에 대한 용서의 확장은 심오하게 영적인 행동이며 영적 성장의 결과로 이어질 수 있다. 그러나 용서는 고통을 피하는 방법이 아니다. 용서는 상처의 공포를 피하기 위해 급하게 경솔하게 해치워야 하는 무엇인가가 아니다.

학대를 영적으로 이해한다는 것은 이런 말이다. "하나님께서 나의 가해자를 용서하시기 원하시며 이것으로부터 나올 좋은 것에 집중하기 원하신다는 것을 알고 있습니다. 그래서 그가 나에게 행한 일을 기억하게 말아 주시고 그것에 대해 말하지 말아 주세요. 그것은 모두 저의 과거의 일이며, 저는 이제 앞으로 나아가고 싶습니다."

혹은 "그 학대가 나에게 어떤 영향을 끼쳤는지에 대해 이야기하는 것은 중요하지 않아요. 제가 그를 이미 예전에 용서했기 때문입니다. 저는 그것을 모두 예수님께 넘겨 드렸어요. 그저 제가 어떻게 세 번의 이혼을 하게 되었는지 알고 싶을 뿐입니다."

대부분의 어린 시절 성학대를 당한 사람들은 그들의 진짜 마음을 부정하고 일어난 일에 대해 자신을 비난하며 그 일이 그렇게 나쁜 일이 아니었던 것처럼 행동하면서 생존했다. 성인들도 어떤 사람은 "레시피에다 영적인 설탕 발림을 하면서" 이와 똑같은 방식을 따르는 경향이 있다.Feldmeth and Finley, 1990, p.129 이것은 감정적인 고통을 다루는 일시적인 방법을 제공할 수는 있어도 용서는 될 수 없다.

용서는 자기비하가 아니다. 기독교인들은 오른뺨을 맞으면 왼뺨도 돌려대라고 배웠으며, 일곱 번씩 일흔 번이라도 용서하라고 배웠다. 그러나 기독교의 용서는 수동적으로 "괜찮습니다. 그는 그럴만한 가치가 없어요. 당신이 무엇을 하든지, 제가 용서하겠습니다"라고 말하는 것이 아니다. 용서는 남성들의 지배와 다른 사람을 압도하는 경향에 대해 피동적으로 체념하는 것이 아니다. 반대로 용서는 아주 작은 것을 얻기 위해 너무 많은 것을 포기하는 여성들의 경향에 굴복하는 것도 아니다.

용서는 가해자를 신뢰하게 되었다는 것을 의미하는 것이 아니다. 용서와 신뢰는 두 개의 다른 과정이다. 피해자가 가해자를 용서하겠다고 결정했다고 해도, 그것이 그녀가 그 남자가 연약한 어린아이들과 둘만 있어도 되겠다며 그를 신뢰했다는 것을 의미할 필요는 없다. 목사나 다른 사람들은 피해자에게 가해자를 신뢰할 수 없다면 그를 진심으로 용서한 것이 아니라고 말하는 실수를 범한다.

성범죄의 치료는 어려운 일이다. 아주 긴 시간이 걸려도 효과가 없을 수 있다. 가해자가 그런 치료를 받지 않고 지속적인 지지와 책임감을 위한 구조 가운데 있지 않으면 알코올 중독자가 와인 저장고에 코르크 마개를 박고 혼자 있는 것보다 그가 어린이들과 단둘이 있는 것이 더 안전하지 않다.

많은 가해자가 자신의 딸이 어렸을 때 성학대를 한 것에 대해 사과를 하고 그들에게 용서를 받았지만, 자신의 손녀와 둘이서 시간을 보내는 것이 허락되지 않는 것에 좌절하게 된다. 학대하지 않은 조부모의 손녀에 대한 접근도 이처럼 어렵게 된다는 것이다. 이것은 학대에 대한 더 슬프고 피할 수 없는 결과이다. 그러나 성학대의 역사를 가진 가족 안에서, 연약한 어린이들의 행복과 안전은 어른들의 욕구보다 먼저 놓여야만 하는 것이다.

──────── 용서에 해당하는 것

용서는 성경에서 중요한 관계적 주제이다. 샬라흐Salah는 우리가 "용서하다"라고 번역하는 주요한 히브리어 단어이다. 이 단어는 구약에서 45번 등장하고 하나님이 사람들에게서 죄를 제거하실 때 언급된다. 두 개의 다른 단어가 또한 용서를 언급하는데 카파르kapar, 잘못된 행동을 덮거나 속죄하는 것와 나사nasa, 죄를 들어 올려 멀리 보내다이다.

신약에서 우리가 "용서하다"라고 번역하는 주요한 그리스어 단어는 아피에미aphiemi이다. 이 단어는 22번 나온다. Vine, 1985 아피에미는 죄를 멀리 보내고 신의 권징이 면제되었고 신과 죄인 사이의 조화가 회복되었다는 것을 포함하는 말이다. 아피에미는 회개와 예수 그리스도의 죽음과 부활을 믿음으로 성취하는 것이며, 이것은 새로운 삶을 가능케 하는 것이다. Enright, Eastin, Golden, Sarinopoulos, and Freedman, 1992

모든 시대의 종교인들과 신앙은 용서의 힘을 이해했고 그것을 가르치고 실천하기 위해 노력해왔다. 현재, 비종교적인 자조 단체조차도 과거 상처의 내적 치유를 위한 용서의 힘을 강조하고 있다. 용서는 자신과 손상된 관계를 치유하는 한 방법이다. 그것은 공동체를 복원하는 방법이다. 성적 학대의 희생자들과 함께 일하는 사람들은 용서가 어린 시절 겪은 학대로부터 회복하는 데 매우 중요하다는 것에 동의한다.

용서는 주로 의지의 행위이며, 의식적인 결정이지만, 권위가 그것을 명령한다고 해서 할 수는 없다. 용서는 "괜찮다"라는 간단한 말이 아니다. 용서는 피해자가 자신의 학대와 관련된 극심한 감정적 고통을 떨쳐버리고 그것을 내적 결심과 평화로 대체할 수 있게 하는 과정이다. 용서는 고통과 혼란을 계속 일으키는 학대의 힘을 약화한다. 용서는 이렇게 말한다.

나는 더는 이 경험이 내 삶을 지배하지 않게 할 것이다. 그것이 계속해서 나 자신을 나쁘게 생각하지 않도록 할 것이다. 그것이 내 인생에서 다른 사람들을 사랑하고 신뢰하는 나의 능력을 제한하지 않도록 할 것이다. 그 경험에 대한 기억이 나를 계속 괴롭히고 통제하게 하도록 하지 않을 것이다. 포춘, 1983, p.209

용서 과정에서 중요한 단계는 피해자가 자신을 용서하는 것이다. 그것은 학대에 대면하는 수단으로서 아마도 고통스럽고 파괴적인 행동을 한 것에 대한 용서일 것이다. 자신을 용서하고 잘 대해준다는 것은 힘든 일일 수도 있지만, 학대에 대한 부적절한 자책감을 떨쳐버리는 데 중요하다.

아이들은 발달 측면에서 자기중심적이기에 자신에게 일어나는 모든 일은 자기중심적인 시각을 통해 해석한다. 그러므로 어린이의 당연한 유치한 경향이 스스로에 대한 비난을 내면화하는 것이다. "내가 나쁜 여자아이라서 그런 일이 일어났을 거예요. 화를 돋우었어요. 어머니를 화나게 했어요. 그래서 엄마가 아버지에게 필요한 것을 주지 못했어요. 왜 그랬는지 그것을 원했어요. 그것을 막거나 도망갈 용기가 없었어요."

자기 비난과 무의식적인 죄의식은 성인 희생자들에게는 자기 파괴적인 행동으로 나타나게 된다. 자기 비난은 무의식적으로 피해자들 자신에게 벌주기 위해 문제와 고통에 계속 집착하게 할 수도 있다. 그러므로 용서는 아동이었던 자신과 학대에 반응한 아이의 몸을 용서하는 것에서부터 시작된다. 용서는 자기 학대 행위를 계속 가하는 어른이 된 몸을 용서하고, 치유하는 데 너무 오랜 시간이 걸리는 어른이 된 마음을 용서하는 것을 포함할 수 있다.

피해자가 학대에 대한 자기 비난과 개인적 죄책감을 포기했을 때, 그녀는 분노, 상처, 공포의 전모를 느낄 준비가 된다. 피해자의 감정적 고통과 범인의 상당한 불의에 대한 이러한 현실적인 평가는 용서 과정에서 중요한 단계이다.Enright, Eastin, Golden, Sarinopoulos and Freedman, 1992

희생자들이 이 단계로 진입하면서 분노와 분함, 절망이 발생할 가능성이 크다. 그녀가 약해지는 이 시기에 필요한 지지와 보호를 제공할 수 있는 사랑하는 든든한 사람들에게 둘러싸여 있는 것이 중요하다. 학대로 인한 피해의 전모를 느끼고 평가하기 위해서는 많은 시간과 에너지가 필요하다. 이 시기는 피해자와 주변 사람들에게 힘든 시기이다. 그녀가 이 단계를 빨리 통과하려고 서두르게 되는 경향이 있는 것은 당연하다.

진실을 말하는 것은 이 과정의 중요한 부분이다. 피해자는 누군가에게 학대와 고통에 대해 말할 수 있어야 한다. 만약 그녀의 학대가 목사에게 당한 것이었다면, 교회의 대표자들은 모든 고통스럽고 불편한 사실에 귀를 기울일 준비가 되어 있어야 한다. 고통이 깊을수록 피해자는 자신의 이야기를 더 자주 해야 할 것이다.

엘리자베스 깅그리치는 그녀가 살아오면서 겪었던 치유와 용서의 과정에 대해 시를 썼다.


소용돌이치는 과정


어둠과 절망으로부터
원과 순환,
안도의 썰물과 밀물,
빛의 아로새김을 돌아
다시 어둠과 두려움 속으로 돌아가 밤늦도록 고군분투한다.
그러나 은혜라고 불리는 것이 뒤따랐고,
그것은 "부활"과 닮은 무언가로
변화되었다.
돌문이 천천히 굴려지고
내 안의 무언가가 풀려나 부르짖었다…

하지만 지금 빛 안에 있는 나는 누구인가?


이야기가 시작된다.

그리고 그 이야기는 들려진다.

이제 더 많은 치유가 펼쳐지기를 기다린다.

당신은 아는가?

나는 난생처음 당황했다.

용서라는 단어 때문에.

적어도 이런 식이라면

그것은 무엇을 뜻하는가?

나는 이것을 어떻게 확장해야 하나?...

그렇게 깊은 상처 속에 있을 때.


오, 어머니이신 하나님, 용서에 대해 가르쳐 주십시오.

소용돌이치는 방식으로,

그것은 멋지고 깊은 것으로 나를 감동시키지요.

전 그것을 위한 시간이 필요해요.

내 마음속에

내 몸에

내 영혼에

내려앉아 깊이 박힐 수 있도록.


용서의 과정이 효율적이고 깔끔하고 직선적인 방식으로 움직이는 경우는 드물다. 더 자주, 용서는 성령의 부드러운 첫 번째 터치에서 분노를 풀어주려는 결연한 시도, 그 후 다시 고통과의 싸움으로 갔다가 다시 그 후, 더 많은 절망에 사로잡힌 힘을 놓으려는 헌신에 닿기 위해 소용돌이로 움직인다. 치유의 시간이 지나면, 중앙에 놓인 고통스러운 중심핵은 삶을 덜 통제하게 된다. 소용돌이가 한 차례씩 지날 때마다 희생자는 지난번보다 더 높고 자유로운 수준에 있는 자신을 발견한다.

만약 피해자가 정의와 배상을 경험한다면, 그녀는 자신을 학대한 자의 행위를 용서하기 더 쉽다는 것을 알게 된다. 목사로부터 받은 성학대의 경우, 교회로부터의 공식적인 인정, 그녀가 폭력을 당했다는 깊은 슬픔의 표현, 그리고 다른 피해자들을 범인의 행동으로부터 보호하려는 조치가 취해지고 있다는 확신으로 충분할 수 있다. 아마도 그녀는 자신의 피해로 인한 상담 비용을 요구할 것이다. 그녀에게 정의가 이루어졌다고 느낄 수 있는 표시로 무엇이 필요한지 물어봐야 한다.

자신이 속한 곳에 책임을 물은 피해자들은 자신의 고통과 상처의 깊이를 느끼고, 정의와 배상을 어느 정도 경험한 후에, 자신의 학대 경험을 삶에 통합시킬 가능성이 더 생기게 된다. 그러면 그녀는 그 학대를 그녀의 삶의 한 부분으로 볼 수 있을 것이다. 그 학대는 그녀의 삶의 유일한 부분이 아니라 그녀의 삶의 일부이다. 만약 그녀가 그것을 끄집어내고, 그 경험을 다시 보고, 그 느낌을 느낀다면 학대의 경험은 항상 있을 것이다.

하지만 이제 그녀는 선택할 수 있다. 그 학대는 어느 순간에도 그녀를 압도할 수 있는 공포의 쓰나미가 아니다. 학대를 그녀의 삶의 전반적인 여정에 통합하는 것은 용서와 그녀를 아픈 과거로부터 해방하는 중요한 단계이다. 학대의 한 생존자는 "나를 성적 학대의 피해자 이상으로, 아버지를 성범죄자 이상으로 볼 수 있을 때, 내가 아버지를 용서하기 시작했다는 것을 알았어요"라고 회고한다.

다른 성적 학대 생존자들이 그들의 용서의 과정에 대해 말할 때 어떤 말을 하는지 들어보라. "저는 제 할아버지를 용서하기 시작했다고 생각합니다. 올가을 저는 할아버지를 생각하고 있었고 우리가 그의 과수원에서 함께 사과를 따던 즐거운 시간을 그리워했기 때문입니다."

한 여성은 이렇게 말한다. "저는 아버지를 용서하기 위해 정말 열심히 노력했습니다. 다음에 그를 보았을 때, 그는 내가 기억하는 것보다 훨씬 작아 보였습니다. 전에 나는 그가 매우 크고 근육질이며 무섭다는 것을 경험했지요. 이제 작은 남자에 대한 슬플 것 같은 연민의 물결을 느꼈습니다."

또 다른 피해자는 이렇게 말했다. "아버지가 저에게 했던 것과 같은 행동을 내가 다른 사람에게 할 수 있는 여지가 있다는 것을 깨닫게 되었을 때, 저는 아버지를 용서하기 시작했다는 것을 알았습니다. 그 깨달음은 그가 나에게 인간으로 보이게 해주었고 내가 용서하기 시작했다는 것을 보여주었죠."

또 다른 피해자는 "내가 진정으로 나를 학대한 사람에게 좋은 일이 일어나고 그가 잘 되기를 진심으로 바랄 수 있었을 때 용서를 향해 가고 있다는 것을 알았어요"라고 말했다.

### ────── 화해

용서가 확대되었을 때 우리가 지향하는 이상적인 것은 화해이다. 이것은 가해자의 파괴적 행동과 의도가 바뀌어야 가능하다. 진정한 회개와 용서가 있을 때, 화해가 일어날 수 있다.

학대로 인해 소원해진 사람들은 생애 처음으로 건강하고 건전한 관계를 경험하게 될 것이다. 어떤 사람이 자신에게 잘못한 사람에게 용서의 악수를 청하며 말하기를, "나에게 돌아와, 네 친구가 되고 싶어"라고 한다.

가정 내 성적 학대의 경우, 그녀는 "제 삶 안으로 들어오세요. 당신의 딸이 되고 싶어요"라고 말할 수도 있다. Smedes, 1984, p.32 스메데스는 또한 다시 함께할 수 있는 삶을 위해 지불해야 하는 것은 잘못한 사람이 소원해진 관계에 대한 현실, 피해자의 고통, 그 고통에 대한 가해자의 책임을 진실하고 정직하게 말하는 것이라고 말한다.

교회 회중은 그들을 화해가 가능한 지점으로 나아가도록 피해자 및 가해자들과 함께 협력해야 한다. 이것은 중요한 하나님나라의 일이며 보람 있는 일이기도 하다. 화해에 있어 진정한 회개와 용서가 함께 하는 것만큼 강력하게 움직이는 경험은 거의 없다. 고통 속에서 소원해지고 고립된 두 사람이 사랑과 화해, 그리고 새로워진 관계로 포용할 때 하늘의 천사들은 반드시 황홀한 기쁨의 춤을 출 것이다.

가해자가 자신에게 잘못한 것이 없다고 부인하고, 그녀를 거짓말쟁이라고 부르고, 모든 것이 그녀의 환상이라고 비난할 때 피해자는 어떤 심정일까? 이런 상황에서는 화해가 일어날 수 없다. 관계를 회복할 수 없다. 기껏해야 두 사람은 계속되는 진실의 부정에 의존하여 피상적인 평화로 함께 존재하게 될 뿐일 것이다.

소외된 부정의 벽을 허물기 위한 시도로 자신의 학대자와 맞선 많은 피해자는 회복된 관계를 끌어낼 수 없다는 좌절감으로 인해 고통받곤 한다. 그녀는 이러한 이상적인 화해를 계속 추구하다 거듭 실패할 수도 있고, 따라서 고통스러운 좌절에 빠져들게 될 수도 있다.

가해자가 학대를 계속 부인할 때 또 다른 선택은 피해자가 일종의 일방적인 용서를 선택하는 것이다. 화해란 가해자는 자신의 행동을 자백하며 행동에 변화를 가져오고 피해자는 용서를 확대하는 것이지만, 학대로 인한 분노와 고통을 일방적으로 버리는 것도 가능하다. 화해 요건이 충족되지 않았을 때, 심지어 가해자가 용서를 구하지 않았을 때도 타인의 죄로 인한 고통과 분노를 놓아주는 것은 가능하다.

고통과 분노를 놓아줌으로써, 피해자들은 회개하려는 의지가 없는 가해자에 의해 사로잡혀 살아가는 삶을 거절하게 되는 것이다. 그렇게 놓아줌으로 그 학대는 계속되는 고통, 절망, 좌절의 근원이 될 힘을 빼앗긴다. 구하지도 않은 용서를 베푸는 것은 생존자에게 힘을 실어준다. 그것은 그녀가 가해자와의 화해가 온전하게 이루어지지 않았음에도 불구하고 그녀의 삶에서 하나님의 은혜, 치유, 기쁨을 경험할 수 있도록 해준다. 물론 하늘에 계신 주인은 생존자가 이 어렵고 용기 있는 조치를 할 때 기뻐하신다.

# 8장

# 학대에 대한 교회 차원의 대응

기독교 가정과 교회에서 성적 학대가 얼마나 흔한지 알게 되면 당연히 충격을 받는다. 어떤 사람들은 문제의 규모와 결과에 직면하면서 우울하고 절망적이며 모든 게 마비되는 느낌을 받는다. 그럼에도 불구하고, 개인과 교회들은 학대에 대한 그 고통과 우려의 마음을 돌려, 피해자들을 위로하고 보호하는 효과적인 방법을 계발하며, 학대자들에게는 하나님과 그들의 희생자들과 더불어 올바른 관계로 나아가게 하고, 약한 사람들에 대한 더 이상의 폭력이 일어나지 않도록 힘써야 한다.

이것은 쉽지 않은 과제일 것이다. 이 과제는 마음에 열의가 없다면 할 수 있는 일이 아니다. 우리가 무시하고 부정하는 게 더 나은 고통스러운 현실에 빛, 진실, 정의를 가져오기 위한 헌신이 필요할 것이다. 이것은 남성, 여성, 어린이, 창조와 타락, 우리의 육체와 영성과의 관계에 관해 가지고 있는 기본적인 가정들을 다시 생각하게 한다.

# ───── 성학대 피해자를 위한 교회의 지지

교회는 어떻게 성학대로 인해 잔인하게 짓밟힌 사람들을 위한 안전한 피난처가 되며, 긍휼을 위한 센터가 될 수 있을까? 교회는 어떻게 피해자들에게 치유하는 사랑과 지원을 줄 수 있을까?

아마도 교회가 취할 수 있는 가장 중요한 조치는 기독교인들 사이에 있는 성학대를 둘러싼 비밀과 부정의 벽을 제거하겠다는 의식적인 결단일 것이다. 성학대를 둘러싼 침묵은 피해자, 가해자, 그들의 가족이나 교회가 치유 받기 전에 허물어져야 한다.

문제를 인지하고 성학대의 죄를 공개적으로 명명함으로 피해자는 자신의 이야기가 많은 기독교 가정의 이야기와 비슷하다는 것을 알게 된다. 그들이 겪은 일이 혼자만의 일이 아니었다는 것을 알아가면서 개인적인 수치는 점점 줄어들게 될 수 있다.

피해자는 그런 성학대의 문제가 존재하는지도 몰랐던 사람들에게 그 이야기를 어떻게 나눌 수 있을까? 교회에서 성학대가 명명될 때, 피해자는 교회를 자신의 고통스러운 여정에서 치유로 향하는 지지를 얻을 수 있는 적합한 장소로 여기게 될 것이다.

좋은 의도에도 불구하고, 남성 목사들은 보통 성학대에서 생존한 여신도들의 치유를 위한 적합한 사람이 아니다. 학대 문제를 다루는 전문적인 훈련의 부족을 넘어, 피해자에게 장애물이 될 목사의 남성성과 관계된 요인이 존재한다. 어떤 교회는 성학대 분야에서 전문적인 훈련을 한 평신도의 팀을 구성한다. 이 팀은 자신을 교회의 소속된 성도인 피해자와 함께하며 사랑하는 마음으로 연대할 수 있도록 훈련된다. 그들은 피해자를 위한 교회 차원의 지지를 위해 교회 내 사용 가능한 추가적인 자원을 제공받는다.

다른 교인들은 피해자를 돕는 친구이자, 그의 말을 경청하는 법을 배우는 데 관심이 있는 사람에게 정보를 제공하는 모임을 한다. 성학대를 직면하는 사람들과 사랑의 마음으로 함께 하기 위한 기본적인 기술을 익히는 데는 전문적인 훈련이 필요하지는 않다. 여기에 피해자들과 함께 일할 평신도를 위한 중요한 가이드라인이 있다.

1. 그녀가 기억의 고통을 겪을 때 당신이 그녀와 함께할 것을 확신시켜 주어라. 인간은 너무나 깨어지기 쉬운 존재라서 깊은 슬픔을 혼자서 견디는 것은 어려운 일이다. 만약 어떤 시점에서 당신이 너무 압도되어 그녀의 이야기를 들을 수 없다고 느끼면 그녀에게 다른 누군가와 연락을 취할 것을 분명히 해주어라. 그녀와 함께할 수 있는 사람을 교회나 전문적인 지역기관에서 찾아라.

2. 당신이 다룰 수 있는 정도의 이상을 맡지 말라. 성학대를 다루는 데 전문적인 치료사들과 함께하도록 피해자를 격려하라. 만약 그녀가 전문적인 상담을 받을 여유가 없다면 교회에 그 금액을 후원하도록 요청하라. 그리고 당신이 그녀의 치료사는 될 수 없을지언정 그녀를 지지하는 친구는 될 것이라고 안심시켜 주어라.

3. 그녀의 감정을 인정해 주어라. 그들이 감정에 압도되어 있을 수 있다. 그러나 거기서 나오라고 말하지 말라. 고통의 깊이를 과소평가하는 것은 역효과를 내며, 당신이 그녀를 이해하지 못한다고 말하는 것일 뿐이다. 이것은 그녀가 교회나 하나님과 다시 관계할 수 없을 만큼 나쁘고 더러워진 사람이라고 믿게 만

들 수 있다. 그녀가 화내도록 하라. 그녀가 가진 감정을 가지면 안 된다고 말하지 말라.

4. 치유를 위한 그녀만의 과정과 회복을 위한 시간표를 존중하라. 피해자마다 과정은 다를 수 있다는 것을 기억하라. 그녀가 준비되지 않았는데 용서하라고 억지로 밀어붙이지 말라.

5. 그녀의 고통 속에서 의미를 찾는 시도를 주의 깊게 듣고 어려운 질문을 하라. 그녀가 하나님에게 분노하고 신앙의 위기를 표현할 때 놀라는 행동을 하지 말라.

6. 무기력한 그녀의 감정을 인지하라. 자신의 삶을 통제하려는 그녀의 노력을 도우라. 자신에게 무엇이 최선인지 결정하려는 그녀와 함께하라.

7. 그녀가 스스로 희망을 품을 수 없을 때 그녀를 위한 소망을 가지라. 치유가 가능하다고 안심시켜라. 영적이고 전문적인 자료가 이용할 수 있도록 준비되어 있고, 당신이나 다른 누군가가 자신의 학대를 직면하고 그 회복을 위한 고통스러운 작업을 위해 함께 하고 있다는 것을 알게 하라.

8. 기도팀을 만들라. 당신이 피해자의 학대 고통을 함께 겪는 길을 가는 동안, 기도하는 팀에게 피해자와 당신과 돕는 사람을 위해 기도해 달라고 부탁하라.

9. 당신 자신의 필요를 돌보라. 당신을 위해 영적으로, 감정적으로, 육체적으

로 충전하라. 학대를 당한 사람과 함께 하는 것은 전문가일지라도 지치는 일이다. 당신의 한계를 알라. 그 한계를 넘지 말라. 주변에 돕는 사람들에게 영적인 도움을 받아라.

10. 치유는 하나님에게서 오는 은혜의 선물이라는 것을 상기하라. 당신은 이 과정에서 도움을 주는 친구이지, 치유가 당신 혼자의 역량에 달린 것은 아니다.

많은 성학대 생존자는 교회에서 자신들의 학대 사실을 공적으로 말할 기회가 절대 없다. 그러나, 생존자인 케디 게맨Cathy Gehman은 교회 모임에서 말했다. 이것이 그녀가 말한 내용이다.

> 저는 가끔 정신적이고 감정적인 고통을 당하느니 휠체어를 타는 것이 낫겠다고 생각해 봅니다. 제가 만약 술에 취한 운전자에 의해 장애가 생겼다면 사람들은 내가 왜 여전히 휠체어를 타는지 혹은 내가 지금까지 왜 수술을 해야 하는지 쉽게 이해할 수 있을 것입니다. 사람들은 이렇게 말하지 않겠죠. "그것은 과거야. 너는 그것을 극복해야 해." 그 이유는 사고는 과거이지만 상처는 현재라는 명백한 증거가 휠체어이기 때문입니다.
> 예수께서 마비된 여성을 치유하실 때, 바리새인들은 안식일에 일한다고 예수에게 많이 화가 나 있었습니다. 가끔 저는 사람들이 저의 치유 방식이나 걸리는 시간을 수용하지 않는다는 것을 느낍니다. 그러나 예수는 말씀하셨습니다. "그렇다면, 아브라함의 딸인 이 여자가 열여덟 해 동안이나 사탄에게 매여 있었으니, 안식일에라도 이 매임을 풀어주어야 하지 않겠느냐?" 누가복음 13:16

사람들은 예수의 타이밍을 좋아하지 않았습니다. 그러나 예수는 그 여인이 18년이나 도움 없이 지냈다는 것을 슬퍼하셨습니다. 2년, 3년 혹은 5년의 치유와 진실을 인정하는 것은 20년의 숨겨진 고통과 거짓된 삶보다 비참한 것은 아닙니다. 진실은 저 스스로에게도 오랫동안 감추어져 있었기에 그것을 드러내는 데도 오랜 시간이 걸립니다.

어떤 사람들은 내가 기독교인이기에 감정적인 고통에 무너지고 무능해져서는 안 된다고 생각하는 것 같습니다. 저도 그리스도의 부활의 능력을 통한 승리에 대한 신학에 동의할 수 있습니다. 그리스도는 나의 치유자이심을 압니다. 성령님께서 나의 힘과 능력의 원천이심을 믿습니다. 저는 믿음 안에서 계속 성장해야 할 필요가 있다는 것도 인지합니다.

그러나 나는 또한 진실이 나를 자유롭게 하리라는 것을 믿으며, 또 진실은 내가 20년 동안 나를 육체적으로 감정적으로 파괴한 짐을 지고 살아왔다는 것임을 믿습니다. 고통과 트라우마를 부인하고 가짜 웃음을 짓는다고 제가 자유로워지지 않았습니다. 실은, 내 진짜 감정과 고통을 깊이 오랫동안 묻었습니다. 어린 내가 직면하기에는 너무나 압도되는 것이었기 때문입니다. 그 감정들은 지금 더 복잡해졌고 강화되었습니다.

오직 처음으로 내 진실한 감정이 빛 가운데 나오도록 허락했을 때, 전에는 알지 못했던 하나님의 사랑과 기쁨과 힘을 느낄 수 있었습니다. 나의 혼란스럽고 이성적이지 않은 그 감정은 내가 살아있으며 오랫동안 죽어있던 감정적인 마비증세에서 나오고 있다는 표시였습니다.

만약 그 감정이 단순히 나 자신에게 미안한 감정이었다면, 저는 그 트라우마를 이겨내기 위해 수백 달러를 쓰지는 않았을 것입니다. 뇌 속의 화학적 불균형을 안정시키려고 약을 먹지는 않을 것입니다. 일주일에 몇

밤을 공포 속에서 깨어나거나 가끔은 나의 남편을 못 알아보는 일은 없었을 것입니다. 나는 비싼 전문가의 상담을 받지 않았을 것입니다. 병원에 입원하지도 않았을 것입니다. 이 과정은 너무 많은 것을 지불해야 하고 고통스러워서 단순히 나 자신에 관한 연민을 이겨내기 위해 통과할 수 있는 것은 아니었습니다. 자기연민은 내가 가지고 있는 것을 대면할 만큼 용감하지 못하고 약합니다. 저는 여기서 빠져나갈 수 있는 유일한 방법은 고통이라는 사실을 알고 있습니다.

저는 많은 문학책을 읽었고, 기독교인이든 아니든 많은 사람과 내가 회복하고 있는 트라우마의 종류에 관해 이야기를 나누었습니다. 모든 자료는 치유가 긴 과정, 보통 수년에 걸친 치료를 포함하는 과정이라는 사실을 확인해 주었습니다.

여러분 중에도 고통에 대한 여러분만의 이야기가 있고 다른 방식으로 혹은 더 짧은 시간 안에 해결되었을 수도 있습니다. 그러나 저는 저만의 과정을 밟아나가야 하고 오직 하나님만이 얼마의 시간이 걸릴지 알고 계십니다. 저를 믿어주세요. 저는 다른 누구보다 이것을 끝내는 데 더 많이 필사적이고 싶습니다.

저는 그리스도가 그의 고통과 죽음 속에서 나의 죄를 짊어지셨듯이 나의 슬픔을 져 주신다는 것을 믿습니다. 저는 제 감정의 황폐함의 진실을 그에게 인정하고 고백을 통하여 십자가 위에 나의 죄를 놓았던 것처럼 그에게 나의 고통을 쏟아 놓습니다.

성화는 순식간에 오지 않습니다. 저는 계속해서 고백해야 합니다. 그러나 서서히 그리스도를 더 닮아 갑니다. 치유도 순식간에 오지 않습니다. 고통의 뿌리가 깊을수록 더 오래 걸립니다. 기도를 통한 십자가 위에서 말입니다.

듣는 것이 고통스러울지라도, 학대 생존자들은 교회 회중에게 그들의 이야기를 나눌 기회가 필요하다. 그것은 그들의 치유를 위해, 교회에서 학대받는 다른 사람들을 어떻게 목회할 것인가에 대한 회중의 이해를 위해 중요한 것이다.

다음 설명은 교회 지도자와 성관계를 맺게 된 한 기독 여성이 쓴 글이다. 이것은 목회자로부터 성폭행을 당해 자살까지 시도했던 그녀가 치유와 회복을 위한 기간 동안, 지역교회 회중이 어떤 역할을 했는지에 대한 기록이다.

처음으로 내 비밀을 누설한 지 9개월이 되었고, 약물 과다복용 후 7개월이 지났습니다. 나는 내 비밀을 이렇게 공개적으로 폭로할 생각은 결코 없었습니다. 하지만 그때 나는 그렇게 사는 것이 얼마나 어려울지 전혀 몰랐습니다. 나는 내 인생을 절대 말하지 않겠다고 맹세했죠.

맹세하지 않았다면 좋았을 것입니다. 진부하게 들릴지 모르지만, "어쩔 수 없었습니다." 저는 갈 길이 보이지 않았어요. 너무 어두웠어요! 그래서 24시간 후에 학대 피해자들을 전문적으로 상대하는 심리학자와 만날 약속이 있었지만, 집에서 20마일 떨어진 병원에 있는 정신병동에 입원했습니다.

돌이켜보면 이상한 것 같았던 제 상태가 잘 기억납니다. 너무 허전했고 마비되었고, 얼어붙었습니다. 저는 눈물도, 강물도, 아니, 엄청나게 쏟아지는 강물 같은 눈물도 기억합니다. 처음에는 조용한 물방울이 몇 방울씩, 떨어지더니, 그다음에는 주루룩 눈물이 흐르고, 그다음에는 퍼붓는 듯 눈물이 나더니, 마침내 콸콸 쉬지 않는 눈물샘이 터져 나왔습니다.

끝없는 눈물로 얼굴이 화끈거렸고, 몸은 얼어붙었습니다.

눈물과 질문들, 나와 다른 사람들의 눈물과 질문들이 내가 이틀 후에 집에 온 이유입니다. 처음에는 아무도 보고 싶지 않았습니다. 오직 목사님과 사모님, 그리고 제 올케만이 병원에서 저를 볼 수 있도록 허락을 받았습니다. 집에 돌아왔을 때 상황은 바뀌었습니다. 보기에는 모든 사람이 방문을 원하는 것 같았습니다, 아니 방문할 필요가 있었던 것 같았습니다.

제 아이들은 저에게 "엄마, 왜 아프다고 말하시 않았어요?"라며 나가왔어요.

"그건 너희 잘못이 아니야"라고 내가 아이들에게 말했죠. 아이들은 나를 껴안았습니다.

"우리가 뭔가를 잘못 했구나? 우리 잘못이지?"라고 부모님께서 물으셨죠.

"그냥 소리 지르고 싶으면 소리 질러"라고 시어머니가 제안했습니다.

"우리 모두 각자의 몫이 있지"라고 제 자매 중 한 명이 말했습니다. 다른 한 명은 "무슨 일이든 상관없어, 우린 널 위해 여기 있어"라고 말했습니다.

"넌 우리를 꽤 걱정시켰다"라고 오빠가 말했어요. 다른 두 남동생은 전화를 통해 인사말과 잘 지내라는 당부의 말을 전해 주었죠.

나를 단지 안아주거나 "사랑해"라고 말하기 위해 전화를 걸거나 들르는 친구들의 계속된 방문에 저는 "무슨 일이 생겼지만, 아직 말할 수 없어요"라고 응대했습니다.

나중에 제가 한 일을 듣고 상처를 받을 만큼, 신경을 썼던 사람들은 분노, 배신, 양면성의 질문들과 감정들을 가지고 제게 돌아왔습니다. 하지만 여전히 사랑을 가지고요.

"물어볼 것이 있으면 물어보세요"라고 그들에게 말했습니다. "이 사건은 도저히 묵과할 수 없습니다." 그들의 사랑은 자신들이 느끼고 있는 것을 묘사하기 위해 사용한 날카롭고 찌르는 듯한 말보다 훨씬 더 많은 것을 보상해 주었습니다.

그들의 사랑은 말보다 훨씬 더 깊이 파고들었습니다. "저는 이것을 이해하고 싶습니다. 어찌 된 일입니까? 자세히 설명해 주실 수 있나요?"라고 한 선의의 방문객이 말했습니다.

그 말들은 마음에 사무쳤습니다. 제가 무엇을 했는지 아직 이해할 수 없었습니다. '어떻게, 왜, 무엇을'이란 질문은 여전히 답이 나오지 않은 채 제 머릿속에 있습니다. 오, 끝없는 대답할 수 없는 질문들. 이처럼 넘쳐나는 질문에 또 하나의 질문을 덧붙일 사람은 필요하지 않습니다. 그런 방문은 도움이 되지 않았습니다.

또 다른 사람이 이런 조언을 했습니다. "제가 보기에는 '참으로 안타깝다'라는 말밖에 할 수 없네요. 하지만 계속 뒤를 돌아볼 수는 없어요. 그냥 자신의 인생을 살아가세요." 그녀의 말과 함께 나의 엄청난 경험은 최소한의 경솔함으로 줄어들었습니다. 그녀는 단 몇 마디 말로 내가 과거를 해석하고 미래를 되찾을 수 있는 권리를 부인했습니다. 그것 또한 도움이 되지 않았습니다.

많은 사람은 아니지만 어떤 사람들은 나를 피했습니다. 무관심 때문이 아니라 제가 저지른 죄질에 대한 그들의 개인적인 불편함 때문이라고 생각합니다. 그녀가 어떻게? 어떻게 감히 그녀가? 그 질문들이 나와의 접촉을 막고 있었습니다.

몇몇 사람들은 죄의식을 느끼기도 했습니다. 어느 일요일 내가 울면서 예배당을 떠나자 한 여자가 나에게 말했습니다. "어휴, 불쌍한 아이, 그간 말을 걸지 않아 미안해. 너무 혼란스러웠어."

그러한 반응은 그들이 생각한 것과는 다른 방식이었지만, 어쨌든 도움이 되었습니다. 나는 그때 내가 불쌍하지도, 아이도 아니라는 것을 깨달았습니다. 그리고 나는 동정심을 원하지 않았습니다. 이것은 어른의 경험이었습니다. 그 말을 듣고 나는 불쌍한 희생자가 아니라 생존자가 되었습니다.

나의 교회. 내 집. 어떻게 돌아가죠? 이 탕자가 여전히 환영받을 수 있을까요? 나의 교회 성도들은 레드 카펫을 깔아 주었습니다. 무지개빛깔의 12개의 꽃꽂이가 나를 다시 초대했지요. "제발 회복하세요. 우리는 당신을 사랑해요"라는 메시지가 왔습니다. 카드가 군데군데 놓여서 우리를 위해 기도한다는 약속과 소망을 전달했습니다. 어머니는 제게 얼마나 많은 사람이 저를 위해 기도하는지 아느냐고 물으셨어요. "수백 명이 있어"라고 어머니가 말했습니다.

저는 돌아왔습니다. 내가 어떻게 안 그럴 수 있겠어요? 처음에는 두려움과 떨림과 함께, 아무도 나를 볼 수 없을 거라고 생각하는 예배실 뒤쪽에 안전하게 숨어 있었습니다. 끝나고 나서 나는 눈에 띄지 않기를 바라고 바라며 우리 밴이 있는 쪽으로 슬그머니 나갔지요.

주차장 건너편에서 두 여인이 큰 소리로 내 이름을 불렀어요. "안녕하세요!"

주일마다 늘 같은 일이 발생했습니다. 나는 여전히 필요했고, 가치가 있었죠. 팔을 토닥거리기, 재빨리 안아주기, 손을 잡아주기, 웃어주기, 심지어 침묵조차도 교회가 나를 위해 쏟는 사랑을 억누를 수 없었습니다. 넓은 현관을 가로질러 걸어오던 날을 잊을 수가 없을 것입니다. 은혜로 오랜 시간 죄인이었던 제가 사람이 되었습니다.

다음 주일, 저는 하던 대로 반복했습니다. 이번에는 눈빛을 피하지 않으면서요. 몇 주 뒤에, 우리 가족은 조금 더 앞자리로 가서 앉았습니다. 크리스마스이브에 우리는 맨 앞줄에 앉았습니다.

"고요한 밤, 거룩한 밤" 저도 함께 노래했습니다.

무엇이 도움이 되었을까요? 사랑, 인내, 수용, 정직. 내가 누구이고 누구인지에 대한 계속된 상기들.

"사랑과 돌봄에 대한 당신의 은사는 제거되지 않아요"라고 누군가가 나에게 써주었습니다. "우리는 다윗의 애가를 읽었어요. 왜 당신의 애가는 안 되겠어요?"라고 한 친구가 적어 주었어요. 그녀는 내가 계속하여 글을 쓰도록 격려했어요.

"우리는 당신으로부터 우리 문제 해결의 답을 얻기로 결심했어요." 한 부부가 아름다운 식당에서 저녁을 먹고 한 시간가량 걸려 집으로 돌아가는 차 안에서 이렇게 말해주었습니다. 그러나 더 기억에 남는 것은 방문이었어요. 나는 그것을 즐겼어요. 진심으로 애쓰는 것 없이 좋아했어요. 진실한 친구들은 공간뿐 아니라 소망을 주었죠. 그들은 이 여정이 시간이 오래 걸릴 것을 알았습니다. 소망의 빛이 앞에서 빛나고 있었습니다.

처음 몇 달 동안 누구에게서라도 쉽게 말이 나올 수 있었을까요? 당연히 그렇게 하는 것은 힘듭니다. 사람들이 말을 선택하면서 얼굴에서 투

쟁하는 것을 보았어요. "무조건적 사랑을 드립니다. 우리 소그룹에 남아 주길 바라요." 그 말들은 천천히 더듬거리며 나왔습니다.

"하나님의 사랑으로 당신을 사랑하고 싶어요"라고 다른 친구가 말했습니다. 나는 그녀가 화를 풀 수 있을지 궁금했습니다. 일주일 후, 그녀는 나를 방문했죠. 그녀는 동정심이 인다고 내게 말했어요. 우리의 우정에 대한 그녀의 헌신에 대한 나의 의심은 풀렸죠.

여전히 나는 다시 신뢰하는 것이 어렵다는 것을 깨닫고 있습니다. 특히 관계에 있어 나는 너무 무력했습니다. 하지만 그건 내 문제지, 내 친구들의 문제가 아니었습니다. 내 친구들이 내게 준 넘치는 사랑은 꿈속에서도 상상할 수 없었습니다.

내 인생의 사람들은 계속해서 나를 초대했고, 나를 다시 삶의 터전으로 불렀습니다. 그들은 나를 기억했습니다. 그리고 어딘가에서, 어쩐지 정확한 순간은 기억나지 않지만, 저는 살아났을 뿐만 아니라 제가 누구인지를 다시 발견했습니다. 그것으로 나는 내 삶의 터전을 찾기 위해 다시 시작했습니다.

어떤 성경 이야기도 돌아온 탕자의 이야기처럼 나의 최근 변화를 나타내지는 못합니다. "내 아들은 죽었다가 다시 살아났고, 잃었다가 다시 발견되었으니."

아무도 내 친구 마리처럼 이 구절을 그렇게 깊이 있는 생동감으로 옮기지 못했습니다. 그녀는 내 경험에 들어와서 조용하지만 강력하며 치유하는 방식으로 함께 했습니다. 먼저 그녀는 나에 대한 사랑을 표현하는 카드를 보냈고 구원이 가장 중요하다고 말해주었습니다. 만약 내가 하나님을 내 삶에 들어오게 하면 하나님은 이 경험을 좋은 것으로 바꿀 것이라고 했습니다.

마리는 동료가 되어 주겠다고 했지만 내가 연락을 먼저 하기를 기다렸습니다. 그녀는 제게 아주 귀중한 선물을 주었어요. 그녀는 제게 통제력을 주었죠. 가장 힘이 없어 보이는 상태에서 누군가가 내게 선택권을 주었습니다. 내가 어떻게 긍정적으로 답하지 않을 수 있을까요?

나는 시간을 끌었고 그녀는 기다렸습니다. 우리는 날짜를 잡았습니다. 수치와 초조감으로 나는 그녀의 아파트 문으로 다가갔습니다. 노크했습니다. 노크가 끝나기도 전에 그녀는 나와 서 있었습니다. 팔을 활짝 폈다가 갑자기 나를 감싸 안았습니다.

"사랑해"라고 그녀가 말했습니다.

그리고 그녀는 예수의 큰 그림을 마주 보고 있는 의자로 저를 안내했습니다. 예수는 그녀가 저와 함께 인사했던 것과 비슷한 포즈를 취했습니다. 양팔을 벌리고 손짓으로 오라고 합니다. 그림에 대한 설명은 불필요했을지도 모르겠습니다. 그의 눈이 모든 것을 말했습니다. 하나님은 나에게 등을 돌리지 않았습니다. "이로 인해, 내 딸은 죽었다가 다시 살아났고, 잃었다가 찾았노라."

나는 아마도 운이 좋은 사람 중 한 명일 것입니다. 내 가족은 나의 친구들과 교회와 같이 나의 곁에 있었습니다. 나에게 일어난 일에 화가 날 만큼 나를 사랑하지만, 나를 너무 사랑하기에 배신하거나 더 나쁘게는 이 경험으로 나를 통제하려 하지 않는 남편이 있습니다. 그는 나를 병원에서 집으로 데려오면서, 우리의 미래를 준비했습니다. "이곳은 우리의 집이자, 우리의 삶이요"라고 말했습니다.

사랑, 그것이 가장 큰 도움이 된 것입니다. 사람-사랑을 통해 보이는 하나님-사랑. 어떻게 안 돌아올 수 있겠어요? 저는 저의 여정을 거치면서 받은 사랑과 지지에 대해 헤아릴 수 없을 만큼 감사하게 생각하고 있습니다.

## ──────── 가해자를 향한 교회의 역할

성도가 성적 학대자라는 것을 알게 된 교회 회중은 모르는 척하거나 그래서 모든 것이 평소처럼 계속되도록 하거나, 불안하고 고통스럽고 어색한 문제와 씨름하거나 해야 한다. 범죄 사실이 폭로된 후 처음의 충격을 넘어, 교회는 세상뿐만 아니라 그들 자신의 형제자매들 사이에 있는 악의 실체에 직면할 수밖에 없다.

때때로 자신을 기독교인이라고 부르는 사람들, 주일마다 교회에서 우리와 함께 앉아 있는 사람들은 정말로 자신의 삶에 악을 허락한다. 우리와 함께 성찬식을 하고 주일학교 교사로 가르치거나 설교하는 바로 그 사람들이 때로 정말로 선보다 악을 택하기도 하고, 생명을 주는 행동 대신 정말로 죽음을 택하기도 한다.

성폭력은 죄악의 비참함을 직면하게 한다. 바로 우리 믿음의 공동체의 죄 말이다. 회중이 믿고 사랑한 기독교인들에게 유린당하는 피해자들의 고통을 경청하다 보면 인간의 타락에 대한 절망감에 휩싸이는 자신을 발견할 수도 있다. 회중은 일종의 공동 우울증, 에너지, 희망, 기쁨의 상실 등을 경험할 수 있다. 특히 가해자가 교회나 교단의 지도자일 경우 더욱 그러할 수 있다.

회중은 중요한 신학적 질문들과 씨름해야 할 것이다. 우리는 그리스도 안에서 새로운 삶의 가능성을 인정하는가? 우리는 하나님이 상처받은 몸과 황폐한 영혼을 모두 치유할 수 있다고 믿는가? 우리는 깨진 관계가 회복될 수 있다고 믿는가? 우리는 다른 사람의 개인적인 죄에 맞설 권리가 있는가, 아니면 이것은 하나님의 일인가? 우리가 다른 한쪽 뺨을 돌리는 삶을 믿으면서, 악에 맞설 수 있는가? 우리는 하나님이 악보다 더 위대하다고 믿는가? 우리는 하나님의 은혜와 용서가 혐오스럽고 비난받아 마땅하다고 생각하는 죄까지도 덮을 수 있다고 진정으로 믿는가?

교회 회중에 있는 가해자들과 효과적으로, 그리고 그들을 구원하기 위한 일을 위해 교회는 부활의 힘과 가해자와 피해자 모두에 대한 그리스도 안에서의 새로운 삶의 가능성에 대한 믿음을 재확인해야 한다. 비록 새로운 삶을 향해 나아가야 하는 조치들이 어렵겠지만, 회중은 희생자와 가해자, 그리고 양쪽 가족을 위해 새로운 삶의 비전을 내밀어야 한다.

부활과 새로운 삶에 대한 소망을 열정적으로 추구하면서도, 회중은 그 목표를 향한 가장 적절하고 도움이 되는 과정을 신중하게 결정해야 한다. 이것을 하기 위해서 그들은 성범죄자들 사이의 특정한 공통적인 경향을 알아야 한다.

현장에서 일하는 많은 사람은 범죄자들 사이에서 부인하는 일이 흔하다는 것을 관찰했다. 주디스 허먼1981, p.22이 말하듯이, "부인은 항상 근친상간 아버지의 첫 방어선이었다." 많은 성범죄자는 그 학대를 전면 부인한다. 어떤 사람들은 그들의 학대행위의 전모를 축소하고 행동 일부만을 인정한다. "네, 저는 그녀의 가슴을 몇 번 애무했지만, 확실히 그 이상은 나가지 않았어요."

다른 가해자들은 그들의 행동을 인정하지만, 그 행동을 정당화한다. "그것은 정말로 그녀를 해치지 않았어요.", "그것을 그녀는 좋아했습니다.", "그녀가 자극적인 짧은 가운을 입었는데, 어떻게 참을 수 있었겠어요?", "그녀는 호기심이 많았고, 저는 몇 년 후에 그녀가 알아야 할 몇 가지를 가르쳐 준 것뿐입니다."

일부 범죄자들은 그 행동을 인정하면서도 책임을 부인한다. 때때로 그들은 그들의 음주, 직장에서의 스트레스, 그들 아내의 성에 관한 관심 부족, 그들 자신의 "과잉 발달한 성욕"을 탓한다. 이러한 행동들은 범죄자들이 문제를 외부화하고 학대에 대한 책임을 지지 않도록 한다.

교회 안에 있는 비전문가들 대부분은 성범죄자들의 부정 정도나 집요함에 대해 준비가 되어 있지 않다. 결과적으로, 그들은 범죄자가 그 죄의 정도와 그가 다른 사람에게 일으킨 고통에 대한 책임을 부인하고 있을 때, 그들이 진실을 말하고 있다고 쉽게 받아들일 수도 있을 것이다. 범죄자의 부정하는 언변에 휘둘리는 것은 그가 마음의 어둠을 마주하지 못하게 하고 회개, 구원과 회복의 경험을 할 수 없도록 하는 것이 될 것이다.

이처럼 교인들은 유죄판결을 받은 범죄자들 사이에서 '종교적 회심'이 흔하다는 것을 알아야 한다. 그들은 종종 붙잡혀 유죄판결을 받을 때 극단적인 후회를 보인다. 그들의 "회심" 후에 그들은 지금은 치료가 필요하지 않고 대신 더 많이 기도하고, 성경을 더 읽고, 교회 활동에 더 열심히 해야 한다고 주장하는 경향이 있다. 그들은 하나님에게 더 의존하리라 약속한다. 그들은 교회 성도나 목사가 그들의 범죄에 대한 완전한 법적 처벌을 피하려고 그들을 위한 증인으로 증언하도록 조종할 수 있다.

물론, 성범죄자들 사이에서 진실한 회심이 이루어질 수 있고 그것은 바람직하다. 그렇다면 성적 학대에 대한 치료를 회피하는 것이 주된 목표인 종교 회심자들과 진정한 회심을 어떻게 구별할 수 있을까? 쏠터Salter, 1988는 그 차이가 하나님에 대한 새로운 경험이 치료를 통해 그의 행동을 변화시킬 힘을 주는 것으로 보는지 혹은 치료의 필요성을 없애는 것으로 보는지에 있다고 관찰한다. 교인들은 범죄자들이 그들의 문제를 인정하고 전문적인 치료를 받지 않는 한 다시 학대할 소지가 있다는 것을 알아야 한다. 학대를 인정하고 치료를 받는다고 해서 가해자가 다시는 학대를 하지 않을 것이라는 보장은 없지만, 이는 더 이상의 학대를 막기 위한 중요한 조치이다.

붙잡힌 성추행 가해자는 하나님과 고발자들 앞에서 개인적인 수치와 죄악과 씨름할 수밖에 없다. 범인이 자신의 타락, 수치심, 파괴에 직면해야 할 때, 자살에 대한 위협과 몸짓은 흔한 일이다. 이것이 가해자가 경험해야 하는 일 중에서 가장 중요한 지점일지도 모른다. 그는 영혼에 더 높은 부정의 장벽을 세울지도 모른다. 아니면 하나님과 그의 동료 교인들 앞에서 진정한 뉘우침으로 무릎을 꿇고 치유를 향한 여정을 시작할지도 모른다.

그와 가까운 목사나 교인들은 이 시점에서 중요한 역할을 한다. 그가 다른 사람에 대한 자신의 죄에 슬프고 화가 나 있지만, 그들은 그를 사랑하고 그의 어려운 다음 단계를 함께 걷는 데 전념하고 있다는 것을 확신시켜야 한다. 그들은 그의 학대 재발을 방지하는 치료를 받을 수 있도록 단호해야 한다. 만약 그가 법원에서 유죄판결을 받았다면, 교인들은 그가 법체계에 협조하도록 해야 한다. 만약 그가 법적으로 기소되지 않았다면, 교인들은 그가 성학대에 관하여 치료과정을 밟는지 살피는 권위와 영향력을 사용해야 한다.

교인들은 성범죄자들을 위한 전문적인 도움을 받는 것의 중요성을 이해할 필요가 있다. 성적 학대는 전문적인 치료가 필요하다. 이러한 치료는 아무리 현명하고 선의로 다가선다고 해도 일반인이 범죄자에게 할 수 있는 것이 아니다. 전문적인 치료가 없으면 범인은 다시 학대를 저지를 가능성이 크다.

불행하게도, 전문적인 치료 후에도 학대를 다시 할 수 있다. 치료를 통해 가해자는 자신의 학대 성향에 대해 정직해지는 방법과 다시 학대로 돌아갈 가능성이 있는 상황에 부닥치지 않도록 하는 방법을 배울 수 있다.

성학대의 죄악으로부터 회복하는 것은 매일의 지속적인 과정이다. 성범죄자들과 함께 일하는 전문가들 대부분은 가해자들에게 평생 지속하는 상담이 필요하다고 생각한다. 교인들은 범죄자들이 다시는 성학대를 자행하지 않기 위해 도움을 계속 받도록 필요한 종류의 책임을 제공할 수 있다. 교인들은 단호하고 사랑스럽게 "당신을 사랑하기 때문에, 우리는 더는 학대행위를 용납하지 않을 것입니다. 저희는 이것을 죄라 명명하며 다시는 학대를 하지 않는 데 필요한 도움을 받게 할 것입니다"라고 말해야 한다. 12단계 프로그램은 범죄자에 대한 회복과 책임의 중요한 요소가 될 수 있으며, 교인들이 범죄자에게 참여를 요청할 수도 있다.

교회는 또한 과거의 학대자에게 "우리는 우리의 아이들을 사랑하고 당신을 사랑하기 때문에, 당신이 유혹에 빠지거나 학대에 취약할 수 있는 상황에 놓이게 하지 않을 것입니다"라고 말할 필요가 있다. 우리는 크리스천으로서 용서에 최우선 순위를 두기 때문에, 과거의 성추행 가해자들이 회개하고 치료를 구했더라도 취약한 아이들에게 접근하고 권한을 부여하는 교회 내 위치에 서도록 허용하지 않아야 한다. 이것은 어렵지만 중요하기 때문이다.

교회는 범인의 진정한 회개를 돕는 데 중요한 역할을 할 수 있다. 성경에 나오는 회개라는 용어는 '메타노이아'이다. 이것은 죄된 폭력적인 행동에서 사랑스럽고 인간적인 방식으로 다른 사람들과 상호작용하는 변화를 포함한다.

회개란 "죄송합니다"라고 말하는 것 이상이라는 것을 범죄자가 이해하도록 교회는 도와야 한다. 그것은 7장에서 논의된 바와 같이 하나님의 다른 자녀의 삶을 파괴한 원인이 된다는 것을 인정하는 것이다. 그리고 그녀에게 저지른 폭력의 끔찍함을 느끼고 고백하는 것, 보상하려고 시도하는 것, 개인적인 약점을 알게 되는 것, 그 파괴적인 행동이 다시는 일어나지 않도록 가능한 모든 것을 하는 것이다.

교회는 가해자가 구원과 치유를 향해 이 단계들을 걸어가는 동안 이해하고 책임감을 가질 수 있도록 도울 수 있다. 설령 수십 년 전에 명백한 학대가 끝났다고 해도, 성학대로 이어진 애초의 사고방식이 존재하고 있으며, 그것은 가해자 안에서 반드시 대면하고 변화시켜야 하며 치유해야 하는 것이다.

비록 수년 동안 학대를 하지 않았더라도, 치료받지 않은 가해자는 자신의 죄를 마주하고 회개, 보상, 용서의 단계를 밟는 데 도움이 필요할 것이다. 그는 여성과 아이들에게 보인 파괴적인 태도와 행동에 대한 그의 지속적인 취약함을 이해하기 위해 계속 노력해야 할 필요가 있다.

─────── **학대에 영향을 받은 가족과 동행하기**

성학대로 가족의 일원이 공개적으로 비난을 받게 되면 고통과 불안이 전체 가족과 교회 공동체에 나타난다. 아래의 내용은 교회 가족 중 근친상간이 일어난 사건에 반응하는 한 교회의 진실한 이야기이다. 이 내용은 교회의 목회양육 위원회의 위원이 쓴 글이다.

잭 밀러는 자신의 막내딸을 성추행한 혐의로 체포되었다. 맨디는 그의 유일한 희생자였다. 밀러의 가족은 교회에서 잘 알려진 사람들이었고 눈에 아주 잘 띄는 식구였다. 사실, 잭은 청소년부 주일학교 교사로 봉사했다가 그의 임기를 막 마친 상태였다.

우리 교회는 작고 따뜻한 공동체이다. 그들은 서로 친구처럼 지내며, 어려움이 닥칠 때마다 서로를 돌봐주는 곳으로 알려져 있었다. 어려운 문제를 다룰 때마다 정직하고 투명한 방식으로 그것을 다루어 온 많은 경험이 있는 곳이었다. 그러나 이렇게 깊은 슬픔과 여러 형태로 사람들의 마음을 아프게 한 슬픔을 다루었던 적은 없었다. 교회는 바로 길고도 예측할 수 없는 과정에 들어가게 된 것을 인식할 수 있었다.

3명의 파트 타임 목회자들과 3명의 평신도로 구성된 6명의 목회양육위원회는 과정을 밟아갔다. 특별히 첫 6개월은 희미한 불빛 속을 걸어가는 느낌이었다. 단 한 발자국만 볼 수 있을 정도의 빛만 존재했다. 리더들은 그 빛이 점점 밝아지리라는 믿음을 가져야만 했다. 물론 이것은 장기 계획을 만들 수 있는 사안은 아니었다.

목회양육위원회는 교회에 몇 개의 하위그룹이 있다고 판단했고 이 격변의 시기에 그들의 고유한 필요에 따라 봉사하는 일을 했다. 이 하위그룹은 가족, 즉 가해자가 아닌 배우자, 가해자, 피해자 및 가족의 다른 아이들, 청소년 주일학교의 구성원, 그리고 성적 학대에 관한 이해가 부족한 교인들을 포함했다.

특히 피해자인 맨디에게 관심이 집중되었다. 체포 후 첫 2주 동안 두세 번의 회의가 가족들과 열렸다. 잭과의 만남은 다른 가족과의 만남과는 별개로 진행되었다.

잭과 그의 아내 캐시를 중심으로 별도의 지지 그룹이 결성되었다. 그 그룹들은 네다섯 명의 배려심 많은 교인과 목회양육위원 중 한 명으로 구성되어 있었다. 각 그룹의 목적은 개인의 말을 듣고, 그들이 결정을 내리는 것을 돕고, 잭이 회개와 치유를 위해 필요한 조치를 하도록 격려하는 것이었다.

이 그룹들은 체포 후 1년 동안 정기적으로 모임을 했다. 여러 번 각 그룹의 대표 중 한 명이 잭과 캐시를 공동으로 만나 교착 상태에 빠진 문제를 중재했다. 예를 들어, 몇 가지 논의는 그들의 부부관계가 화해될 수 있는지에 초점을 맞췄다.

그가 체포되고 첫 일요일에 온 교인들에게 그의 체포와 혐의를 알렸다. 전체 교회모임은 둘째 일요일에 열렸다. 그 당시 교인들은 범죄와 체포에 대한 그들의 반응에 대해 말할 기회가 주어졌다. 그들은 목회양육위원회에 어떻게 진행해야 하는지에 대한 조언을 주기 위해 모였다.

대부분의 이야기는 미리 선택된 리더/청취자들로 구성된 소규모 토론 그룹에서 진행되었다. 희생자인 맨디, 아내 캐시, 또는 다른 가족들이 이 모임에 참석할 때마다, 다른 그룹들이 모여서 이야기를 하기 전에 지지 그룹들이 먼저 그들 주변에 결성되었다.

잭의 주일 학교반이었던 청소년들과 잭의 자녀들의 친구들을 위해 별도의 모임이 열렸다. 이 모임의 목적은 청소년들에게 감정을 표출하고 상처 입은 친구들을 도울 기회를 주기 위한 것이었다.

형사 사법 제도와의 접촉도 이루어졌다. 교인들을 대표하여 서한 한 통이 작성되어 판사와 검사에게 주어졌다. 잭은 체포 당시 자신의 죄를 자백했고 그의 행동에 대한 모든 책임을 계속해서 질 것을 말했다. 교회 서한에는 가족을 지원하고, 가해자에게 책임을 묻고, 성학대 문제에 대해 교인들을 교육하기 위해 교단이 취하고 있는 조치들이 개략적으로 설명되어 있었다.

6명에서 10명의 신도가 잭과 캐시를 따라 법정에 섰는데 처음에는 그가 항소할 때였고 나중에는 그가 선고받을 때였다. 판사는 선고 당시 회중 대표들에게 조언을 구했다. 그는 그 조언을 선고 연설에 포함했다.

잭은 주말마다 복역을 했다. 교인들은 그를 감옥까지 태워다 주고 데려왔다. 잭은 징역형 외에 사회봉사 명령을 받았다. 교회 대표들은 이 봉사를 기획하고 감독하며 공무원들에게 보고해야 할 책무를 받았다.

캐시, 잭, 맨디, 다른 자녀들은 지역 상담 서비스를 이용했다. 때때로 교회가 이 상담 비용을 지불했다. 재정적인 지원은 여러모로 제공되었다. 예를 들어 잭이 별도의 주거지를 마련할 때도 도와주었다. 잭과 캐시는 또한 교회의 격려로 은행에 재정 상담을 요청하기도 했다.

목회양육위원회는 일 년 내내 관련된 일련의 회중 모임을 계획했다. 이 모임에서는 가해자들에 관한 이야기를 듣고, 또 다른 가해자와 그의 가족의 경험을 듣고, 또 다른 근친상간의 두 명의 생존자들의 이야기를 들었다. 몇몇 모임에서는 현재 교회 가족에 대한 논의와 어떻게 도울지에 대한 논의를 포함했다. 때로는 밀러 부부가 참석하기도 하고, 때로는 토론의 민감한 성격 때문에 일부러 자리를 비우기도 했다.

목회양육위원회는 또한 다른 가해자들에게 학대를 당했던 교회의 생존자들과 직접, 정기적으로 접촉했다. 몇 달 동안 생존자들과 그들의 배우자들은 지원 상담, 그룹 도움, 회의, 전화 통화, 방문을 제공받았다. 몇몇 생존자는 잭이 그들 사이에서 제기한 고통스러운 문제들에 대해 상담을 받을 수 있도록 회중의 재정 지원 제의를 받아들였다.

수용되고 계획되고 있는 단계들에 대해 정기적인 메모를 상세히 썼다. 또한, 위원회는 잭, 캐시 및 그 가족에 대한 소식을 업데이트했으며, 밀러 가족 및 교인과 같이 일하면서 들어오는 광범위한 의견들을 환영했다.

이 메모들은 각 가족의 우편함에 놓여있었다.

청소년들을 위한 성교육 수업이 열렸다. 때때로 청소년들은 다른 모임에도 참석하곤 했다. 그들이 그렇게 하자 토론을 위해 그들만의 작은 그룹을 만들었다.

잭은 1년 이상 교회에 다니지 않았다. 처음에 그는 보석해제명령으로 그의 아이들과 같은 장소에 있는 것이 금지되었다. 그 명령이 철회된 후, 목회양육위원회는 그가 여러 조치를 할 때까지 교회를 출석하지 말 것을 요청했다. 예를 들어, 그가 자신의 행동에 대해 교인들에게 소통할 수 있고, 그의 가족이 기꺼이 교회에 출석할 의사가 있음을 나타내며, 다른 생존자들이 그의 선례에 대한 반응을 정리할 수 있는 시간을 가질 수 있기 위한 요구였다.

잭은 체포 7개월 후 일요일 아침 예배 중에 읽을 편지를 교인들에게 썼다. 2주 후 목회양육위원회는 잭과 오기를 원하는 사람들과 비공식 모임을 했다. 약 20명의 사람이 그와 이야기하기 위해 왔다.

그가 체포된 지 16개월이 지난 후, 목회양육위원회는 잭이 행사와 예배에 참석하도록 주선했다. 교인들은 사전 통보를 받았다. 목회양육위원회와 그의 가족, 다른 생존자들과 그들의 배우자들, 그리고 교인들 사이에 더 많은 논의가 이루어졌다. 체포된 지 18개월이 지난 후, 목회양육위원회의 감독 아래 잭은 격월로 교회에 다니기 시작했다.

당초 구속되면서 필요했던 별거는 계속되고 있다. 그 커플은 정기적으로 연락을 한다. 아이들은 아버지와 어떤 수준의 상호작용을 원하는지 선택한다.

목회양육위원회는 아래와 같은 사실을 관찰했다.

1. 우리 교회가 직접적이고 주도적인 차원에서 협력할 수 있었던 것은 밀러 가족이 기꺼이 그들 자신을 개방하였기 때문이었다. 리더들은 피해를 주는 소문을 막기 위해 세심하게 정확한 정보를 주는 것이 중요하다고 느꼈다. 때때로 밀러 가족은 "그것이 이미 우리 손을 떠났다"라는 점을 우려하며 자신들의 문제를 그렇게 공개적으로 다루는 것이 좋을지 의문을 제기해 왔다. 그럼에도 불구하고, 그들은 그렇게 함으로써 교회가 그들에게 많은 지원을 할 수 있었다는 점을 인정하고 교회가 더 개방적이고 효과적으로 일할 수 있게 해주었다.

2. 잭이 자신의 범죄에 대해 전적인 책임을 지려는 의지는 교회가 그의 유죄를 결정하는 데 인정을 베풀었다는 것을 의미했다.

3. 이 과정은 리더들의 엄청난 역량이 필요했다. 위원회는 자신들과 교회 성도들을 위해 정한 직접적이고 중대한 과정을 따르는 것이 중요하다고 느꼈다. 그것은 매우 많은 치유의 잠재성을 가지고 있기 때문이다.

4. 그것은 교회에 힘든 일이다. 그 상황과 과정에 대해 긴장과 불편함이 표출되어왔다. 직접적인 경험이 없는 사람들은 느린 과정에 조급해하며 빠른 용서와 화해를 촉구하고 있다. 성적 학대를 당한 사람들과 그들의 배우자들은 그들의 모임에서 성적 학대의 주제가 여전히 "진행형"이라는 것과 예배에 가해자로 확정된 자들과 함께 앉는 것에 대해 큰 불편을

겪었다. 그 후 리더쉽 팀은 다른 생존자들의 치유를 도울 수 있는 대응을 계획하고 실행하도록 교회그룹에 요청했다. 이 그룹은 회중이 생존자들에게 실질적인 지원을 할 수 있도록 돕고 성학대 죄를 통탄할 방법을 찾을 수 있도록 도와달라는 요청을 받았다. 외부 전문가들은 교회의 이런 과정 중 여러 지점에서 활용되었다. 전문가들을 자주 활용하는 것이 더 도움이 되었을지도 모른다.

5. 형사사법제도는 죄의 유죄판결, 선고, 갱생에서 교회의 역할을 분명히 환영했다.

6. 교회가 아동과 가족에 대한 성적 학대와 다른 형태의 폭력을 직접 다루는 것이 중요해 보인다. 그것은 사라지지 않을 것이다. 따라서 공개적으로 직접 회개, 책임감, 변화된 행동, 치유, 용서, 화해의 문을 열 수 있는 최선의 기회를 제공하는 방법으로 그것을 다루는 것이 이치에 맞다.

# 9장

# 생존자들을 배려한 예배드리기

성도들이 모일 때마다 학대의 피해자와 가해자 모두 참석한다. 예배를 계획하고 이끄는 사람들은 이 분명하고 피할 수 없는 현실을 명심할 필요가 있다.

가장 최근에 참석했던 예배에 대해 생각해 보라. 그리고 당신이 성적 학대의 피해자라고 상상해 보라. 이번에는 당신이 가해자라고 상상해 보라. 당신에게 예배는 어땠을까? 교회는 당신의 숨겨진 고통을 기꺼이 인정해 줄 의지에 대해 어떤 소통을 해주었나? 그 예배가 어떻게 당신 마음의 비밀스러운 두려움을 건드렸나?

의식, 예식, 기도는 일반적인 언어가 할 수 없는 방식으로 영혼에 감동을 준다. 그것은 학대로 상처받은 누군가의 내면에 치유의 방식으로 도달될 강력한 도구가 될 수 있다. 대신, 우리의 대중적 예배가 희생자에게 더 폭력적이고, 그녀의 고통을 아무도 이해하지 못한다고 느끼게 할 수도 있다. 그들의 예배는 예식, 의식, 애도, 기도가 함께 움직여 나가야 한다. 그것은 학대의 죄를 명명하고 그녀의 학대받은 몸과 영혼의 절망을 인정하는 것이다.

치유의식 중 일부는 언어와 상징성에 있어서 충분히 일반적이기에 그들은 광범위한 희생자들의 마음을 진지하게 어루만질 것이며 공공 예배에 적합할 것이다. 몇몇 생존자들은 상처에서 치유로 가는 여정을 기념하기 위한 독특한 개인적인 의식을 만들기 위해 치료사, 친구 또는 작은 지원 단체와 일하는 것을 선택했다. 생존자 개개인의 특정한 이야기와 필요를 위한 의식은 온전함을 향한 중요한 디딤돌이 될 수 있다.

의식적인 요소가 가미된 학대를 경험한 피해자에게 치유의식은 특히 중요할 수 있다. 그녀의 의식적인 학대에 사용되었을지도 모르는 촛불, 상자, 또는 특정한 옷과 같은 상징들이 영원히 그 물건들의 선한 힘을 되찾기 위한 치유의식에 포함될 수 있다.

나의 친구 조이스는 이렇게 썼다. "가끔 저는 치유와 축복을 위한 진정한 예식에 대한 공상을 해 봅니다. 어떤 내용으로 구성되어 있을까요? 찬송가, 암송, 의식들. 나는 용서와 자비를 구하는 부분을 상상해 봅니다. 종, 박수, 정의를 위한 불빛, 당연히 약간의 기름. 멋지지 않은가요?"

조이스는 더 나아가 생존자들이 믿음의 교회라는 맥락 안에서 그들이 느끼는 수치심과 깊은 고뇌를 온몸으로 표현할 수 있어야 한다고 지적한다. "생존자들은 그들의 부끄러움을 교회 문밖에 남겨둘 것이 아니라 치유와 축복을 위한 회중의 환경으로 가져오도록 초대되어야 합니다."

성폭력은 생존자들의 몸에서 경험된 것이기 때문에 치유 또한, 그녀의 상처 입은 영혼뿐 아니라 비극을 당한 몸을 인정하고 회복해야 할 필요가 있다. 교회는 치유를 위한 개인적인 의식을 계발하는 데 관심이 있는 생존자들과 함께 일해야 한다.

평신도 치유자이자 교회 장로인 캐트린 패스모어는 치유의식을 계획하는 것에 생존자를 포함하는 것이 중요하다고 말한다. 그녀는 생존자의 역할을 주의 깊은 경청자로서 사람들에게 무엇이 개인적으로 안전하고 진정성 있으며, 의미 있는가를 발견할 수 있도록 격려하는 중요한 역할을 하는 자로 보고 있다.

그녀가 참여한 한 치유의식은 강독을 따라 치러졌다. 학대받은 여성이 자신을 향한 부적절한 성적 접촉과 권력의 '과거 불태우기'를 상징하기 위해 가해자의 사진을 불태웠다. 그리고 그녀는 자발적으로 그리스도의 무한한 동정심과 치유력을 상징적으로 보여주는 강물을 퍼 올렸고, 불에 탄 사진에서 모든 재를 씻어냈다.

캐트린은 치유의식에서 성령의 자발적인 움직임에 민감하게 반응하는 것이 중요하다고 믿는다. "저는 종종 계획되지 않은 요소들이 하나님의 치유를 위한 터치에 가장 큰 영향을 미친다는 것을 발견합니다."

나는 가해자들을 위한 고해성사와 애도의 의식을 행했다. 한 남자가 치료 세션에 자신과 딸의 사진을 가져왔다. 이 사진은 그가 그녀를 학대하기 직전에 찍은 것이다. 그는 건축용지로 검은 봉투를 만들어 학대가 시작될 때부터 그와 그녀와의 관계를 특징지었던 어둠과 악을 상징적으로 표현했다.

검은 봉투 안에 딸의 사진을 넣은 뒤 가슴 가까이 들고 천천히 앞뒤로 흔들며 잃어버린 세월과 딸과의 관계, 딸에게 안겨준 깊은 고통에 크고 깊게 울었다. 나중에 그는 사진을 치우고 검은 봉투를 작은 조각들로 찢은 다음, 이제 성인이 된 딸에게 그들이 관계를 재건하기 전에 그가 무엇을 해야 하는지 묻는 편지를 썼다.

몇 달 후 나는 이 남자를 도와 애도와 고해성사를 썼다. 그는 회중으로부터 가까운 친구들 몇 명을 초대해 자신의 이야기를 나누고, 죄를 고백하고, 자신의 이야기를 낭독하는 애도의 예배에 함께 참여하게 했다. 그리고 그 친구들은 그를 에워싸고, 그에게 손을 얹고 용서와 치유를 빌었다. 하나는 치료사의 사무실에서 개인적으로 행해지고 다른 하나는 기독교 친구들과 공개적으로 공유되었다.

이러한 의식은 이 가해자의 치유 여정에 중추적인 디딤돌이 되는 것처럼 보였다.

한 교회는 활동적인 교회 성도였던 근친상간 가해자를 위해 "묶고 푸는"마태복음 16:19 참조 의식을 가졌다. 이것은 그가 사법제도에 협조하고, 상담을 받고, 그의 악에 맞서고, 죄를 고백하고, 그의 가족과 용서와 화해를 위해 일하면서 가해자와 그의 가족에 대한 몇 년간의 적극적인 교회의 개입에 의한 결과였다.

그 의식에서 그는 어린아이들과 청소년들과 접촉할 수 있는 교회 과제와 활동에 관여하는 것을 금지묶임당했다. 다만 어린 친구들과 접촉하거나 접근할 수 없는 교회 활동에 참여할 수 있도록 느슨해졌다허락되었다.

효과적인 의식은 개인이나 그룹을 위해 계획될 수 있다. 요한복음 12장여기서 베다니의 마리아는 값비싼 향수를 예수에게 붓는다을 바탕으로 한 명상을 이끈 뒤, 목사 메리 버크셔 스투벤은 치유의식을 통해 한 무리의 여성들을 이끌었다. 그의 이야기 내내 마리아는 절대 말하지 않는다는 것을 주목했다. 유다는 공격하고 예수는 방어하지만, 마리아는 침묵한다.

이것은 성경 이야기와 역사의 많은 부분에 걸쳐 여성들이 침묵하는 것과는 다른 것이다. 메리는 말을 하지 않는다. 하지만 그녀는 행동한다. 그녀는 허락을 구하지도 않고 정당화하려고도 하지도 않는다. 메리 버크셔 스투벤은 "이렇게 낭비하듯 지나치며 단호한 태도로 행동하는 것은 그녀가 예수의 제자로서 깨닫고 소유하게 된 권위에서 행동하고 있다는 것을 나타낸다"라고 말한다.

그 의식은 학대받는 여성들에게 내면의 권위를 돌려주기 위한 것이었다. 명상이 끝난 후 여성들은 네다섯 명씩 무리를 지어 서 있었다. 각 그룹은 향기로운 기름이 담긴 작은 그릇을 가졌다. 첫 번째 여성들은 그들 자신의 고통과 학대의 현실을 인정하고, 기름에 담근 손끝으로 그들의 뺨에 눈물 자국을 그리며 그들 자신에게 기름을 바르도록 초대되었다.

그다음에 각 여성은 그녀의 옆에 서 있는 여자에게 기름을 붓도록 초대되었다. 이번에는 그 여자의 이마 위에 하트 모양으로 기름을 바르고 있었다. '우리의 마음이 온전해지고, 함께 하는 마음과 생각이 함께 치유되고, 우리의 권위를 알고, 우리의 평화를 주장할 수 있기를.'

많은 여성이 치유 여행의 하나로 개인적인 기도와 애도의 글을 쓴다. 만약 그들이 요청한다면, 공공 예배를 위해 기꺼이 이것을 공유할 수도 있다. 다른 사람들은 예배 자료를 준비하기 위해 예배 기획 위원회와 기꺼이 협력할 수 있다.

다음 자료들은 학대받는 사람들의 경험에 민감하다. 이것들은 이 책을 위해 쓴 것이고 희생자에 민감한 자원의 예로 포함되어 있다. 이것들을 자유롭게 사용하거나 당신만의 것을 만들 때 이 자료들이 영감을 주도록 쓰이길 바란다.

축복의 시

조이스 먼로

당신에게 빛이 있기에
어두운 밤을 지날 때도 당신의 길을 안심할 수 있습니다.

하나님이 당신을 부드럽게 감싸고 계십니다.
당신은 혼자가 아닙니다.
평화의 물에 당신의 길을 냅니다.
당신은 그 길을 가는 동안 도움을 구할 수 있습니다.

비록 당신이 깊은 고통의 계곡을 지날지라도

두려워할 필요가 없습니다.

분노는 생채기에 연고가 될 것이며,

눈물은 깨끗하게 하기 위해 흐를 것입니다.


당신 적의 목전에서

치유자가 당신에게 기름을 붓게 하십시오.

친구들은 당신 앞에 상을 펼치며

당신에게 쉼을 줄 것입니다.


하나님께서 조용히 당신을 씻게 하십시오.

평안을 속삭이며

당신과 함께 숨 쉬게 하십시오.

당신이 소망이나 힘을 잃어버린 시간에.


오늘 그리고 당신의 모든 날에

선함과 자비가 당신에게 있기에

즐거움의 춤을 추고

큰 소리로 할렐루야 외치며 웃고

호산나 부르며 뛰십시오.

하나님의 평화가 당신에게 있습니다.

그 평화 안에서 영원히 살게 될 것입니다.

## 응답의 기도

### 엘리자베스 킹그리히

**모두:** 오, 하나님. 가까이 계시며 당신의 사랑으로 저를 축복하소서.

**읽는 이:** 가끔은 사랑으로 나를 감싸시는 하나님의 임재를 경험합니다. 하지만 "저의 고통이 언제 사라집니까?"라고 질문하는 날도 있습니다.

**모두:** 오, 하나님, 가까이 계시며 당신의 사랑으로 저를 축복하소서.

**읽는 이:** 당신은 제가 어떤 날에 거했든지 은혜, 사랑, 당신의 신실하심을 가르쳐 주셨습니다.

**모두:** 오, 하나님, 가까이 계시며 당신의 사랑으로 저를 축복하소서.

**읽는 이:** 하나님, 제가 당신의 끊임없는 치유과정에 열려 있게 지키소서. 제가 계속 배우고, 저의 분노, 고통, 상처를 보내는 일에 열려 있게 하소서. 제가 저의 치유와 온전함이 당신의 손에서 행해지고 있음을 믿고 신뢰하게 지키소서.

**모두:** 오, 하나님 가까이 계시며 당신의 사랑으로, 당신의 부드러운 포옹으로, 당신의 영원한 임재로 저를 축복하소서.

## 성찬을 위한 낭독

마가복음 14:22~24에 기초하여 신디 하이네스 커프만

**인도자:** 그들이 먹는 동안, 예수는 빵을 떼어 축사하시고 나눠 주시며 말씀하셨습니다. "받아먹으라, 이것은 내 몸이다."

**모두:** 밀가루로 만든 이 빵을 먹을 때, 이 빵과 사람의 손에 얻어맞은 어떤 이들을 생각합니다.

**인도자:** 밀가루는 소금과 함께 섞습니다.

**모두:** 우리는 소금이 상처에 너무 쓰라리다는 것을 기억합니다. 우리가 다시 우리의 형제자매를 말과 행동으로 상처 주는 일이 없기를 기도합니다.

**인도자:** 하나님, 당신께 이 나눠진 빵과 우리 자매 형제들의 찢겨진 몸과 영혼을 축복해 주시기를 구합니다. 우리가 이 빵을 먹을 때, 당신이 계속 치유하여 주시길 간구합니다.

(조용한 기도와 빵을 먹기 위한 잠깐의 멈춤)

**인도자:** 그때, 예수께서 잔을 드시고 감사하신 후에 그것을 제자들에게 주셨습니다. 그들이 그것을 다 마시자 주님께서 그들에게 말씀하셨습니다. "이것은 많은 사람을 위해 흘린 내 언약의 피이다."

**모두:** 우리가 이 포도 음료를 마실 때 이 주스와 사람의 손에 의해 짓눌린 어떤 이들을 생각합니다.

**인도자:** 포도주는 상처를 깨끗하게 하는 데 사용됩니다.

**모두:** 하나님께서 우리를 영적으로, 정서적으로, 육체적으로 깨끗하게 하여 주시길 구합니다.

**인도자:** 하나님, 이 으깨진 음료와 우리 자매 형제들의 짓눌린 몸과 영혼을 축복하시길 구합니다. 우리가 이 주스를 마실 때 많은 열매를 맺을 수 있는 새로운 성장이 시작되도록 하시길 간구합니다. 아멘

## 인정과 고백의 탄원
마가복음 15:15~20에 기초하여, 신디 하이네스 커프만

**인도자:** 군중들이 만족하기를 바라면서 빌라도는 바라바를 풀어주었습니다. 그리고 예수를 때린 후, 십자가에 못 박히도록 내어 주었습니다.

**모두:** 우리는 죄를 지은 당사자들은 풀려나는 동안 우리의 자매 형제들이 예수님처럼 채찍질 당하고 벌 받으며 다른 사람이 저지른 범죄의 희생자가 되었다는 것을 인정합니다. 우리, 군중들은 종종 이런 '징계'에 만족해 왔고, 학대가 계속되도록 방관했음을 고백합니다.

**인도자:** 군인들은 그를 궁궐의 뜰 즉, 총독의 본거지로 끌고 가서, 온 동료를 불러 모았습니다. 그들은 그에게 자주색 옷을 입히고, 가시 몇 개를 꼬아서 왕관을 만든 다음에, 그것을 그에게 씌웠습니다. 그들은 '유대인의 왕 만세!' 하며, 예수에게 절했습니다.

**모두:** 우리는 또래들 앞에서 조롱을 당했던 사람들, 그들의 삶의 모든 면

에서 비판받고 학대에 대해 진실을 말했으나 그들의 말을 모두 왜곡한 사람들이 우리 가운데 있음을 인정합니다. 우리가 이 불신자 중 하나였다는 것을 고백합니다.

**인도자:** 그들은 갈대로 그의 머리를 때리고, 그에게 침을 뱉고, 그에게 경의를 표하며 무릎을 꿇었습니다.

**모두:** 우리는 예수님처럼 머리를 맞은 형제 자매들이 있음을 인정합니다. 몇몇은 타박상을 견뎠습니다. 일부는 수치스럽게 침뱉음을 당했습니다. 우리는 비폭력에 대한 우리의 믿음이 항상 가정에서 실천된 것이 아님을 고백합니다. 비공개석상에서 우리 자매 형제에게 개인적으로 굴욕감을 주고 학대를 가하면서 공개적인 자리에서는 그들에게 호의를 가장하는 이들이 있다는 것도 인정합니다.

**인도자:** 예수를 조롱한 후에 그들은 자주색 옷을 벗기고 그의 옷을 입혔습니다.

**모두:** 우리는 강제로 어린아이들의 옷과 그들의 천진난만함을 빼앗은 사람이 우리 중에 있음을 인정합니다. 우리는 그들이 마땅히 존중의 옷을 입을 자격이 있다는 것을 인정합니다. 학대받은 자매 형제를 죄가 없는 자로 보는 데 실패했음을 고백합니다.

**인도자:** 그리고 그들은 예수를 십자가에 못 받기 위해 끌고 갔습니다.

**모두:** 우리는 직접적이든 간접적이든 학대의 결과로 죽은 자매 형제들을 인정합니다. 우리는 학대에 대해 비밀로 하고, 그것을 부정하며 그들

을 죽음으로 내몬 공범자임을 고백합니다. 하나님, 우리를 둘러싸고 있는 학대를 볼 수 있게 우리의 눈을 뜨게 하소서. 입을 열어 우리가 본 것을 말하게 하소서. 우리의 손을 사용해서 자매 형제를 치료하게 하소서. 우리의 마음을 열어 그들의 아픔을 느끼게 하시고 그들이 온전함으로 회복되는 여정에 사랑하게 하소서. 우리에게 용기와 힘을 주시고 사랑에 힘을 실어주소서. 아멘.

## 신앙의 확신

캐롤린 홀더리드 헤겐

그룹1: 우리는 폭력을 넘어서

그룹2: 사랑이 있음을 믿습니다.

그룹1: 절망을 넘어

그룹2: 희망이 있음을 믿습니다.

그룹1: 고통 너머에

그룹2: 쉼을 찾을 수 있음을 믿습니다.

그룹1: 우리의 상처를 넘어서

그룹2: 치유가 있음을 믿습니다.

그룹1: 우리의 고통을 넘어서

그룹2: 우리가 기쁨을 찾을 것을 믿습니다.

모두: 오, 하나님, 우리의 불신을 변화시켜 주시고 우리를 부드럽게 어둠에서 빛으로 인도하여 주소서.

# 이사야에 의해 영감받은 세 부분으로 나뉜 기도

조이스 먼로

I.

사랑하는 주님, 주님은 슬픔과 분노를 잘 아십니다.

우리의 흐느낌을 들으소서.

신뢰하는 사람에게 학대받고 방치된 아동을 위해,

남자들에게 유린당한 소녀들과 여자들을 위해,

영혼이 죽을 때까지 복종하고 희생하도록 배워온 아내들을 위해,

물건으로 취급되는 소년들과 남자들을 위해,

여자와 아이들을 지배하지 않는다면, 자신이 영적인 권위가 없는 것이라고 믿도록 배워온 남성들을 위해.

우리의 분노를 들으소서.

그들이 돌봐야 할 사람들을 착취한 부모, 친척, 목사, 청소년 담당자, 교회 리더, 교사, 멘토, 상담사들을 향한.

오, 슬픔과 분노의 하나님,

당신의 백성을 위로하소서.

우리를 버리지 마소서.

II.

당신은 영원하신 하나님, 우주의 창조주이시니

우리가 새롭게 태어나게 하소서.

아무것도 남기지 마소서.

수치를 씻으시고, 욕심을 뒤엎어 주소서.

관계에서 지은 죄의 값을 치르게 하소서.

그리고 어떻게 사랑하는지를 알려주소서.


오, 영원하신 하나님, 넓은 세상의 창조주.

우리가 당신의 것임을 알게 하소서.


III.

당신은 모으시는 하나님이시니

빛을 비추소서!

빛을 비추소서!

당신의 영을 우리에게 부으소서!

황무지와 같은 우리의 삶에 정의의 비를 내리소서.


우리가 꽃 피울 수 있도록.

이 땅에 정의를 심으소서.

약속하셨듯, 상한 갈대도 꺾지 마소서.

당신의 은혜의 팔로 우리를 안으소서.

깊은 물을 지날 때, 타오르는 불꽃을 지날 때,

자비로 우리를 안으소서.

아무도 무익하게 되거나 잃지 않게 하소서.


아멘, 아멘, 아멘.

## 깊은 곳으로부터

앤 캠벨 편집


시편 102:1~2, 4~5; 시편 109:29~31; 시편 129:1~2, 130:1


**인도자:** 나의 기도를 들으소서, 오 주님! 나의 간구하는 외침이 당신께 닿을 수 있게 하소서.

**그룹:** 깊은 곳에서부터 당신을 향하여 부르짖나이다, 오 주님.


**인도자:** 그들은 내가 어렸을 때부터 나를 수없이 핍박하였습니다.

**그룹:** 나의 고통의 날에 당신의 얼굴을 숨기지 마소서.


**인도자:** 내 마음은 풀처럼 시들어 버렸습니다.

**그룹:** 진실로, 나의 신음이 커서, 내 뼈가 살가죽이 달라붙어서 먹는 것을 잊었나이다.


**인도자:** 나는 누운 채로 깨어나 집 꼭대기 위의 외로운 새처럼 되었습니다.

**그룹:** 그들은 내가 어렸을 때부터 나를 여러 번 박해했으나, 아직 그들은 나를 이기지 못했습니다.

**인도자:** 나를 고발하는 자들에게 불명예스러운 옷을 입게 하소서. 그들이 옷을 입듯이 그들 자신의 수치로 옷 입게 하소서.

**그룹:** 나는 내 입으로 주님께 풍성한 감사를 드리겠습니다. 그리고 많은 사람 가운데서 주를 찬양할 것입니다. 주님은 가난한 자들의 오른쪽에서서, 영혼을 심판하는 자들로부터 그들을 구원해 주십니다.


## 가장 작은 자들을 위한 기도

조이스 먼로


우리의 은혜로우신 창조의 하나님,

우리는 지금 우리 중에서 가장 연약한 것들을 들고 있습니다.

주님의 관심을 바랍니다.


우리는 주님의 가장 따뜻한 사랑과 자비를 간청합니다.

그들이 고통을 받았기 때문입니다.

그들을 먹이고 가르친 사람들의 손에 의해

그들이 풀밭에 있는 참새처럼 쓰러졌습니다.


하지만 우리도,

주님의 눈이 땅을 살피고, 말씀이 육신이 되는데,

그들과 관련하여 많은 비극을 저질렀습니다.


우리는 침묵을 요구했습니다.

그들의 평화의 표현으로서,

그리고 그들이 침묵을 깼을 때,

우리는 너무 자주 우리 자신을 보호하기 위해 움직였습니다.

가끔은 그들의 진실을 거짓이라고 불렀습니다.

우리는 그것들을 우리 자신의 이익을 위해 사용했습니다.

우리는 약한 자들에게 힘을 쓰고 싶은 유혹을 받기 때문입니다.

우리는 그들의 순수함을 빼앗았습니다.

그리고 그들 위에 우리의 것인 수치심을 쌓았습니다.


이것들은 가장 약한 자들을 향한 우리의 죄입니다.

우리는 그들에게 고백하며

지금 주님의 치유의 손길을 청합니다.

그들에게 그리고 우리에게.


가장 작은 것이 잘 자라게 하시옵소서.

순수함과 아름다움으로

그들을 먹이시고,

그들에게 분노를 명확히 하는 법을 가르치시며,

그들의 존엄성을 회복하여 주시옵소서.

우리가 여행을 떠나게 하십시오.

우리 자신의 수치심과 연약함의 계곡을 따라서,

약한 자들이 우리에게 길을 보여주게 하시옵소서.

우리의 평온함에 즉각적인 대가를 치르더라도.

은혜로우신 창조의 하나님,

우리 각자의 가장 작은 비밀들을

우리가 그들을 소중히 여길 수 있을 때까지

어머니처럼 돌보아 주시옵소서.

아멘.


**지넷 갯초는 다음과 같이 썼다.**


저는 보통 기도문을 좋아하지 않습니다. 기도문은 누군가 내 입에 말을 집어넣는 느낌이 듭니다. 아래 기도문은 회중이 말하고 싶은 단어를 선택할 수 있도록 고안되었습니다.

나는 이 기도문이 어떻게 모두가 성학대 문제 일부이고 생존자들이 치유하는 것을 막는 데 동참했는지 상기시키는 예배에서 읽히는 것을 상상합니다. 이것은 우리가 행한 것과 행하지 않은 것에 대한 고백입니다. 나는 이것이 학대받는 사람들과 구원의 길을 함께 걷기 위해 새로운 헌신을 다짐할 기회를 주는 예배의식에서 사용되는 것을 봅니다.

**지시사항:** 회중들이 침묵 속에서 기도문을 읽고, 어떤 글들이 그들에게 진실한 것인지 결정하고, 함께 낭독으로 읽고 싶은 글들에 표시할 시간

이 주어져야 합니다. 주어진 글들을 읽은 사람들은 자신의 죄를 고백하고 있습니다. 침묵이 생기면 인도자는 큰 소리로 읽습니다. 이 고백은 회중의 생존자들을 향한 것입니다. 생존자들의 신원이 공개적으로 확인되었든 아니든, 그들은 모여 있습니다. 그들은 들을 것입니다.


## 고백의 기도문
### 지넷 M. 갯초


- 나는 당신의 이야기를 의심해왔습니다. 학대가 현재 유행하는 것처럼 보이기 때문입니다. 나는 당신도 그저 시류에 편승하고 있을 뿐이라고 생각했습니다.
- 나는 당신이 관심을 끌기 위해 거짓말을 하는 것이 아닌지 궁금했습니다.
- 당신이 다른 사람들을 해치려고 거짓말을 하는지 궁금했습니다.
- 나는 당신이 그렇고 그런 사람이기 때문에 당신의 이야기를 믿지 않았습니다.
- 나는 당신의 이야기 때문에 당신이 어떤 사람이라는 것을 이해하지 못했습니다.
- 나는 이 모든 학대가 사라지기를 바랐습니다.
- 나는 당신이 그것에 대해 그만 이야기하기를 바랐습니다.
- 나는 이 모든 것이 끝나기를 원했습니다. 나는 내 교회에서 이런 일이 일어나는 것을 원하지 않았습니다.
- 나는 우리가 그것에 관해 이야기하지 않는다면 그렇게 나쁘지 않을 것

이라고 희망해왔습니다.

- 나는 당신이 과거에 지나간 일들을 놓아주기를 바랐습니다.

- 나는 학대에 관해 이야기하는 것이 지겹습니다. 잠시 다른 이야기를 하자고 말했습니다.

- 나는 이것이 개인적으로 이야기되어야지 공개적으로 이야기되면 안 된다고 느꼈습니다.

- 성학대가 모임이나 예배의 주제가 되는 모임은 피했습니다.

- 나는 당신이 왜 모든 사람이 이것을 알기 원하는지 이해하지 못했습니다.

- 나는 당신이 왜 익명으로 있기를 원하는지 이해하지 못했습니다.

- 나는 당신의 고통을 생각했고 당신 때문에 아팠습니다. 그러나 당신에게 말하지 않았습니다.

- 나는 당신을 어떻게 대해야 할지 몰랐기에 당신에게서 떨어져 있었습니다.

- 나는 당신의 안부를 묻긴 했지만, 당신의 정직한 대답을 원했던 것은 아니었습니다.

- 나는 이 문제를 제기한 당신에게 화가 났습니다.

- 나는 어떤 의미에서는 당신이 그런 일을 당할 만한 사람이었다고 생각했었습니다.

- 내 마음속에서 당신이 모든 것을 자초했다고 생각하며 비난했습니다.

- 나는 당신이 받는 모든 관심을 남몰래 질투하기도 했습니다.

- 나는 당신이 무슨 일을 겪었는지 이해한다고 가정해 왔습니다.

- 나는 당신이 치유를 위해 무엇을 필요로 하는지 안다고 가정했습니다.

그래서 당신이 나로부터 무엇이 필요한지를 묻지 않았습니다.

- 나는 당신이 보호받고 싶은 방식으로 당신을 보호하지 않았습니다.

- 나는 기억의 공백을 메우는 데 도움이 될 만한 내 기억의 선물을 주지 못했습니다.

- 나는 당신이 어느 정도인지 평가하기 위해 당신의 여정과 다른 사람의 여정에 비교했습니다.

- 나는 당신에게 직접 말하기보다는 당신의 가족이나 친구들에게 당신에 관해 물었습니다.

- 나는 당신이 겪은 고통이 당신의 평생에 영향을 미친다는 것을 이해하지 못했습니다. 나는 그 고통과 당신의 인생은 분리되기를 바랐습니다.

- 나는 학대에 관한 기사의 인쇄를 지원하는 교회 출판물에 편지를 쓰지 않았습니다.

- 나는 교회 지도자들이 이 문제에 대해 더 많이 배우도록 격려하지 않았습니다.

- 나는 당신이 상담을 받아야 할 필요가 있을 때 재정적 지원을 제공하지 않았습니다.

- 나는 당신이 작년에 했던 동일한 교회 서약을 하라고 부추겼습니다. 나는 당신이 "아니요"라고 말하기 어렵게 밀어붙였습니다.

- 나는 내 인생이 어떻게 학대를 영속화할 수 있는지 살피는 일을 하지 않았습니다.


**모두:** 자비로우신 하나님, 우리의 고백을 들으시고 학대받은 자매들에게 지은 우리의 죄를 용서해 주소서. 당신의 치유와 은혜, 당신의 사랑과 자비

의 그릇이 되게 하여 주소서. 아멘.

## 기억과 고백

엘시에 뉴펠드

우리의 창조주 하나님,

당신은 우리를 존재하도록 부르셨고,

우리 각자에게 생명을 불어넣으시고,

당신의 형상대로 우리를 빚으셨습니다.

거룩한 토기장이,

당신은 성별을 지으셨습니다.

남성과 여성,

피부와 머리카락에 색을 입히셨습니다.

검정색, 흰색, 노랑, 빨강

색이 있는 눈, 갈색, 파란색, 녹색, 그리고 회색.

오, 거룩하신 아버지, 어머니 하나님.

당신은 우리를 "내 백성"이라고 부르시며

우리 각자에게 이름을 주십니다.

당신은 교회를 "그리스도의 신부"라고 부르십니다.

당신의 아들, 예수의 신부여!

그러나 아직

우리는 예쁘지만은 않습니다.

아마도 얼굴이 붉어지겠지만, 기쁨으로 인한 것은 아닙니다.

수치로 인해, 수치로 인해 그런 것입니다.

당신은 정말로 우리를 원하십니까?

우리는 상처 입은 사람들입니다.

우리의 필요는 크며, 우리의 죄는 셀 수 없이 많습니다.

우리의 욕구는 우리의 행동을 인도합니다.

기껏해야 조건부로 제공하는 사랑으로 말입니다.

우리는 죄책감을 숨기고 얼굴에 가면을 붙입니다.

우리는 배신자와 부정자, 거짓말쟁이와 도둑, 범죄자, 학대자입니다.

눈이 먼, 들리지 않는, 말 못하는 사람입니다.

진실은 우리의 피상적인 정의에 의해 왜곡된 우리의 희생자이자

은혜, 당신의 은혜입니다.

그리고 아직,

당신의 제안은 아직 살아있습니다.

"수고하고 무거운 짐을 진 자들아, 내게로 오라 내가 너희를 쉬게 하리라."


## 수용과 인도를 위한 기도

엘시에 뉴펠드


오, 가장 은혜로우신 하나님,

우리는 당신의 초대를 받아들입니다.

이 땅에 신부의 몸이 있습니다.

자매, 형제 여러분,

하나님의 가족, 하나님의 성령이시여,

우리에게 가까이 오사

이 일을 어떻게 해야 하는지 가르치소서.

영감을 주시고 힘을 주소서.

인내를 주소서. 우리의 가슴에 사랑을 심으소서.

은혜와 긍휼로 우리를 적시소서.

당신의 빛으로 우리를 비추사 혼동함에 명쾌함을 주소서.

우리의 얼굴에 구원을 색을 입히소서.

우리의 어두운 영혼에 무지개를 걸어주소서.

십자가의 그림자로 우리의 머리를 덮으소서.

그리스도를 닮은 형상으로 우리의 마음을 흠뻑 스며들게 하소서.

우리 안에, 우리를 통하여, 우리 주변에 당신의 나라를 세우소서.

자비로 우리를 먹이소서.

그래서 우리가 기근 중에도 잔치를 베풀게 하소서.

주여, 가까이, 우리에게 가까이 오소서.

우리 한가운데로 오소서. 생명의 주인,

모든 이의 연인.


## 예수, 구원의 본

### 엘시에 뉴펠드


예수, 하나님의 아들, 남자와 여자의 아들.
당신은 우리를 가르치셨고,
우리에게 어떻게 살아야 하는지 보여주셨습니다.

그러나 아직,

우리는 비틀거립니다.

불의를 부인하며, 치유 대신 상처주며, 우리의 손을 무기로 사용합니다.

충성 대신 불충을 선택합니다. 위험 대신 안전을 선택합니다.

슬픔 대신 웃습니다. 폭력이라는 얼굴의 무관심을 선택합니다.

예수, 하나님의 아들이시여,

우리는 우리가 무엇을 하는지를 모르오니, 우리를 용서하소서.


## 하나님의 사람, 생명의 나누는 이들

엘시에 뉴펠드


어머니, 아버지이신 하나님.

그리스도에게 생명을 다시 주셨듯이,

우리에게 생명,

풍성한 생명을 주시겠다고 하신 약속을 다시 요청합니다.

당신의 백성으로 거듭나기 위해 우리가 모였습니다.

당신이 우리를 사랑하셨듯이 서로 사랑하기 원합니다.

두들겨 맞고, 학대당하고, 무시당한 자들을 위한

정의와 치유를 호소하기 위해

피해자의 입장으로 서기를 원합니다.

그들과 함께 기도하며, 그들을 위해 기도하며,

그들을 대신해서 기도합니다.

우리의 주, 구원자 그리스도가 그랬듯이,

모든 것을 아시는 하나님,

우리의 눈과 귀를 열어주소서.

우리의 혀가 풀리게 하소서,

그리하여 우리의 가족, 교회, 지역사회 가운데 있는 피해자들에게

집중하고 반응할 수 있게 하소서.

피해자들과 함께하고자 헌신할 때,

우리에게 회복하게 하는 방식으로 함께 걸으며,

그들의 무거운 짐을 나눌 수 있는 지혜를 주소서.

성숙과 변화의 대리자가 되게 하소서.

피해자에게 존귀함을 옷 입히게 하소서.

피해자에게 사람으로서의 존엄성을 부여하게 하소서.

언제 다시 서야 할 지를 알게 하소서.

치유를 위한 공간을 주게 하소서.

구조가가 아니라, 친구가 되게 하소서.

지도자가 아니라, 안내자가 되게 하소서.

우리의 주, 구원자 그리스도가 하셨듯이

되게 하시고, 하게 하소서.

당신께서 우리를 위해 예수 그리스도를 통해서 하셨듯이

억압된 자들을 찾기 위해, 상처받고 겁에 질린 자들을 찾기 위해

어둠 속으로 걸어갈 용기를 우리에게 주소서.

죄악의 폭력으로 어두워진 길의

여름밤 별처럼 될 수 있게 도와주소서.

해가 낮을 비추고, 달이 밤을 비추듯이

우리 또한 우리의 빛을 주변의 생명들에게 비추길 원하나이다.

아버지, 어머니 하나님, 당신을 사랑합니다.

당신처럼 될 수 있도록 우리를 도와주소서.

상처 입은 치유자, 은혜를 베푸는 자,

정의를 사랑하는 자, 진리의 자녀, 하나님의 사람이 되게 하소서.

## 기도

낸시 랩

고통받고 상처 입은 자의 하나님,

우리가 당신께 왔습니다.

당신은 거부당하고, 학대당하고, 부당하게 무고하게 고통받는 것이

어떤 것인지 알기 때문입니다.


치유와 축복의 하나님,

육체적, 정서적, 성적 학대로 고통받는 사람들의 필요를 아시고

우리의 상처를 치유하기 위해 당신의 자비와 사랑을 간구합니다.

사랑과 수용을 알아야 하는 내면의 아이를 만지소서.

그 아이는 어떻게 놀고 인생을 즐기는지 우리를 가르칠 수 있습니다.

당신의 자비로 온전함을 향한 여정을 위해

고통스러운 기억을 마주할 용기를 주소서.

자신감에 상처 입은 자들에게

자존감이 흠씬 두들겨 맞은 자들에게

부적절한 경계에 있는 자아들에게 치유를 주소서.

적절하고 건강한 방식으로 신뢰할 수 있도록 가르쳐 주소서.


용서하시는 자비로운 하나님,

용서의 대가와 용서의 어려움을 아십니다.

특히 자신의 몸과 영혼에 대한 폭력을 용서하는 것이

얼마나 어려운지 아십니다.

우리에게 행해진 불의에 분노할 수 있는 용기를 주소서.

우리가 잃은 것을 슬퍼할 수 있는 용기를 주소서.

우리를 옭아맨 미움을 떠나보낼 수 있도록 치유하는 용기를 주소서.


영이신 하나님,

우리의 영혼을 만지소서.

당신의 치유하는 사랑으로,

당신의 지혜와 용기로,

당신의 긍휼로.

우리에게 소망을 주소서.


모든 생명의 하나님,

새로운 삶으로 우리를 일으키소서.

새로운 길로 이끄소서.

우리에게 조건 없는 사랑을 보여주소서.

당신이 우리를 사랑하시듯, 우리 자신을 사랑할 수 있도록 도우소서.
그리고 우리 자신을 사랑하듯이 다른 사람을 사랑하게 하소서.


## 헌신을 위한 기도

조이스 먼로


**모두:** 우리가 세상에, 가정에, 교회에 헌신합니다. 그곳에서 직물 전체를 다시 짜려고 합니다.

**인도자:** 여전히 하나님께 가까이 있는 곳에서 우리의 어린 자녀들이 그들의 빛나는 하얗고 금빛 나는 털실로 닿을 수 있는 높이 만큼 최대한 높이 짤 수 있습니다.

**남자:** 그리고 여성들이 그들의 힘과 열정의 실로 빨갛고, 보라색 나는 천을 사랑스럽게 짜내고 있습니다.

**여자:** 그리고 남성들이 이 땅의 색인 녹색과 오렌지와 그들의 눈물의 모든 힘과 그들 안에 있는 부드러움으로 짜고 있습니다.

**남자:** 완벽한 육체, 명료한 정신이 부족하여 버림받은 사람들이 무지개 색 실로 소망을 품는 깊은 능력을 실로 짜고 있습니다.

**여자:** 힘을 잘 못 사용했지만 변화된 사람들에게서부터 창의성을 위한 분홍색, 변화를 위한 노란색이 짜입니다.

**60대 이상의 남자와 여자:** 장로와 성도들이 천에 갈색, 장미, 보라색과 같은 오래된 색조를 가져오도록 합시다. 지나갈 모든 것에 대한 감각, 다가올 것에 대한 감각.

**여자:** 자아의 경계가 허물어지는 동안, 남을 위엄있게 만드는 멋진 검정

색을 추가합시다.

**10대와 어린이들:** 이 천에 실깃털, 풀, 씨앗, 털로 항상 알려지지 않은 것을 포함시키십시오. 각각 살아있는 가느다란 눈부신 신비를 위해

**인도자:** 그리고 각 사람의 마음을 아시고 우주를 아시는 위대하신 '스스로 있는자'에게 부탁합시다. 다시 전체 천이 될 때까지 휘어진 곳에 파란 색을 그리고 축복 위에 축복을 파란 색 위에 파란 색을 그리도록.

**모두:** (종이나, 박수나, 발 구르기를 하며) 아멘!

# 10장

# 성학대 예방하기

캘리포니아의 농부 친구인 클리프 케너지는 자신의 농장에서 일하고 있던 한 남자 이야기를 들려주었다. 이것은 여러 다양한 버전으로 이야기되었다. 그의 정원에서 일하고 있던 그는 어느 날 근처 강물에서 떠내려오는 거의 죽게 된 사람을 보게 된다.

그는 자신의 갈퀴를 옆에 던져 놓고는, 강둑으로 달려갔다. 그리고 그 사나운 물살로부터 익사 직전의 남자를 잡아당겼다. 그리고 구강호흡을 통해 성공적으로 그 남자를 살려 놓았다. 며칠 뒤에 또 다른, 물에 빠진 사람이 떠내려왔다. 그리고 또 다른 사람이 떠내려왔다. 연이어 몇 주 동안, 물에 빠진 사람들이 그 강을 따라 주기적으로 떠내려오게 되었다.

그때마다 그 농부는 그들을 구했다. 가끔은 그 자리에서 그들을 살려냈고, 또 어떤 때는 가까운 병원으로 급하게 그들을 옮겨가야 했다. 사람들은 살아났지만 가끔은 병원에 도착하기 전에 죽는 사람도 있었다.

병원이 좀 더 가까이 있으면 더 많은 사람을 살려낼 수 있겠다는 사실을 깨달으며, 이 착한 농부는 그의 땅에 병원을 세우는 캠페인을 벌이며 모금을 하는 일에 열정을 쏟기 시작했다. 모금은 성공적이었고 병원도 지어졌다. 많은 물에 빠진 사람들이 건져졌고 그들은 새로운 병원에서 목숨을 구하게 되었다.

10년이 지나고 거대한 10주년 기념 축하가 계획되어 있었다. 그 농부와 그의 비전 있는 성공적인 병원에 경의를 표하기 위해 가까이서 멀리서 많은 고위인사가 참석했다. 축하 행사 중에 한 작은 소년이 한 가지 질문을 들고 농부에게 왔다. "누가 저 상류에서 무슨 일이 있는지 점검해 본 사람은 없나요?"

성학대의 영향은 너무나 심각하고 파괴적이기 때문에 과거 피해자를 회복시키는 일과 더 이상의 학대를 예방하는 일 둘 다를 위한 노력이 계속되어야 한다. 성학대는 예방될 수 있다. 그러나 절대로 쉬운 일은 아니다. 학대를 예방하기 위해 남자와 여자, 아이가 함께 살아가는 가족에 대한 이해와 그것에 대한 하나님의 의도에 대해 지금까지 생각해 왔던 방식에 근본적인 변화가 요구된다.

성학대를 예방하기 위해 우리는 여성과 남성에 대한 기본적인 신념에 대해 재고해야만 한다. 학대를 예방하기 위해 일한다는 것은 용기와 체력과 최선의 영적 자원이 동원되는 것을 요구한다. 우리는 단순한 나쁜 습관이나 우리를 귀찮게 하는 시스템과 싸우는 것이 아니다. 우리가 악과 어둠의 권세에 직면한다는 진정한 깨달음이 있어야 한다.

1. 교회는 가부장제에 도전해야 한다. 성학대는 더는 개인의 문제나 비극으로 여겨질 수 없다. 대신에 학대는 가부장 사회에서 흔하고, 규범적이며, 무서울 정도로 논리적으로 보인다. 교회는 가부장제가 관계를 맺으며 살아가는 데 있어서 가장 좋은 유일한 방법이라는 가정에 대해 창의적으로 도전해야 한다. 교회는 하나님께서 남자가 여자와 어린아이를 다스리도록 의도하셨다는 신앙과 싸워내야 하는 것이다.

교회는 사람들이 힘을 나누는 장소로서, 협력관계의 새로운 모델을 배울 수 있는 곳으로서 경험되어야 한다. 교회는 여성과 남성과 어린이가 함께 토의하고 계획을 세울 수 있는 환경을 제공해 주어야 한다. 교회는 세상의 성별과 힘으로 영예와 자리가 정해져서는 안 되며, 오직 하나님나라의 기준인 사랑과 영성과 은사로 정해져야 한다.

세상은 가장 좋은 학위와 힘과 영향력을 가진 남자를 높이는 일을 계속할 것이다. 그러나 교회는 결정하고, 리더를 세우고, 함께 살아가는 데 있어서 끊임없이 세상과 다른 기준을 사용하는지를 확인해야 한다.

2. 적합한 언어를 사용하라. 교회가 가부장제에 도전하고 학대를 금했다면, 이제는 여성과 남성, 하나님에 대하여 말할 때 사용하는 언어에 주의를 집중해야 한다. 남성 중심의 언어, 즉 남자man에게 집중하는 말은 정확한 표현이 아닐 뿐더러, 손상을 입히며 위험하기까지 하다. 언어는 어떤 실체a reality를 규정하는 힘을 가지고 있고, 그것을 그대로the reality 규정하게 된다. 언어는 어떤 실체를 부호화하고 강화한다. 남성 중심의 언어는 여성과 여성의 경험을 부정한다. 그것은 남성과 여성과 성인과 어린이들에게 남성을 규범이자 기준이자 가장 중요한 존재로 소통한다.

인류에 대한 여성의 중요한 기여를 간과하는 문화적 경향은 영어로 인해 강화된다. 영어의 어휘를 보면, forefathers, mankind, woman, female 등에서 볼 수 있듯이 여성은 남성에서 파생된다. 그렇게 중요하고 독특한 여성의 기여는 훼손된다. 예를 들어 노동을 'manpower'로, 노동의 산물을 'manmade'로 표현할 때 그렇다.

나는 남성 중심의 언어를 사용할 때 자신이 포함된다고 느낄 수 없다고 말하는 여성에게 당황하고 짜증 내는 사람들을 알고 있다. 정확한 언어를 써야 한다

는 주장남자를 말할 때는 men, 남자와 여자를 말하고 싶을 때는 men, women 또는 people로이

어떤 사람들에게는 편협하게 보일 수도 있다. 그러나 여성이 남성 중심의 언어

로 인해서 자신이 포함된다고 느낄 수 없다면, 왜 그녀와 논쟁을 하거나 사실은

그녀가 포함된 것이라고 설명하려 애쓰는가? 그녀는 포함되었나 그렇지 않거나

로 느낀다. 논리적인 설명으로 그녀의 현실을 바꿀 수 없다. 단지 어떤 여성이 남

성의 언어로 자신을 정의한다고 해서, 모든 여성이 그렇게 할 수 있다는 뜻은 아

니다.

나는 어린아이들에게 "forefathers"나 "mankind"라는 단어를 그려 보라고 부

탁했다. 그들에게 왜 전부 남자를 그리느냐고 물었을 때, 아이들은 혼란스러워

보였다. 한 작은 원주민 아이가 외쳤다. "선생님이 여자를 그리라고 말하지 않았

잖아요!"

"man"이나 "mankind"를 여성과 남성 모두를 위한 일반적인 단어로 사용하

는 것은 미묘하지만 굉장히 강력한 방식으로 남성은 규범이고 여성은 남성과의

관계에서 보이고 평가되는 것으로 소통하게 한다. 남성적 언어는 여성의 힘을

빼앗고, 여성을 보이지 않게 만든다. 여성의 존재를 무시하며 그녀를 보이지 않

는 존재로 만드는 언어는 그녀의 건강과 안전에 대한 필요를 합당한 것으로 여

기지 않을 가능성이 있다.Adams, 1992 "보이지 않는" 여성은 학대하는 남성으로

부터 자신과 아이들을 보호할 수 있는 능력이 없을 가능성이 크다.

남성 중심의 언어는 자신들이 여성보다 더 중요한 존재라는 틀릴 뿐 아니라

악한 생각을 영속화함으로 남성들에게도 손상을 입힌다. 그것은 세상과 여성과

어린이들이 움직이고 살아있는 현실에 남성이 표준이라고 말하는 것이다. 그것

은 남성에게 예수와는 완전히 다른 믿음, 즉 자신의 견해, 자신의 필요, 자신의

현실이 우선순위라는 견해를 주입한다.

성경은 하나님에 대해 많은 다른 이름과 이미지를 사용한다. 예수의 비유들은 오늘날의 기준에서조차 눈에 띄게 남성과 여성의 이미지를 균형 있게 반영하신다. 그럼에도 불구하고, 교회는 하나님의 남성적인 이름과 이미지를 우선으로 사용한다. 만약 의심스러우면 아이들에게 하나님을 그려보라고 해보라. 아마도 그들은 산타클로스나 할아버지나 그들의 좋아하는 수염 달린 늙은 남자를 많이 닮은 캐릭터를 그릴 것이다.

남성, 여성 모두 남성성과 하나님을 연결하는 것을 내면화해 왔다. 그들은 여성성과 하나님을 똑같은 것으로 연결하는 것을 해보지 않았다. 이것은 우리가 하나님에게 붙여준 이름과 연관이 있는 것으로 보인다. 이것은 예수가 남자였고, 예수 곁에 가까이 있었고 그 곁에서 기적의 일들을 행한 제자들도 남자였고, 성경에 등장하는 천사들도 모두 남성의 이름을 가졌다는 사실에 의해 더욱 강화된다. 하나님과 남성성의 연결은 교회의 오랜 역사 속에서도 여성은 교회 리더의 자리에서 배제되고 대부분 남성이 리더가 되었다는 것에 의해서도 더욱 힘을 얻게 된다.

여성들이 남성성과 하나님과의 강한 연결을 내면화한다면, 그들이 남성의 요구에 강하게 저항하는 것은 어려운 일이 된다. 생존자들은 이렇게 말한다. "그 일이 어떻게 일어났는지 확실히 모르겠어요. 하지만 제가 어린아이였을 때, 하나님과 우리 아빠가 하나의 이미지로 섞여 있었죠. 둘 다 저에게 굉장히 영향력이 있었고, 나와 나의 세계를 차지하고 있었어요. 저는 그들로부터 숨을 수도, 도망칠 수도 없었죠. 그들 앞에서 완전히 힘을 잃었죠. 저는 그 둘이 결론을 내리는 줄 알았어요. 내가 그들을 거역하면 결국 그들은 나에게 복수할 것 같았어요."

"저는 50살이 넘었어요. 그리고 아직도 하나님에 대한 어떤 찬송가를 부르면 나의 아버지가 머릿속에 그려져요. 나는 이런 혼란이 하나님과 나의 관계에 어떻게 손상을 주는지 이해하기 시작했어요. 그러나 하나님을 아버지가 아닌 다른 어떤 것으로 생각하려고 하면 좀 이상하게 느껴져요. 하나님을 묘사할 수 있는 다른 이미지가 많지 않은 것 같아요.”

성학대를 예방하는 일과 가부장제의 파괴적인 영향력에 도전하고자 하는 교회는 자신들의 언어에 대해 세심하게 살펴보아야 한다. 여성과 남성에 대해 말하는 우리의 언어는 남성과 여성에 대한 신념에 영향을 끼치고 그 관계에 대해 왜곡할 수 있다. 우리가 하나님을 묘사하기 위해 그리고 하나님을 부르기 위해 사용하는 언어는 하나님과 서로서로 간의 사랑과 변화하는 관계로 들어가는 경험과 능력에 심오한 영향력을 가지고 있다.

3. 학대죄의 이름을 부르라. 학대를 예방하기를 바라는 교회에서 또 다른 중요한 단계는 학대의 죄를 명명하는 것이다. 캐롤 아담스1992는 침묵이 말하는 것의 반대말이지만, 부정은 이름을 부르는 것의 반대말이라는 것을 정확하게 관찰했다. 크리스천 가정과 교회에서 발생한 성적 학대에 대해 침묵하는 교회에 관해 이야기할 때 우리는 너무 점잖았다. 문제에 대한 교회의 부인이라고 말하는 것이 더 정확하다. 우리의 부인이 피해자를 더 상처 입게 했고, 가해자를 격려해 왔다는 것을 고백하는 것이 적절하다. “폭력이 보이지 않고 명명되지 않는 한, 그것은 암묵적으로 묵인된다.”Adams, 1992, p.4 우리의 침묵은 피해자를 무력하게 하는 것뿐 아니라 가해자가 학대를 계속하도록 격려하는 것이다.

성경에서 이름을 붙이는 것은 통치의 영향력 있는 행동이다. 창세기 2:19~20에 아담은 모든 동물에게 이름을 붙임으로써 동물들에 대한 자신의 지배권을 행사했다. 열왕기하 23:34에 승리한 바로 느고가 자신이 정복한 유다 왕의 이름을 바꿔 버린다. 이처럼, 학대라고 이름을 부르는 것은 교회에서 이 악을 이기는 데

한 걸음 더 나아가는 중요한 행보가 된다.

우리 가운데 강단에서 대담하게 학대를 언급한 용감한 목사들은 그 결과를 보고 충격을 받았다. 많은 피해자가 후에 그들에게 와서 자신들이 겪은 개인적인 폭력에 관해 이야기해 주었다. 그들은 수십 년간 그들의 마음속에 숨긴 상처로서의 학대를 가져왔다. 일단 그 죄에 공개적으로 이름이 붙자 언급되자, 피해자들은 자신의 이야기를 교회 내 다른 사람과 나눌 수 있다는 허락이 주어졌다는 느낌을 받았다. 이름이 붙여지지 않은 학대는 고쳐질 수도 없고 중지될 수도 없다. 적합하게 그 죄를 부를 때, 이 죄에 대한 통치를 행사하기 시작할 수 있게 된다.

학대를 언급하는 데 있어 예배는 매우 중요한 공개토론의 장을 마련해 준다. 공예배는 대개 사람들 대부분이 모이는 장소이다. 예배는 회중들의 삶에 매우 중요한 요소이다. 설교에서 목사들은 학대의 죄를 말해야 하고, 그것이 왜 가족을 향한 하나님의 의지를 위반하는지를 설명해 주어야 한다. 설교를 통해 성학대는 절대로 "여성의 문제"가 아니며 모든 회중의 중요한 관심사라고 언급할 수 있다.

목사들은 학대는 견디어야 하는 것이 아니라는 것을 명확하게 이야기해야 한다. 그들은 피해자와 가해자 모두 교회의 누군가에게 이야기할 수 있도록 독려해 주어야 한다. 교회 지도자들은 가정에서 무슨 일이 생겼는지가 교회의 관심사라고 명확하게 자주 언급해야 한다. "성학대는 죄이며, 우리 가운데 이런 일이 생기면 이것은 우리가 감당해야 하는 일이다"라고 말이다.

이미 제안했듯이, 예배는 학대를 명명해야 하며 피해자의 고통을 확인해 주는 기도와 예식과 반응을 포함해야 한다. 기도와 설교는 피해자, 가해자, 그들의 가족의 치유에 대한 소망을 제공해야 한다.

4. 집에서 일어난 일은 개인적인 일이며 다른 사람이 상관할 바가 아니라는 개념을 불식시켜라. 교회는 가족의 경계를 넘어서 서로 서로에게 관심이 있으며 서로를 돌봐야 한다는 메시지를 분명하게 소통해야 한다.

불행히도, 이런 처방은 교회가 개별 가정보다 더 건강할 것이라고 가정한다. 그러나 꼭 그렇지는 않다. 많은 교회는 역기능적이고 건강한 방식으로 기능하지 못한다. 어떤 교회는 역기능적인 개인 혹은 가정만큼이나, 아니 그보다 더 역기능적일 때가 있다. 이런 교회들은 종종 개인 구성원이나 가족의 역기능적 장애를 전체 교회의 일로 만듦으로써 건강을 증진한다고 생각하게 된다. 그러나 문제를 더 심하게 한다든지, 혹은 문제를 교회 전체에 더 퍼지게 하는 일을 하게 될 뿐이다.

그렇기에 교회는 그들의 건강에 대하여 조심스럽게 그리고 정직하게 볼 수 있어야만 한다. 그들이 자신의 역기능적인 가정의 문제에 도움을 주기 위해 개입할 수 있다고 가정하기 전에 극도의 주의를 기울여야만 한다. 그러나 일단 교회가 이런 엄격한 자기평가가 있다면 그들은 다양한 방식으로 건강을 증진할 수 있다.

교회가 가정의 건강을 증진할 수 있는 한 가지 방법은 결혼 전에 하는 상담을 통해서인데, 이 상담은 교회가 결혼에 대해 열정적으로 관심을 지니고 있다는 분명한 가르침이 포함되어 있다. 이때 교회는 부부가 좋을 때나 힘들 때나 함께 걷기로 다짐할 수 있다.

약혼한 커플은 가족의 모든 사람, 즉 남편, 아내, 미래의 아이들이 양육되고 소중히 여겨지며 정서적, 육체적, 성적 학대로부터 안전해야 한다는 교회의 정당한 관심을 이해해야 한다. 커플에게 만약 가족 중에 배우자나 자녀 중 한 명이 안전하지 않다고 느낀다면, 교회는 그 사실을 알고 싶어 한다는 것을 말해주어야 한다. 교회가 가족의 행동을 변화시키고 가족 구성원을 보호하기 위한 도움을 찾도록 하기 위해서다.

그 커플은 그들 사이에서 발생하는 성적 또는 결혼 문제를 함께 나눌 다른 사람들을 찾도록 장려되어야 한다. 목사는 커플들이 교회와 하나님 앞에서 하는 결혼 서약서에 서로에게 또는 자녀에게 폭력을 행사하지 않겠다는 약속을 포함하도록 권장할 수 있다.

아이들은 교회 안에서 그들이 가지고 있을 수 있는 두려움이나 걱정에 대해 말할 기회가 필요하다. 부모들은 믿는 사람들의 공동체 안에서 우리가 기쁨과 슬픔을 나눈다는 것을 알아야 한다. 이것은 긍정적인 가족 경험과 우리의 사기를 떨어뜨리고 상처를 주는 사건들을 포함한다. 부모와 자녀는 아픈 것을 서로에게 숨기는 것이 아니라 교회 안에서 함께하며 사람을 양육하는 태도와 행동을 발전시킨다는 사실을 정기적으로 일깨울 필요가 있다.

남자들은 가정이 그들의 사적인 성城이 아니며, 아이들과 아내들은 그들이 통제할 수 있는 대상이 아니라는 것을 기억해야 한다. 우리 모두는 몸과 영혼을 다치게 하고 파괴하는 비밀을 유지하는 것이 바람직하지 않다는 것을 기억할 필요가 있다.


5. 목회자들이 학대가정에 대해 훈련을 받고 그 문제에 기꺼이 개입할 것을 전달하라. 목회자 모두는 학대가정에 효과적으로 개입하는 방법을 알 수 있는 교육을 받아야 한다. 그들은 학대에 관련된 법에 따라 요구되는 보고를 알아야 한다. 그들은 또한 지역 자원에 대한 정보에 접근할 수 있어야 하며 비상 개입 전략을 이해해야 한다. 목회자가 모두 남성일 경우 학대 문제가 있는 성도들을 위해 평신도 여성을 접촉자로 선택한다. 일부 여성들과 어린 소녀들은 학대에 대

해 남성과 이야기하려 하지 않는다. 목회자 그룹에 여성을 추가하는 것을 고려해보라.

6. 교회의 신학에서 학대와 관련된 가르침이 있는지 살펴보라. 어떤 가르침이 학대 예방에 기여할 수 있는지 고민하는 데 도움을 줄 신학자들이 필요하다. 사람들을 학대에 더 취약하게 만드는 종교적인 가치와 가르침이 있는가? 고통, 순종, 그리고 빠른 용서의 가치에 대한 강조가 학대와 관련이 있는가? 복종에 대한 우리의 가르침이 어떻게 여성과 아이들을 연약하게 만드는 가족생활의 패턴으로 이어졌는가? 우리 사이에선 상호 복종이라는 개념이 과소평가되어 왔는가? 여성과 남성, 아이와 어른 모두에게 기쁜 소식이 아닌 가르침은 분명 복음의 왜곡이며 재고되어야 한다.

7. 리더들이 모범적인 성생활을 할 것을 기대하라. 목회자를 비롯한 교회 지도자들은 소명, 가시성, 영향력이 높으므로 그들이 경건하게 살기를 기대해야 한다. 그들이 기독교의 인정된 행동 기준을 위반할 때, 교회는 그들에게 책임과 회개, 변화된 행동을 요구해야 한다. 지도자들의 행동에 대한 기대가 분명하게 언급되어야 한다. 목회자의 잘못에 대한 보고 절차를 이해해야 한다. 비윤리적인 지도자를 징계하고 향후 이들이 교회에 관여하는 것을 평가하는 지침이 명확히 마련돼 지켜져야 한다.

8. 성학대와 관련된 문제에 대해 교인들이 알고 그 문제에 참여토록 하라. 스터디그룹과 다른 기독교 교육 환경은 학대와 그 예방에 대한 기본적인 정보를 공유하기 위해 사용될 수 있다. 책을 도서관이나 교회 건물 뒤에 있는 테이블에

놓는 것은 사람들이 성적 학대에 대해 더 많이 배울 수 있는 위협적이지 않은 방법이 될 수 있다. 일부 교회들은 사람들이 대출 과정이나 서명할 필요 없이 이러한 자원을 이용할 수 있도록 했다.

일단 교인들이 성적 학대에 대해 알게 되면, 그들은 그것을 예방하기 위해 노력할 가능성이 더 크다. 최근 학대 문제에 대해 눈을 뜨게 된 목사 친구는 이렇게 말했다. "학대에 대해 배우기 전까지 무지를 주장할 수 있다. 결국 '몰랐다'는 변명은 사라지지 않을 것이다."

구성원들이 희생자들과 가족들을 지원하는 지역사회 자원봉사자로 참여하도록 격려하라. 교인들이 학대 상담을 받을 수 있도록 돕고 학대에 대항하는 단체들을 지원하기 위해 교회기금을 사용하는 것을 고려해보라. 교인들의 시간과 돈을 투자함으로써, 교인들은 더욱 적극적으로 참여하게 될 뿐만 아니라 교회가 학대에 대항하는 일에 진지하게 임하고 있다는 것을 깨닫게 된다.

9. 여성들에게 감정적으로 강하고 자기존중감을 가질 수 있도록 힘을 주라.
학대를 끝내는 것은 여성들이 개인적인 힘과 삶의 선택권을 가지고 있다고 볼 수 있는 권한을 요구하며, 폭력적이고 학대적인 남편을 더는 참지 않는 것이다. 여성이 자신을 하나님의 형상으로 창조된 하나님의 훌륭한 자녀라고 믿을 때 자신과 자녀에 대한 폭력을 묵인할 가능성이 작아질 것이다.

엄마들이 삶의 방향을 어느 정도 통제할 수 있고, 자존감이 강하고 정서적으로 강할 때, 아이들은 엄마를 보호의 동맹으로 볼 가능성이 더 크다. 따라서 딸들은 엄마에게 학대를 말할 가능성이 더 강해질 것이다. 아빠의 학대가 엄마 탓이라는 뜻을 내포하는 것이 아니라는 뜻이다. 대신 여성들에게 힘을 실어주기 위해 할 수 있는 모든 것이 예방을 위한 중요한 단계가 되는 것이다.

10. 폭력을 성적으로 그려내는 포르노그래피와 다른 미디어와 싸우기 위해 교회의 영향력을 이용하라. 우리의 문화는 여성과 어린이를 향한 남성의 폭력이 성적 자극으로 점점 더 많이 경험되고 묘사되는 문화이다. 많은 인기 있는 영화, 텔레비전 쇼, 잡지는 남성의 성폭력을 용인하며, 매력적인 것으로 묘사한다.

포르노그래피는 성적이어서 나쁜 것이 아니라, 폭력적이고 사람들을 비하하므로 나쁜 것이다. 그것이 성적이기 때문에 위험한 것이 아니라, 여성과 아이들이 남성의 성적 쾌락을 위해 사용되는 대상이라는 것을 남성들에게 전달하기 때문이다. 여성에 대한 폭력을 에로틱하게 묘사하는 경우가 많으므로 그것이 좋지 않다는 뜻이다. 아동을 성적 방법으로 묘사하는 포르노그래피는 아동을 적절하고 바람직한 성적 당사자인 것처럼 전달할 수 있으며, 아동을 피해자가 되는 위험에 처하게 할 수 있다.

11. 어린이를 옹호하는 사람이 되라. 교회는 아동 폭력에 분명하게 소통해야 하며, 여러 가지 상황과 방법으로 명확하고 분명하게 반대해야 한다. 폭력이 발생했을 때 아이의 안전과 안녕이 교회의 최우선 관심사여야 한다. 그리고 피해자가 되지 않으려고 저항하려는 자신의 노력이 지원을 받으리라는 것을 아이들이 알아야 한다.

교회는 아이들을 위한 공동체적인 보호 서비스를 강화하기 위해 노력해야 한다. 그들은 아이들에게 학대에 대해 교육하고 학대를 금지하는 법을 강력하게 시행하기 위해 노력해야 하는 학교 프로그램을 지원해야 한다. 주일학교 교사와 청소년 지도자들은 학대 징후를 감지하기 위한 훈련이 필요하다. 그들은 어린이에 대한 폭력의 징후를 당국에 보고하는 절차를 알아야 한다. 아이들은 그들 옆에 서 있는 어른들만큼 그들 자신을 방어하는 데 강하고 효과적일 수 있다.

12. 아동이 학대를 인지하고 신고하도록 교육하라. 아이들은 성적 학대가 무엇인지 이해할 필요가 있다. 그들이 사랑하고 신뢰하는 사람들조차도 그들을 학대할 수 있다는 것을 알 필요가 있다. 아이들을 지나치게 겁주지 않는 것이 중요하다. 하지만 자기보호를 위해, 아이들은 학대를 이해해야 한다. 적어도 오늘날 아이들의 3분의 1은 정말 위험한 환경에 처해 있다. 근친상간 가정의 부모들이 아이들에게 이러한 위험에 대해 경고하기를 기대하는 것은 여우가 닭장에 나타나는 털 난 짐승의 위험을 닭들에게 경고하기를 바라는 것과 같다.

아이들은 누군가, 심지어 부모조차도 그들을 학대하려고 한다면 그들이 취할 수 있는 행동을 배울 필요가 있다. 만약 학대가 일어난다면, 그들은 교회에 있는 누군가에게 그들이 상처받고 있다고 보고하도록 배워야 한다. 그들은 누군가가 그들을 믿고 안전하게 도울 때까지 계속해서 말해야 한다는 것을 알아야 한다.

편안한 교회 환경에서, 모든 아이는 "좋은 터치"와 "나쁜 터치"에 대한 토론에 참여할 필요가 있다. 그들은 "깜짝 놀라게 하는 일surprise"과 비밀의 차이에 대해 구별할 줄 알아야 하며, 부모님이 말하지 말라고 했더라도 자신에게 일어나고 있는 일에 대해 누군가에게 말해야 하는 시점을 아는 방법을 알아야 한다. 성경이 자녀는 부모에게 순종해야 한다고 말하지만, 성경의 순종 명령은 조건적이라는 것을 알 필요가 있다. "자녀들아, 주 안에서 부모에게 순종하라. 그 가르침이 옳기 때문이다."에베소서 6:1

아이들은 부모가 예수께서 원하시지 않는 일을 시킨 것에 관해 이야기할 수 있는 안전한 장소가 필요하다. 그들은 과거에 부모나 높은 권위가 있는 사람들로부터 옳지 않아 보이는 일을 하라고 요구받은 일에 관해 이야기할 기회가 필요하다.

13. 남녀노소 모두에게 책임감 있고 건강한 성적 태도와 행동을 촉구하라. 교회는 인간 구현의 중요성과 선함에 대한 믿음을 전달해야 하며, '성'이 인간 삶의 본질적인 차원이라는 것을 가르쳐야 한다. 성도들은 교회가 그들의 헌신적인 삶만큼이나 그들의 성적 태도와 행동에 신경을 쓴다는 것을 이해해야 한다. 그들은 또한 성 문제가 교회에서 책임져야 하는 것임을 알아야 한다. 교인들은 그들의 몸과 다른 사람들의 몸으로 하는 것에 책임을 질 수 있게 될 것이다. 11장에서는 회중과 구성원들이 책임감 있고 즐거운 성생활을 하도록 도울 방법에 대해 논의한다.

14. 건강한 남성 사회화의 모델을 장려하고 제공하라. 논의한 바와 같이, 전통적으로 남성이 된다는 것은 대부분 어머니가 하는 일인, 주된 돌보는 사람<sup>care-taker</sup>이 되지 않는 것을 의미한다고 배워왔다. 따라서 남성 정체성은 부정적인 정체성이 되었다. 교회는 소년과 남성이 본받을 수 있는 긍정적이고 그리스도와 같은 자질을 갖춰야 한다.

회중은 학대하지 않는 남성들이 아이들을 돌보는 일에 더 친밀하게 참여하도록 장려하는 것이 좋을 것이다. 보살피는 아버지와의 만남이 많아질수록 소년들이 양육하며 돌보는 자질을 남성성과 연결시키는 데 도움이 될 것이다. 또한, 남성이 자녀의 양육에 적극적일 수 있는 기회가 많아질수록 자녀의 안녕을 옹호하는 역할을 할 가능성이 커진다.

남성들은 보살핌을 표현하고 친밀감을 추구하는 남자다움의 주요한 방법이 성행위를 통해서라는 문화적 거짓말로 얼마나 많은 것을 잃었는지를 알게 될 것이다. 아이를 돌볼 때 남성은 성적 요소 없이 깊이 있는 관계를 즐기는 법을 배울 수 있다.

교회는 남성으로서 항상 통제하고 강해야 하는 파괴적이고 무거운 짐을 포기하는 것을 격려하고 허용하면서 사회적 변화에 대한 모델을 제시하고 그것을 지원할 수 있다. 교회 문제에 있어서, 남성들은 여성이 의사 결정에 참여할 수 있도록 허락하는 기회와 격려가 필요하다.

교회의 모든 사람이 함께 협력하는 법을 배울 필요가 있다. 교인들은 여성과 아이들의 목소리가 들리고 그들의 현실이 공유될 수 있는 환경을 제공해야 하며, 남성들은 그 현실에 귀 기울일 필요가 있다. 남자가 자신이 경험하는 현실이 전부라고 생각한다면, 책임에 대해 환기할 필요가 있다.

교회는 남성들이 다른 남성과 친밀한 우정을 쌓도록 장려하는 것이 좋다. 남성들이 남성 친구들과 친밀하고 솔직해지는 법을 배울 때, 그들 자신의 삶뿐만 아니라 주변 여성과 아이들의 삶도 풍요로워진다. 남성들은 여성들이 관계에서 많은 감정적인 일을 하기를 기대하지만, 남성들은 그들 자신을 위해 이러한 기술을 개발할 기회와 자극을 받아야만 한다.

남성들의 은신처와 소그룹은 그들이 영혼의 비밀과 마음의 그리움을 자유롭게 드러낼 수 있는 안전한 환경을 제공할 수 있다. 이러한 배경은 남성들 사이의 친밀한 우정을 발전시키는 데 도움이 될 수 있고, 마침내 그들이 느끼지 못할 수도 있는 강한 척하는 것을 포기하게 될 수도 있다.

교회는 소년과 남성들에게 그들이 하는 일이나 성취를 위해서가 아니라, 단지 그들이 하나님의 훌륭한 자녀이기 때문에 소중하고 가치 있다는 것을 전달해야 한다. 교회는 남성성을 공격적이고 통제적인 행동, 감정적 억압과 동일시하는 문화적 메시지에 도전해야 한다.

예수는 남성이 되는 대항문화적 방법의 모델을 제공한다. 교회는 예수에게서 온화하고 부드럽고 양육하는 방식으로 표현된 남자다움을 강화하는 삶을 발견할 수 있다. 모든 사람의 평등한 인간성과 가치를 찬양하고 기리는 예수는 어린이와 여성과의 관계에서 남성이 되는 모델을 제공하신다. 예수의 제자들, 우리 사이에서도 그러길 바란다.

# 11장

# 건강한 성을 계발하기 위한 교회의 역할

우리는 성에 너무 집착하는 사회다. 우리는 성적으로 젖어 든 사회다. 성적인 이미지와 메시지가 빌보드와 라디오에서, 잡지에서, 종교방송에서 우리에게 폭격을 가한다. 성은 성경에서 트럭에 이르기까지 모든 것을 파는 데 이용된다. 성적인 선택을 위한 문화적 기준은 단지 "이것이 안전한가?" 그리고 "이것이 즐거운 것인가?"이다.

기독교 공동체는 기독교적 가치를 반영하는 성적 행동의 기준을 구체화하는 데 사회에 의지할 수 없다. 그러나 이제, 아마도 그 어느 때보다도, 교회는 성에 대한 건강하고, 그리스도와 같은, 대항문화적인 이해를 명확히 하고 본이 될 필요가 있다. 그러나 그 이전에 교회는 교인들이 더 건강한 성생활을 구축하는 토대로서 몸과 성에 대한 성경 신학을 발전시켜야 한다.

## ─────── 성의 신학

성에 대한 유용하고 적절한 신학은 세 가지 문제를 다루어야 한다. 신체에 대한 성경적 이해, 성에 대한 하나님의 의도, 그리고 남성과 여성 관계에서의 타락의 영향을 파기하는 방법이다.

## 신체에 대한 성경적 이해

우리는 이미 교회가 물려받은 인간의 신체에 대한 비성경적이고 불건전한 이원론적 관점을 살펴보았다. 현재 신체에 대한 문화적 관념은 예전과는 다르지만, 똑같이 파괴적이고 비성경적이다. 특히 여성의 신체는 궁극적인 자산으로서 주가가 올라간다. 기이하고 자기 파괴적인 행동은 여성의 신체를 현재 인기 있는 세련미, 젊음, 아름다움의 개념에 맞추려는 시도에서 발생한다.

여성들은 그들의 가치가 신체적 아름다움과 연관되어 있다는 말을 듣기 때문에, 여성미에 대한 현재의 문화적 기준을 충족시키기 위해 엄청난 시간, 에너지, 그리고 돈을 소비한다. 그리고 다른 영역에서 자신의 발전을 경시하게 된다. 이 말이 여성들이 특별히 변덕스럽고 허영심이 많다는 것은 아니다. 대신에, 그들은 자신들의 가치가 끊임없이 변화하는 미의 문화적 기준에 근접하는 것에 있다는 문화적 거짓말을 믿어왔다.

신체에 대한 성서 신학은 우리의 육신을 하나님 창조의 특별한 부분으로서 그 선함을 긍정할 것이다. 신체를 성령의 성전으로 여기고 신령한 말씀이 살로 만들어지는 곳으로 여길 것이다. 그것은 남성과 여성 모두를 초대하여 하나님의 형상으로 창조된 복을 말한다. 성서 신학은 다양한 체형과 크기를 찬양할 것이다. 그것은 인간성을 비인간화하고, 약화하고, 제한하는 미의 기준과 장치들을 개탄할 것이다.

예수의 성육신은 하나님의 목적에서 인간 육체의 중요성에 대한 표현이다. 우리의 신학은 여성과 남성 모두가 자신의 육체를 기뻐하고 즐거워하도록 초대해야 한다. 우리의 신학은 우리 안에, 그리고 우리 사이에서 하나님의 형상을 반영하는 선한 창조물의 한 부분으로 우리의 성을 포용하도록 도와야 한다.창세기 1:27

제임스 넬슨1978은 우리 몸에 대해 생각하고 느끼는 방식은 하나님과 세상, 타인에 대해서 생각하고 느끼는 방식으로 표현되는 것임을 관찰하고 있다. 나는 치료사로서 때때로 성학대 가해자들과 같이 일하면서, 몸과 영혼을 분리하여 생각하는 것의 위험성을 관찰해왔다. 이러한 이원론은 사람을 영혼으로 지나치게 강조하는 결과를 초래하고, 자신의 몸이 다른 사람의 몸에 행하는 일의 중요성을 최소화한다.

어린 딸에 대한 성적 학대 행동에 직면했을 때, 한 독실한 크리스천 남성은 "그러나 그것은 내가 아니었어요. 그녀에게 그런 짓을 한 것은 나의 구원받지 못한 육체적인 본능이었어요"라고 말했다. 회개, 치유, 변화된 행동은 교회에서 예배했고 기도했고 금식했던 모습만큼이나, 부적절한 성적인 충동을 가진 자신의 신체 또한 수용할 수 있을 때 발생하게 되는 것이다.

### 성에 대한 하나님의 의도

성에 대한 유용한 신학은 두 번째로 성에 대한 하나님의 의도를 다루어야 한다. 우리의 문화는 성적 만족을 우상으로 만든 문화이다. 구약성경에서 결혼과 성의 주된 목적은 아이를 낳는 것이었다. 히브리인들은 하나님이 택하신 민족으로, 땅에서 번성하도록 명령받았다. 창세기 2:24에 표현된 "둘이 한 몸이 되는" 성경적 개념은 단순한 성교 행위 이상의 것을 수반한다. 아이들은 양쪽 부모의 양면을 한 육체에 결합하는 놀라운 방식으로 양쪽 부모의 유전자를 가지고 있다.

성의 생산적인 기능 너머에는 사랑의 즐거운 표현수단으로서 성에 대한 개념이 있다. 우리는 성경에 나오는 아가서를 영적인 것으로 이해하는 것을 더 선호해 왔다. 하지만, 그것은 로맨틱한 사랑과 성적 표현에 결합한 육체적 관능성을 생생하게 묘사한 것으로 볼 때 더 정확하게 이해될 수 있다. 사실, 친밀한 성은 장난스럽고 활기찬 사랑의 표현일 수 있다. 부부가 육아의 무거운 책임과 일상의 요구를 제쳐두고 함께 인생을 즐기는 방법이 될 수 있다.

에베소서 5:21~23에서 바울은 부부관계를 그리스도와 교회의 연합에 비유할 때 결혼에서 성의 연합적 기능에 대해 말한다. 가족 치료사이자 신학 교수인 로스 벤더Ross Bender는 남편과 아내의 한 육체의 결합이 둘 다 하나됨을 경험하기 때문에 일시적으로 여성-남성 관계의 긴장을 극복할 수 있다고 관찰한다. 성적 친밀감에 대한 인간의 욕구는 서로에 대한, 하나님과의 교감에 대한 깊은 갈망을 표현한다. 벤더는 그리스도와 교회의 관계, 아내와 남편의 관계를 비슷하게 만드는 것이 영적 연합, 즉 마음과 마음, 가치, 의도, 운명의 연합이라고 지적한다. 벤더, 1982

사람은 충족되고 만족감을 느끼기 위해서 성기 접촉이 필요한 것이 아니다. 그러나 기혼이든 미혼이든 창의적이고 행복하게 살기 위해서는 우리 모두 사랑, 애정, 부드러운 손길, 친밀한 의사소통이 필요하다. 독신자는 결혼한 사람 못지 않게 성적이다. 노골적인 생식기 접촉으로 그들의 성향을 표현하는 대신, 독신자의 성생활은 깊은 우정과 보살핌의 애정 관계로 표현될 것이다.

우리가 하나님의 형상 안에서 신성하게 창조된 본성을 발전시키려 할 때 기혼자와 미혼자 모두 여성, 남성과 긴밀한 관계를 맺을 필요가 있다. 우리는 공동체를 이루도록 창조되었다. 기혼이든, 미혼이든 이성과의 긴밀한 접촉이 있어야 완전한 인간성을 키울 수 있다.

성적 표현을 단순한 신체적, 생물학적 행위로 보는 경향이 있는 대중문화와 달리 교회는 이를 영적, 정서적, 도덕적 고려의 맥락에서 보아야 한다. 성은 항상 개인의 전체 삶에 통합되어야 한다. 우리는 감히 우리의 성을 따로 떼어 구분하지 못한다.

통전적인 이해는 성령과 다른 믿는 자들의 책임과 규율 아래 우리의 성을 우리 삶의 필수적인 부분으로 주장하고 향유할 수 있게 할 것이다. 만약 우리가 성을 품지 않는다면, 그것은 우리에게서 떨어져 나가게 될 것이다. 지하로 들어가서 우리가 알지 못하는 방식으로 우리에게 영향을 끼친다. 비밀리 생성되는 성은 개인 및 공동체의 살핌과 지침의 제약 없이 작동될 가능성이 크다.


타락으로 인한 왜곡

성에 대한 신학이 다루어야 할 세 번째 문제는 타락으로 인한 여성-남성 관계 왜곡이다. 구약과 신약 모두 모든 사람은 하나님의 형상대로 창조되며 나머지 피조물에 대한 상호 지배권을 부여받았다고 진술한다. 타락의 한 가지 결과는 남성이 공유된 지배권을 여성의 지배에 대한 허가로서 왜곡하는 경향이 있다는 것이다. 타락 이전에 남녀 사이에 존재했던 서로 간의 긍정적 상호의존이 이제는 왜곡되고 있다.

메리 스튜워트 반 리웬1990이 관찰했듯이, 남성에게는 기질적인 결함과 유사한 것이 있는데, 이것은 그들이 여성에 대한 지배권을 주장하기 쉽게 한다. 사랑하고 아끼라는 명령이 욕망과 지배로 왜곡된다.

성서학자 길버트 빌레지키안1985은 여성의 타락의 결과에 상응하는 결과를 지적했다. 그녀는 남자와의 친밀함에 대한 돌이킬 수 없는 그리움을 경험하게 될 것이고 공동체에 대한 그녀의 열망은 죄로 인해 왜곡될 것이다. 그래서 여성들은 심지어 건강하지 않은 관계조차 보존하기 위해 타당한 지배권에 대한 책임을 피하는 경향이 있을 것이다.

여성들은 너무 적은 것에 대한 대가로 너무 많은 것을 주는 경향이 있을 것이다. 그들은 올바른 판단 없이 사랑하는 경향이 있어서 남자에 대한 종속관계를 지속할 것이다. 시장에 나와 있는 자기계발서에 대한 조사는 여성이 파괴적이고 얽히고설킨 학대적인 관계에 연루되는 성향을 이해하려고 애쓰고 있다는 것을 나타낸다.

우리는 예수에게서 창조의 원래 의도로 거슬러 올라가 여성과 관계 맺는 방법의 모범을 볼 수 있다. 예수는 여성을 남성과 동등한 가치의 인간으로 대하기 위해 법과 관습을 어겼다. 그는 여성들을 비인간화하며 속박하여 그들의 열등함과 불결함을 유지하는 법을 따르지 않았다. 예수는 남성 지배권에 대한 거부와 여성을 타락 전에 가졌던 동등한 존엄성과 가치로 회복시키겠다는 약속을 그의 가르침과 행동으로 증명했다.

예수는 여성을 포함한 모든 사람과 관계를 맺으셨는데, 이는 사회적으로 정의된 역할에 기초한 것이 아니라 공통의 인간성을 바탕으로 한 것이다. 복음서는 예수가 관습과 율법을 어기는 것을 의미할 때도 사람들에게 손을 뻗는 분으로 묘사한다. 예수는 역사상 그 당시 여성의 말이 법정에서 통하지 않았음에도 여성을 부활의 첫 증인으로 선택하셨다.

교회는 반드시 예수의 본을 따라야 한다. 교회는 여성과 남성이 전인적인 인간으로 함께 하도록 불러야 한다. 교회는 하나님 앞에서 여성과 남성의 평등에 대한 성경적 가르침에 모순되는 언어에 적극적으로 도전하고 그것을 없애는 일에 참여해야 한다. 교회가 남성과 여성의 상호성과 평등의 본을 보여야 한다. 이는 오직 상호존중과 헌신, 평등의 관계 속에서 이루어져야 하며, 이것은 이 세상이 절실히 필요로 하는 사랑과 건강한 성에 대한 대항문화의 모델이 될 수 있다. 육체와 성에 대한 명확하고 성경적인 신학이 이런 방향의 중요한 발걸음이 될 것이다.

## ──────── 건강한 성을 육성하기 위해 교회가 취해야 할 일들

육체와 성에 대한 성경 신학은 교회가 건강한 성적 태도와 행동을 형성하도록 도울 수 있는 견고한 기초를 제공할 것이다. 이 신학을 발전시키고 설명하는 것은 교회의 좀 더 일반적인 주제의 신학적 입장보다 우리 삶에서 더 중요한 영원하고 실용적인 결과를 가져올 수 있을 것이다.

몸에 대한 적절한 신학을 분명하게 표현하는 것 외에도, 교인들 사이에 건강한 성적 태도와 행동을 함양하는 것을 돕기 위해 교회가 취할 수 있는 또 다른 걸음들이 있다.

1. 성은 우리 공동체 생활의 중요한 부분임을 가르치라. 기독교인으로서 우리는 강력한 성적 충동을 가진 우리의 몸을 어떻게 간주하고 이해해야 할지 종종 당황스러울 때가 있다. 우리는 성적인 존재로서 교회 안에서 영적인 관계로 함께 부름을 받았다는 것이 무엇인지 더 혼란스럽기도 하다.

교회는 간통, 동성애, 욕망의 폐해에 반대하는 설교를 주기적으로 해왔다. 교회는 가끔 교인들의 노골적인 성적 행위의 곤란한 사례들에 직면해 왔다. 그러나 교회는 대개 개인적인 성의 문제는 교회의 적절한 관심사가 아닌 것처럼 행동해 왔다.

교인들이 어떻게 성적인 존재로 사는지에 대한 관심이 다른 신학적 문제들만큼이나 교회의 많은 관심을 받을 때, 개인들은 인격의 필수적인 부분으로서 성 관계를 이해하도록 도움을 받는다. 그렇게 되면 성적인 태도와 행동이 성령과 다른 사람들을 위한 책임과 규율 아래에 놓이는 것이 가능해진다.

성적인 문제가 교인들의 부적절한 관심사로만 여겨질 때, 사람들은 성적 감정을 경멸하거나 부인하는 것이 쉽다는 것을 알게 된다. 관리되지 않고 감시되지 않는 감정은 위험하고 파괴적일 수 있다.

2. 성에 관한 이야기를 할 수 있는 공간을 제공하라. 이 문제에 대해 직면하자. 우리가 인정하든, 아니든 성교육은 항상 진행되고 있다. 어린이들은 성인들이 상호작용하는 것을 보면서 서로의 관계에서 성적인 존재라는 것이 무엇을 의미하는지 배우게 된다. 누가 예배를 인도하고 누가 설교를 하는지를 보면서, 하나님을 부르는 언어를 들으면서, 아이들은 성적인 상호성과 평등성을 배우게 된다. 그들은 여성성, 남성성 그리고 신성 사이의 관계를 이해하게 되는 것이다.

어떤 배경에서든지 성교육은 정보를 나누고 태도를 계발하는 것을 포함한다. 정보가 필연적으로 행동에 영향을 주는 것은 아니라는 것을 안다. 그러나 태도에는 영향을 준다. 태도는 먼저 부모들에게서 배운다. 불행히도 많은 부모가 인간의 성에 대해 좁은 이해를 하고 있고 그 주제에 대한 걱정은 많다.

교회가 부모들과 미래의 부모들에게 정확한 정보를 얻고, 성에 대해 적극적이고 건강한 태도를 계발할 수 있도록 도움을 줄 수 있다. 교회에서 하는 예비부부 교실은 성인이나 미래의 부모들에게 좋은 성교육을 제공할 수 있는 최고의 기회가 된다. 가정에 아이들이 태어날 때, 부모는 성교육의 주요한 원천이 된다. 그러나 자녀들이 사춘기가 되면서, 부모 대신 또래 친구들이 성교육의 주요 원천이 되는 것을 본다.

청소년기의 과제 중 하나는 다양한 이데올로기를 고려하고 고민해 보는 것이다. 그렇게 함으로써 젊은 친구들은 개인적인 성인으로서의 윤리적 감각을 계발하게 된다. 이 시기에 청소년들이 부모와 별개로 자신의 영성을 계발할 필요가 있듯이 자신의 성적인 삶에 대한 신념과 태도도 계발해야 하는 것이다.

청소년들이 이 시기에 자신의 부모에게서 멀어지는 것이 필연적이듯이, 교회 안에서 다른 기독교인들이 신학의 맥락 경계와 기독교인의 삶 안에서 성을 이해할 수 있도록 도와주는 것은 중요한 일이 되었다.

그러나 우리는 성에 관한 토론이 영적인 의미로서 국한되지 않도록 해야 한다. 만약 우리가 청소년의 성교육에 관여한다면, 우리는 남성의 성기, 여성의 성기, 오르가슴에 대해 말할 준비를 해야만 한다. 부모들이 성에 대한 편안하고 건강한 태도를 가르칠 때, 교회는 젊은 친구들이 성에 대한 정확한 이해를 습득하고 정확한 정보를 가질 수 있도록 도울 수 있다.

그러나 청소년들은 부모가 아닌 다른 사람들과 성에 관해 이야기할 수 있으며 더 넓은 윤리적 신학적 이해의 맥락 속에서 그것을 이야기할 수 있는 교회 안의 기회가 필요하다. 독신의 성인들이 독신으로서, 성적인 존재로서 살아가는 기쁨과 좌절에 관해 이야기할 수 있는 안전한 공간이 필요하다. 독신자들은 친밀감에 대한 필요를 충족시킬 수 있는 적절한 방식을 찾고, 신실한 독신의 삶을 살아갈 수 있도록 도전을 받고 지원을 받을 수 있는 곳이 필요하다. 노인과 장애인들도 성적인 존재로서 자신의 독특한 필요를 말하고 도전할 기회가 필요하다. 사람들은 교회 안에서 기독교인이면서 같은 성을 가진 사람에게 성적으로 끌리는 것이 무엇을 의미하는 것인지 고민할 기회가 필요하다.

이것들은 개인의 선택과 의사 결정으로 밀려나기에는 너무 중요한 모두의 문제이다. 나이가 어떻든, 특별한 요구, 지향점이 무엇이든 간에 신실하면서도 성적인 존재라는 것이 무엇을 의미하는지 이해하기 위해 우리 모두는 서로가 필요하다.

3. 하나님나라의 가치를 반영하는 성에 관한 대항문화를 분명하게 말하고 그것의 본이 되라. 우리의 문화는 특히 "성 혁명" 이후, 성적 기준을 개인적이고 자연적인 모델에 기초하여 형성한다. 우리 문화는 인간의 본성이 사회와 문화와는 무관한 개인 안에서 작동한다고 가정한다. 우리 사회는 개인이 결혼과 같은 부차적인 사회적 관습과는 별개로 성적 만족을 추구할 권리가 있다고 믿는다.

사회 모델 또한 사람들이 그들의 성적 열정과 욕망을 만족시키려 하는 것이 "자연적"이라고 가정하는데, 성적 욕구는 공기, 음식, 물에 대한 요구와 같은 것이므로 이러한 요구는 분명히 충족되어야 한다는 것이다.

우리 문화에서는 성적 쾌락이 우상, 거짓 신이 되었다. 교회로서 우리는 그리스도께서 쾌락보다 더 큰 것을 요구하신다는 믿음을 자녀들에게 가르치고 모범으로 보여야 한다. 자녀들에게 하나님의 놀라운 성을 선물로 감사히 여기며 향유할 수 있도록 가르쳐야 하는 한편, 성에 대한 하나님의 의도에 대해서도 가르쳐야 한다. 성관계를 향한 하나님의 계획을 어길 때 생기는 슬픔과 파괴에 대해 우리 아이들에게 경고해야 한다.

교회는 세상의 성적 행동과 신자들의 성적 행동 사이의 차이점을 가르치고 본을 보일 수 있는 멋진 환경이다. 우리 문화는 성적 표현을 단순한 생물학적, 육체적 행위로 볼 수도 있다. 그러나 교회는 영적, 도덕적 고려의 맥락에서 성이 이해되어야 하는 곳으로 사람들의 전체 삶에 성을 통합하기 위해 노력한다.

4. 그룹 안에서 자기 몸을 사용하고 즐길 기회를 제공하라. 성적인 표현과 몸을 부딪치는 스포츠를 제외하고 우리 문화는 사람들에게, 특히 남자들에게 신체적으로 서로 터치할 기회를 많이 제공하지 않는다. 한번은 한 남성이 아내와의 성관계, 아이들에게 가하는 격렬한 행동, 술 먹은 친구들끼리의 어깨치기를 제외하고는 어떻게 사람을 터치해야 하는지를 알지 못하겠다고 고백했다.

교회는 남자들이 폭력과 성 말고 다른 감정을 몸으로 표현할 수 있는 안전한 공간을 제공해 주어야만 한다. 어떤 사람들은 몸으로 부드러움과 긍휼을 표현하는 건강한 방법을 위한 안내가 필요하다. 예배시간에 다른 사람에게 손을 올려 기도해도 되냐고 묻는 것이 한 가지 방법이 될 수 있다. 기도를 위해 함께 손을 모으는 것과 평화를 전하기 위해 서로 포옹하는 것이 또 다른 방법이 될 수 있다. 예배시간에 위임받는 사람들을 축복하기 위해 앞으로 나가 터치하는 방법 혹은 아이들을 위한 헌아식은 사람들에게 부드러움과 사랑을 위한 도구로 자신의 몸을 사용하는 기회를 제공한다.

예배를 계획할 때, 움직임, 숨, 몸을 이용한 기도를 통해 하나님의 임재를 경험하는 새로운 방식을 가르치는 시도를 할 수 있다. 예배가 너무 이성적이고 지적인 표현을 강조하는 것에 종종 치우쳐 왔다. 음악에 맞춰 몸을 움직이고, 손바닥을 치는 행동과 같은 조금 더 활동적인 몸의 사용은 우리의 찬양에 열정과 균형을 적절하게 주는 데 도움을 줄 수 있다.

이 모든 말을 할 때, 피해자가 교회 안에서 그들의 몸 터치에 대한 경계를 넘지 않는 것을 아는 것이 중요하다. 그들이 안전하다고 느끼는 것이 중요하다. 그러므로 예배를 기획하고 이끌 때 우리는 모든 사람이 하나의 특정한 방식으로 터치할 것이라는 기대를 접어야 한다.

기독교 교육 위원회는 함께 공부할 수 있는 적절한 주제로 몸을 인식하는 것이 좋을 것이다. 교회는 영양가 있고, 긴장을 완화하며 좋은 느낌을 줄 수 있는 수업을 제공하고 싶을 것이다. 이처럼, 교회 교인들은 함께 몸 자체가 되는 즐거움을 경험할 많은 기회를 얻어야 한다. 찬양을 부르고 세족식을 하고, 헛간을 준공하고, 혹은 이것에 관한 다른 현대적인 적용을 하고, 퀼트를 함께 하고, 프로젝트를 구성하고, 배구시합이나 하이킹과 같은 것은 교인들이 서로 건강한 방식으로 몸을 부딪치며 상호작용하는 방법이 될 수 있다.

5. 여성이 되고 남성이 되는 건강한 대안적인 방법의 본을 보여라. 아마 교회가 건강한 성에 대한 태도와 행동을 증진하기 위한 가장 중요한 단계는 남성과 여성으로서 함께하는 예수의 본을 보이는 것이다. 이 책에서 남성과 여성이 되는 것에 대해 어떤 특정한 행동과 태도가 적절하다고 가르쳐 왔기에 이미 우리 문화에서 남성과 여성에게 가해진 상처에 대해 다루었다. 남성이 되는 것은 강하고 공격적이며 지배하는 것이라고 가르친 문화에서 교회는 창조적으로, 양심적으로 남성이 되는 다른 길을 제안하고 본을 가르쳐 주어야 한다.

소년들은 남성성이란 그들의 엄마, 혹은 그들의 누이들과는 다르게 되는 것을 의미한다고 배웠기에 양육, 부드러움, 온화함, 감정적인 반응과 같은 모성애와 연결된 자질은 억누르고 과소평가하는 경향이 있다.

소년들이 자신의 감정과 다른 사람을 다스리고 통제하며, 성관계를 통해서만 터치하는 남성의 이미지와 모델로 둘러싸여 있는 반면, 약하고 온유하고 부드러운 남성에 대한 모델은 거의 없다. 그래서 교회는 남성도 양육하고 온화한 자질을 계발할 수 있고, 남성성에 대한 문화에 반하는 새로운 모델을 볼 기회를 제공해 주어야 한다.

소년들은 성관계를 포함하지 않은 남성과 남성 간의 우정, 어린아이들과 상호작용하면서 양육하는 관계 속에서 애정과 부드러움을 표현하는 것을 볼 필요가 있다. 그들은 남성도 교회에서 음식을 준비하고 서빙하는 것을 돕는 모습을 볼 필요가 있다. 그들은 기독교인인 남성이 다른 사람들에게 부드럽게 터치하고 감정적인 따뜻함과 연약함으로 반응하는 모습을 볼 필요가 있다.

사회는 소녀와 여성들에게 여성성은 순종하며 수동적이며 유순하며 의존적이라고 말하고 있다. 이런 태도와 행동은 학대로부터 자신을 보호하는 일을 더 힘들게 만들고 있다. 교회는 여성도 하나님의 형상으로 만들어진 존재임을 가르치면서 여성 안에 있는 하나님의 형상을 불러일으켜야 한다.

자신도 남성처럼 하나님의 형상으로 창조된 존재라고 믿는 여성은 자신과 아이들을 폭력과 학대로부터 더 잘 보호할 수 있다. 여성은 교회에서 착취에 기초한 관계와 평등과 상호존중에 기초한 관계를 구별할 수 있는 도움이 필요하다.

교회 안에서 여성은 지도자로서 능력과 영적인 은사를 사용하도록 도전되어야만 한다. 그들은 남편과 친구와 가족들과 건강한 관계를 맺도록 격려받아야만 한다. 그들의 필요와 욕구를 확실히 하고 다른 사람을 양육하듯이 그들의 욕구가 충족될 수 있는 관계 안에서 일할 수 있도록 지지받아야 한다.

남성은 인간을 향한 하나님의 원래 의도가 아닌, 타락 이후의 모습이 투영된 삶과 관계의 패턴과 태도를 살피고 있는지 도전받아야 한다. 그들은 교회의 지원이 뒷받침되고 안전한 교회 분위기 안에서 여성을 압도하고 다스리고 통제하는 행동을 규명하고 고백하도록 격려받아야 한다. 그들은 자신들이 여성을 무시하고 여성을 상대화하는 방식을 규명하고 고백하고 변화시킬 수 있도록 도전받아야만 한다.

그리스도의 몸으로, 교인들은 남성뿐 아니라 어린이들과 여성들에게도 힘을 실어주는 다양성과 상호책임과 부드러움과 힘을 긍정하는 기초 위에 세워진 협력관계 안에서 서로 창조적으로 기능하는 법을 배워야만 한다. 남성과 여성 모두 인간관계를 위해 하나님이 의도하신 창조 이야기에 설명된 남성과 여성의 상호관계와 평등과 보완성을 반영하는 관계를 위해 노력해야 한다. 교인들이 그들의 몸에 편안해지고 건전한 성적인 태도와 행동을 나타낼 때, 새로운 에너지가 교회의 예배와 삶에 모두 특징을 부여하게 될 것이다.

# 에필로그

## 젠더 전쟁을 넘어 꿈꾸는 세상

전쟁이 벌어지고 있다. 인간은 오랫동안 전쟁에 대해 의식해 왔다. 우리는 그것을 "성의 전쟁"이라 부르며, 그것에 대한 오래된 상투적인 표현을 만들어 왔다. 이 전쟁은 영원한 현재로 존재해 왔기에 이것을 과소평가하는 일은 종종 쉬운 일이 되었다. 사회는 남성과 여성에게 그들 사이의 긴장은 그저 현실이라고 가르쳐 왔다. 남성은 남성이 되어야 하고 여성은 여성이 되어야 한다면서 말이다. 갈등은 남성이 자신이 정당한 역할을 주장하지 못하기에, 여성은 자신의 합당한 자리를 수락하지 않았기에 생기는 것이라고 한다. 나이에 따라, 가부장적인 성 역할에 따라 정리되는 것이 간단한 문제 해결책이다.

그러나 오늘날은 그 현실이 제대로 작동되지 않는다는 것이 더 분명해졌다. 많은 여성은 그들이 부정당한 만큼이나 자신의 존엄성과 권력과 평등성을 주장하기 위해 일어나고 있다. 그들은 가부장제가 너무 자주 조장해 왔고 이 책이 기록하는 학대 패턴의 종식을 요구하고 있다. 그들과 그들의 자매들의 상처를 대신해 여성들은 촛불을 밝히며 교회와 사회의 어두운 곳에 오랫동안 숨어 있던 악행을 드러내며 불을 밝히고 있다.

일부 남성들은 전 세계를 지배하는 압력이 여성과 아이들, 심지어 남성들에게도 손상을 입혔다는 것을 알고 있다. 그리고 그들은 차례로 또 다른 사람들에

게 상처를 입힌다. 이 남자들은 그들 자매들의 고통을 감지하고 있다. 움찔하면서도 자매의 촛불이 폭로하고 있는 잔혹 행위에 자신들의 공범성을 인정하고 있다. 이 사람들은 이제 그들이 이끌어야 할, 통제해야 할, 그들이 할 일과 연관된 그들의 소유라는 가정이 만들어 낸 결과의 참혹함에 대해 무지했다는 것을 알게 되었다. 그들은 여성들을 자매가 아닌 반려동물, 고문의 대상으로 만들며 인간성을 말살하는 방법에 대해 눈을 감고 있었다.

하지만 이 남성 중 다수는 여전히 남성이면서 그들의 자매들에게 다가가는 것이 무엇을 의미하는지 쉽게 깨닫지 못하고 있다. 만약 그들이 그들의 뼈까지 배어있는 옛 시대의 남자다움의 패턴을 포기한다면, 어떤 패턴이 그들을 대신할 것인가? 그동안 얼마나 학대를 당했는지, 어떤 남자가 돼야 하는지를 말해주는 여성들의 목소리가 아닌, 자신 안에 내재한 남성의 목소리에 귀를 기울인다는 것이 어떤 의미인지 어떻게 알 수 있을까? 여성에게 괴로움을 가하는 데 도움을 주었다는 고뇌를 보고 슬퍼하는 이 남성들조차도 때로는 남성을 위한 오래된 가이드라인이 없어진 것에 대해 분노를 느낀다.

그리고 그들의 남자다움이나 여자를 대하는 방식이 바뀌어야 한다는 생각에 아무것도 하고 싶지 않은 남성들이 있다. 그들은 무기를 비축하고 참호를 파서, 이 여성들과 부드러우며 자신들을 배반하는 남성들의 반란을 진압하고자 한다. 그들에게 옛 방법은 지켜야 하는 것이다.

그래서 긴장이 고조되고 적개심이 깊어지며 전쟁은 계속된다. 너무 많은 것이 걸려 있어서 이 전쟁을 끝낼 빠르고 간단한 방법은 아마도 없을 것이다. 진정한 평화를 선언하기 전에 많은 것이 해결되어야 할 것이고, 아마도 여러 세대를 지나야 할 것이다. 여성은 그들의 인격이 존중되고 여성으로서의 완전한 표현을 위한 공간이 생긴다는 설득력 있는 증거가 필요할 것이다. 남자다움이 여성을 지배하는 것, 실제로 거의 모든 것을 지배하는 것이라고 훈련된 남성들은 여전히 남성이라는 것이 무엇을 의미하는지를 배울 필요가 있을 것이다. 여성을 완전히 동등한 존재로 받아들이고, 지지하고, 심지어 축하할 수 있어야 한다.

그러나 우리 캐롤린 홀더리드 헤겐과 마이클 킹은 함께 이 에필로그를 쓰고 있다. 전쟁은 피할 수 없는 것이지만, 그 전쟁을 넘어 평화를 꿈꾸기 때문이다. 우리는 여성과 남성이 서로 대립하지 않고 함께 일할 가능성을 상징하고 싶어서 여성과 남성으로 글을 쓰고 있다. 우리가 여자와 남자로서 글을 쓰는 것은 우리의 결혼, 우정, 이 영광의 책의 작가이자 편집자로서 우리의 공동 작품에서 힌트를 얻었기 때문이다.

우리는 이사야의 영광에 대한 비전이사야 11:6 후반이 남성과 여성에게도 적용되기를 꿈꾼다. 우리는 늑대와 양뿐만 아니라 여성과 남성과 소녀와 소년들이 함께 뛰어노는 평화의 나라를 꿈꾼다. 비록 우리가 그곳에 들어가기 시작했지만, 우리는 비극적인 젠더 전쟁을 넘어, 아직 거의 탐험하지 않은 새로운 지형의 웅장함을 최소한 엿볼 수 있었다.

이상하지만 영광스러운 젠더 관계가 치유된 이 땅에 우리 모두가 어떻게 들어갈 수 있을까? 무엇보다도 세 단계의 과정이 우리가 비틀거리며 앞으로 나아가는 데 도움이 될 수 있다. 첫 번째 단계는 힘의 의미를 바꾸는 것이다. 지배로서의 힘, 권력 장악으로서의 힘은 오직 젠더 전쟁만을 영속화할 뿐이다. 그러나 상호존중에 기반을 둔 힘은 소수에게 배급되기보다는 모두와 함께, 모두와 연관되어, 모두가 공유하는 힘이 될 수 있다. 우리는 모든 인간이 상사와 부하, 지배자와 피지배자로 나뉘지 않고, 협력관계로 참여하는 법을 배우면서 육아 스타일, 결혼, 사회조직에 혁명을 일으킬 것이다.

두 번째 단계는 윈/윈win-win 배치를 배우는 것이다. 내가 이기면 너는 지는 제로섬 게임을 그만둘 수 있다. 이 게임은 우리 둘 다 상처 입게 되는 것이다. 누군가 진다면 아무도 이기지 못하기 때문이다.

남성과 여성은 일부 특성과 특권이 한 성별에 국한될 때 모두가 진다는 것을 인식함으로써 윈/윈 관계를 시작할 수 있다. 힘, 권력, 통제가 남성 특권으로 비추어질 때 여성은 지게 된다. 남자는 부드러움, 연약함, 감정이 여성의 선물이라고만 여겨질 때 지게 된다. 하지만 필요에 따라 특성이 교환되면 모두 승리한다. 전통적인 성별 배열에서 상상할 수 없을 정도로 풍부한 가능성을 뷔페 식탁 smorgasbord에 가져올 때 우리는 새롭고 더 큰 인간이 된다.

세 번째 단계는 공동의 적과 싸우는 것이다. 우리는 모두, 남녀노소, 악과 싸우기 위해 뭉쳐야 하는 연약한 존재, 인간 존재의 외로움, 타락한 피조물을 통한 항해 위험과 싸워야 한다. 인간은 종종 제3자를 반대하는 데서 단결을 찾지만, 우리의 결합은 서로를 제3자로 만드는 데서 오는 것이 아니라 우리를 분열시키는 세력과 함께 싸우는 데서 오는 것이다.

여성 작가이자 남성 편집자로서 우리는 이 책을 제작하면서 우리가 설교하고 있는 세 가지 단계를 실천하기 위해 노력했다. 우리 둘 다 권력을 가질 권리가 있다는 걸 깨달았다. 캐롤린은 그녀가 적합하다고 생각하는 대로 말할 힘을 가질 자격이 있었다. 마이클은 실행 가능한 책을 출판하고 마케팅하는 데 필요한 요건에 따라 책을 만들 힘이 필요했다.

우리 둘 중 한 명이 다른 한 명을 지배하기 위해 우리의 힘을 사용할 수도 있었다. 그러면 우리 둘 다 졌을 것이다. 만약 캐롤린이 자신의 생각만 요구했다면, 마이클의 일은 불가능했을 것이다. 마이클이 캐롤린의 목소리를 딱딱한 틀로 짓눌렀다면 캐롤린의 진실한 발언권은 침해됐을 것이다.

점차 우리는 윈/윈 접근법을 발견했다. 첫 번째, 캐롤린은 그녀가 적합하다고 본대로 썼다. 마이클은 그가 적합하다고 본대로 편집했다. 그리고 우리는 최종본에 관해 대화를 나눴다. 반드시 해야 한다고 생각하는 부분은 확고히 지키고, 온전하게 할 수 있다고 생각할 때는 각자 양보하고, 그 결과를 축하했다.

일이 항상 쉽지만은 않았다. 때때로 우리는 상대방을 적으로 보려는 유혹에 빠지기도 했다. 유혹에 굴복하지 않기 위해서는 솔직한 편지, 전화 통화, 심지어 서로 간의 신뢰를 확인하는 대면 대화도 필요했다. 그러나 우리의 관계가 커지면서 우리의 진짜 적은 성적 학대, 성적 죄악, 깨진 성관계라는 것을 알게 되었다. 그런 적들과 함께 싸워서 말로 표현할 수 없는 소중한 연합을 만들었다.

남녀 간 평화는 현실만큼이나 꿈으로 남아있다. 그러나 우리는 하나님이 남자와 여자가 지금 서로 경험하고 있는 영광의 암시로, 슬프고 죄악에 찌든 지구의 그림자를 환하게 밝히는 촛불로 변화시킬 것을 믿으며 꿈을 꾼다.


마이클 킹, 펜실베이니아주 필라델피아
캐롤린 호더리드 헤겐, 뉴멕시코주 앨버커키

# 참고문헌

• Adams, C. J. (1992). *Naming, Denial and Sexual Violence*. Manuscript submitted for publication.

• Adorno, T. W., D. J. Levinson, E. Frenkel−Brunswik, and R. N. Sanford, (1950). *The Authoritarian Personality*. New York: Harper.

• Allender, D. B. (1990). *The Wounded Heart: Hope for Adult Victims of Childhood Sexual Abuse*. Colorado Springs, Colo.: Navpress.

• Allport, G. W. (1950). *The Individual and His Religion*. New York: Macmillan.

• Augsburger, D. (1981). *Caring Enough to Forgive*. Scottdale, Pa.: Herald Press.

• Bandura, A. (1977). "Self−efficacy: Toward a Unifying Theory of Behavioral Change" *Psychological Review*, 84, 191−215.

• Bender, R. T. (1982). *Christians in Families*. Scottdale, Pa.: Herald Press.

• Bell, A. and C. S. Hall (1976). "The Personality of a Child Molester, In M. S. Weinberg (ed.), Sex Research: Studies from the Kinsey Institute. Oxford: Oxford University Press.

• Bilezikian, G. (1985). *Beyond Sex Roles: What the Bible Says About a Woman's Place in Church and Family*. Grand Rapids, Mich.: Baker Book House.

• Blume, E. S. (1990). *Secret Survivors: Uncovering Incest and Its Aftereffects in Women*. New York: Ballantine Books.

• Brewer, C. (1991). *Escaping the Shadows, Seeking the Light: Christians in recovery from Childhood Sexual Abuse*. San Francisco: HarperCollins.

• Brown, J. C. and C. R. Bohn (eds.). (1989). *Christianity, Patriarchy and Abuse; A Feminist Critique*. New York: Pilgrim Press.

• Bullough, V., and Bullough, B. (1977). *Sin, Sickness, and Sanity: A History of Sexual Attitudes*. New York: The New American Library.

• California Department of Mental Health, *Office of Prevention*. (1979). *In Pursuit of Wellness* (Report No. 108). San Francisco: Author.

• Caputi, J. (1987). *The Age of Sex Crime*. Bowling Green, Ohio: Bowling Green State University Popular Press.

• Carmody, D. (1979). *Women and World Religions*. Nashville Abingdon.

• Chodorow, N. (1974). *Family Structure and Feminine Personaility*. In M. Z. Rosaldo and L. Lamphere (eds.), *Woman, Culture and Society*. Stanford: Stanford University Press.

• Christenson, L. (1970). *The Christian Family*. Minneapolis: Bethany Fellowship.

• Clanton, J. A. (1990). *In Whose Image? God and Gender*. New York: Crossroad.

• Coopersmith, S. (1967). *The Antecedents of Self−esteem*. San Francisco: W. H. Freeman.

- Courtois, C. A. (1988). *Healing the Incest Wound*. New York: W. W. Norton and Company.
- Creighton S. J. (1987). "Child Abuse in 1986." *Social Services Research*, 16, 3, 1-10.
- Daly, M. (1975). *The Church and the Second Sex*. New York: Harper and Row.
- Densen-Gerber, J. (1983). "Why Is There So Much Hard-Core Pornography Nowadays? Is It a Threat to Society or Just a Nuisance?" *Medical Aspects of Human Sexuality*, 17, 35.
- Dinsmore, C. (1991). *From Surviving to Thriving: Incest, Feminism and Recovery*. Albany, N.Y.: State University of New York Press.
- Dobson, J. (1970). *Dare to Discipline*. Glendale, Calif.: Regal Books.
- Eisler, R. (1987). *The Chalice and the Blade: Our History, Our Future*. San Francisco: Harper and Row.
- Enright, R. D.z D. L. Eastin, S. Golden, I. Sarinopoulos, and S. Freedman, (1992). "Interpersonal Forgiveness Within the Helping Professions: An Attempt to Resolve Differences of Opinion." *Counseling and Values*, 36, 84-103.
- Falwell, J., ed. (1981). *The Fundamentalist Phenomenon: The Resurgence of Conservative Christianity*. Garden City, N.J.: Doubleday.
- Feierman, J. R.z ed. (1990). *Pedophilia: Biosocial Dimensions*. New York: Springer-Verlag.
- Feldmeth, J. R. and M. W. Finley, (1990). *We Weep for Ourselves and Our Children: A Christian Guide for Survivors of Childhood Sexual Abuse*. San Francisco: HarperCollins.
- Finkelhor, D. (1984). *Child Sexual Abuse: New Theory and Research*. New York: The Free Press.
  ----- ((1986). *A Sourcebook on Child Sexual Abuse*. Newbury Park, Calif.: Sage Publications.
- Fortune, M. M. (1983). *Sexual Violence: The Unmentionable Sin*. New York: The Pilgrim Press.
  ----- ((1989). *Is Nothing Sacred: When Sex Invades the Pastoral Relationship*. San Francisco: HarperCollins.
- Fromuth, M. E. (1983). "The Long-term Psychological Impact of Childhood Sexual Abuse," *Unpublished doctoral dissertation*, Auburn University, Auburn, Ala.
- Garbarino, J.z and S. H. Stocking, (1980). *Protecting Children from Abuse and Neglect*. San Francisco: Jossey-Bass.
- Gilligan, C. (1982). *In a Different Voice: Psychological Theory and Women's Development*. Cambridge, Mass.: Harvard University Press.
- Goldstein, M. J., H. S. Kant, and J. J. Hartman (1973). *Pornography and Sexual Deviance*. Los Angeles: University of California Press.
- Gothard, B. (1975). *Research and Principles of Life*. Oak Brook, Ill.: *Institute in Basic*

*Youth Conflicts*.

• Greven, P. (1990). *Spare the Child*: *The Religious Roots of Punishment and the Psychological Impact of Physical Abuse*. New York: Alfred A. Knopf.

• Groth. N. A., and H. J. Birnbaum, (1978). *Adult Sexual Orientation and Attraction to Underage Persons*. Archives of Sexual Behavior, 7, 3, 175–181.

• Gruber, K.z and R. Jones, (1983). "Identifying Determinants of Risk of Sexual Victimization of Youth." *Child Abuse and Neglect*, 7, 17–24.

• Hammer, R. F., and B. C. Glueck, Jr. (1957). "Psychodynamic Patterns in Sex Offenders: A Four–Factor Theory" *Psychiatric Quarterly* 31, 325–345.

• Handford, E. R. (1972). *Me? Obey Him?* Murfreesboro, Tenn.: Sword of the Lord.

• Hargrove, B. (1983). "Family in the White American Protestant Experience." In W. D. D'Antonio and J. Aldous eds., *Families and Religion*: *Conflict and Change in Modern Society* (pp. 113–140). Beverly Hills: SAGE.

• Heggen, C. H. (1989). "Dominance/Submission Role Beliefs, Self–esteem and Self–acceptance in Christian Laywomen." Unpublished doctoral dissertation, University of New Mexico.

• Heitritter, L., and J. Vought, (1989). *Helping Victims of Sexual Abuse*: *A Sensitive, Biblical Guide for Counselors, Victims and Families*. Minneapolis: Bethany House.

• Hendrix, H. (1988). *Getting the Love You Want*: *A Guide for Couples*. New York: Harper and Row.

• Herman, J., and L. Hirschman, (1981). "Families at Risk for Father–Daughter Incest, *American Journal of Psychiatry*, 138, 967–970.

• Herman, J. L. (1981). *Father–Daughter Incest*. Cambridge, Mass.: Harvard University Press.

• Howells, J. (1981). "Adult Sexual Interest in Children: Considerations Relevant to Theories of Etiology.,z In M. Cook and K. Howells (eds.), *Adult Sexual Interest in Children*. New York: Academic Press.

• Hull, G. G. (1987). *Equal to Serve*: *Women and Men in the Church and the Home*. Old Tappan, N.J.: Fleming Revell.

• Ingersoll, S. L.z and S. O. Patton, (1990). *Treating Perpetrators of Sexual Abuse*. Lexington, Mass.: Lexington Books.

• James, W. (1936). *The Varieties of Religious Experience*. New York: Modern Library.

• LaHaye, B. (1980). *I Am a Woman by God's Design*. Old Tappan, N.J.: Fleming H. Revell.

• LaHaye, T.(1990). *If Ministers Fall, Can They Be Restored?* Grand Rapids, Mich.: Zondervan.

• Landis, J. (1956). "Experiences of 500 Children with Adult Sexual Deviants.," *Psychiatric Quarterly Supplement*, 30, 91–109.

• Laslett, P. (1972). *Household and Family in Past Time*. Cambridge, U.K.: Cambridge University Press.

- Lebacqz, K., and R. G. Barton, (1991). *Sex in the Parish*. Louisville: Westminister/ John Knox Press.
- Lessin, R. (1979). *Spanking: Why, When, How?* Minneapolis: Bethany House Publishers.
- Long, V. O.z and C. H. Heggen, (1988). "Clergy Perceptions of Spiritual Health for Adults, Men, and Women." *Counseling and Values*. 32 (3), 213–220.
- Loss, P., and E. Glancy. Men Who Sexually Abuse Their Children. *Medical Aspects of Human Sexuality*, 17, 328–329.
- Maltz, W., and B. Holman, (1987). *Incest and Sexuality: A Guide to Understanding and Healing*. Lexington, Mass.: Lexington Books.
- McGuire, R. J., J. M. Carlisle, and B. G. Young (1965). "Sexual Deviations and Conditioned Behavior. A Hypothesis" *Behavior and Research Therapy*, 2, 185–190.
- Miller, J. B. (1976). *Toward a New Psychology of Women*. Boston: Beacon Press.
- Miller, P. (1976). "Blaming the Victim of Child Molestation: An Empirical Analysis" *Unpublished doctoral dissertation*, Northwestern University, Evanston, Ill.
- Money, J. (1986). *Lovemaps: Clinical Concepts of Sexual/Erotic Health and Pathology*, Paraphilia, and Gender Transposition in Childhood, Adolescence, and Maturity. New York: Irvington.
- Muck, T. C.z ed. (1989). *Sins of the Body: Ministry in a Sexual Society*. Carol Stream, Ill.: Word.
- Nelson, J. B. (1978). *Embodiment: An Approach to Sexuality and Christian Theology*. Minneapolis: Augsburg Publishing House.
- Oswald, R., and O. Kroeger, (1988), *Personality Type and Religious Leadership*. Washington, D.C.: The Alban Institute.
- Pancheri, P., and C. Benaissa, (1978). "Stress and Psychosomatic Illness." In C. Spielberger and I. Sarason (Eds.), *Stress and Anxiety*, Vol. 5. Washington, D.C,: Hemisphere.
- Pelton, L. H., ed. (1981). *The Social Context of Child Abuse and Neglect*. New York: human sciences Press.
- Peters, S. D. (1984). "The Relationship Between Childhood Sexual Victimization and Adult Depression Among Afro–American and White Women." U*npublished doctoral dissertation*, University of California at Los Angeles.
- Rohr, R., and A. Ebert, (1990). *Discovering the Enneagram*. New York: Crossroad.
- Ruether, R., ed. (1974). *Religion and Sexism: Images of Woman in the Jewish and Christian Traditions*. New York: Simon and Schuster.
- Rush, F. (1980). *The Best Kept Secret: Sexual Abuse of Children*. New York: McGraw–Hill.
- Russell, D. E. H. (1982). *Rape in Marriage*. New York: Macmillan.
- ––––– (1983). "The Incidence and Prevalence of Intrafamilial and Extrafamilial Sexual Abuse of Female Children." *Child Abuse and Neglect*, 7, 133–146.

————— (1984). "The Prevalence Seriousness of and Incestuous Abuse: Stepfathers vs. Biological Fathers" *Child Abuse and Neglect*, 8, 15–22.

————— (1986). *The Secret Trauma: Incest in the Lives of Girls and Women*. New York: Basic Books.

• Rutter, P. (1989). *Sex in the Forbidden Zone: When Men in Power – Therapists, Doctors, Clergy, Teachers, and Others – Betray Women's Trust*. Los Angeles: Jeremy P. Tarcher.

• Salter, A. C. (1988). *Treating Child Sex Offenders and Victims: A Practical Guide*. Newbury Park, Calif.: SAGE.

• Smedes, L. B. (1984). *Forgive and Forget: Healing the Hurts We Don't Deserve*. San Francisco: Harper and Row.

• Smith, J. (1989). *Misogynies: Reflections of Myths and Malice*. New York: Fawcett Columbine.

• Stoller, R. J. (1964). "A Contribution to the Study of Gender Identity." *International Journal of Psycho–Analysis*, 45, 220–226.

• Swartley, W. M. (1983). *Slavery, Sabbath, War, and Women*. Scottdale, Pa.: Herald Press. 『여성, 전쟁, 안식일, 노예제도』(대장간 역간)

• Trible, P. (1978). *God and the Rhetoric of Sexuality*. (Overtures to Biblical Theology Series). Philadelphia: Fortress.

————— (1984). *Texts of Terror: Literary–Feminist Readings of Biblical Narratives*. Philadelphia, Pa.: Fortress Press.

• Van Leeuwen, M. S. (1990). *Gender and Grace: Love, Work and Parenting in a Changing World*. Downers Grove, Ill.: InterVarsity Press.

• Vine, W. E. (1985). *An Expository Dictionary of Biblical Words*. Nashville: Thomas Nelson.

• Witmer, J., C. Rich, R. S. Barcikowski, and I. C. Mague, (1983). Psychosocial Characteristics Mediating the Stress Response: An Exploratory Study. *The Personnel and Guidance Journal*, 62. 73–77.